木偶大师

★★★ 本书由黄奕缺学生许润明资助出版

MUOUDASHI HUANGYIQUE
HUIYILU

黄奕缺回忆录

吴裕挺 ◎ 记录整理

中国戏剧出版社

图书在版编目（CIP）数据

木偶大师黄奕缺回忆录 / 吴裕挺记录整理. —北京:中国戏剧出版社，2017.11
ISBN 978-7-104-04616-5

Ⅰ.①木… Ⅱ.①吴… Ⅲ.①黄奕缺（1928-2007）—回忆录 Ⅳ.①K825.78

中国版本图书馆CIP数据核字（2017）第286459号

木偶大师黄奕缺回忆录

责任编辑： 黄艳华
责任印制： 冯志强

出版发行：	中国戏剧出版社
出 版 人：	樊国宾
社　　址：	北京市西城区天宁寺前街2号国家音乐产业基地L座
邮　　编：	100055
网　　址：	www.theatrebook.cn
电　　话：	010-63385980（总编室）
传　　真：	010-63383910（发行部）

读者服务：010-63381560
邮购地址：北京市西城区天宁寺前街2号国家音乐产业基地L座

印　　刷：	北京鑫瑞兴印刷有限公司
开　　本：	787mm×1092mm　　1/16
印　　张：	23.5
字　　数：	254千
版　　次：	2017年11月　北京第1版第1次印刷
书　　号：	ISBN 978-7-104-04616-5
定　　价：	150.00元

版权专有，违者必究；如有质量问题，请与出版社联系调换。

1990年《黄奕缺从艺五十周年特刊》存图

文化部常务副部长高占祥题辞

台湾木偶大师李天禄赠送贺匾

黄奕缺晚年新刻木偶头选刊

玉皇大帝

黄奕缺晚年新刻木偶头选刊

武老生

黄奕缺晚年新刻木偶头选刊

龙王头

黄奕缺晚年新刻木偶头选刊

北行惨奸

黄奕缺晚年新刻木偶头选刊

红帔旦行

黄奕缺晚年新刻木偶头选刊

白阔

黄奕缺晚年新刻木偶头选刊

牛魔王

黄奕缺晚年新刻木偶头选刊

牛 头

黄奕缺晚年新刻木偶头选刊

豬八戒

黄奕缺晚年新刻木偶头选刊

李铁拐

黄奕缺晚年新刻木偶头选刊

小沙弥

黄奕缺晚年新刻木偶头选刊

孙悟空传统头像

黄奕缺雕刻头像并合成的 36 尊传统傀儡形象

黄奕缺与自己创作的木偶形象包拯

木偶头像雕刻 黄奕缺
头像粉彩 黄剑辉 黄清辉
绣服 泉州工艺公司老艺师
摄影（台湾）张上昀
提供书中部分照片 王庆生

黄奕缺雕刻头像并合成的 36 尊传统傀儡形象

田都元帅（相公爷）

黄奕缺雕刻头像并合成的 36 尊传统傀儡形象

红 生

黄奕缺雕刻头像并合成的 36 尊传统傀儡形象

乌大花与红大花

黄奕缺雕刻头像并合成的 36 尊传统傀儡形象

白须老武生

黄奕缺雕刻头像并合成的 36 尊传统傀儡形象

白须老生

黄奕缺雕刻头像并合成的 36 尊传统傀儡形象

斜目战将

黄奕缺雕刻头像并合成的36尊传统傀儡形象

绿甲,如演关羽

黄奕缺雕刻头像并合成的 36 尊传统傀儡形象

乌须生

黄奕缺雕刻头像并合成的 36 尊传统傀儡形象

红猴,北行跨杂碎

黄奕缺雕刻头像并合成的 36 尊传统傀儡形象

须生,如演孔明

黄奕缺雕刻头像并合成的 36 尊传统傀儡形象

红生须文行当

黄奕缺雕刻头像并合成的 36 尊传统傀儡形象

北行白奸，如演曹操

黄奕缺雕刻头像并合成的 36 尊传统傀儡形象

须文,如演刘备

黄奕缺雕刻头像并合成的 36 尊传统傀儡形象

乌须如演包拯

黄奕缺雕刻头像并合成的 36 尊传统傀儡形象

乌大北

黄奕缺雕刻头像并合成的 36 尊传统傀儡形象

乌大花

黄奕缺雕刻头像并合成的 36 尊传统傀儡形象

白通须文

黄奕缺雕刻头像并合成的 36 尊传统傀儡形象

小 官

黄奕缺雕刻头像并合成的 36 尊传统傀儡形象

小 官

黄奕缺雕刻头像并合成的 36 尊传统傀儡形象

王　侯

黄奕缺雕刻头像并合成的 36 尊传统傀儡形象

杂碎丑角

黄奕缺雕刻头像并合成的36尊传统傀儡形象

红衣花童生

黄奕缺雕刻头像并合成的 36 尊传统傀儡形象

白衣素生

黄奕缺雕刻头像并合成的 36 尊传统傀儡形象

乌帔旦行

黄奕缺雕刻头像并合成的 36 尊传统傀儡形象

老 旦

黄奕缺雕刻头像并合成的 36 尊传统傀儡形象

大小旦

黄奕缺雕刻头像并合成的 36 尊传统傀儡形象

旦　行

黄奕缺雕刻头像并合成的 36 尊传统傀儡形象

旦行红帔

黄奕缺雕刻头像并合成的 36 尊传统傀儡形象

老旦家婆

黄奕缺雕刻头像并合成的 36 尊传统傀儡形象

衙 仔

黄奕缺雕刻头像并合成的36尊传统傀儡形象

青魁小鬼

目连

黄奕缺雕刻头像并合成的 36 尊传统傀儡形象

贼仔，散头

木偶杂碎

黄奕缺雕刻头像并合成的36尊传统傀儡形象

白阔

金童

黄奕缺与泉州木偶剧团原团长吕赞成在南京合影

黄奕缺肖像(一九二八～二〇〇七)

黄奕缺一家主要成员

蜚声国际

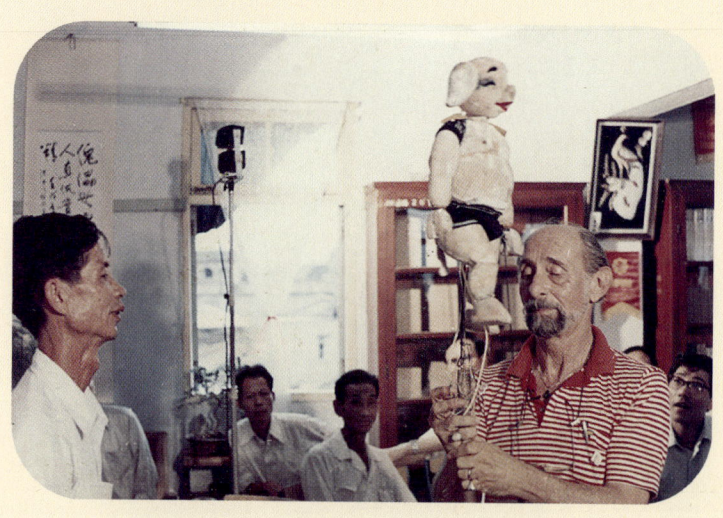

国际木偶协会美国木偶专家艾尔斯坦慕名与黄奕缺切磋技艺。

黄奕缺在英国表演《驯猴》活灵活现,令小朋友拥到台前要亲近可爱的小猴子。

蜚声国际

德国木偶大师罗瑟与中国木偶大师黄奕缺在德国同台表演东西方木偶艺术的留影。

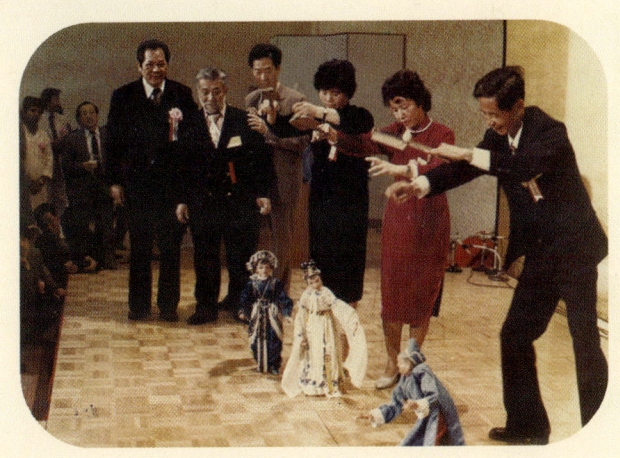

黄奕缺随团访问日本的一次演出后，好奇的观众来到后台，要求黄奕缺示范提线技艺。

1999年，黄奕缺与南非等木偶同行在一起。

实至名归

黄奕缺荣获中国文化部表演奖和舞台美术奖。

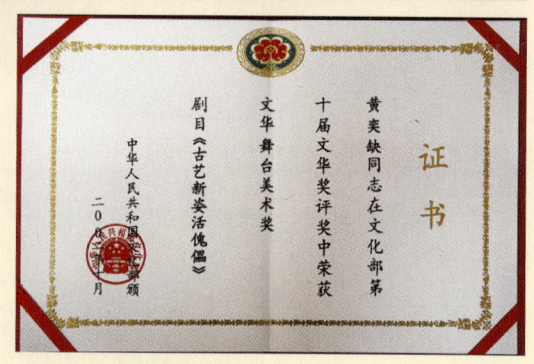

黄奕缺1992年在全国木偶皮影戏汇演中荣获特别荣誉奖。

黄奕缺2002年在全国老年文艺调演中荣获戏曲类金奖。

两岸交流

黄奕缺与台湾木偶表演艺术家李天禄促膝交谈。

黄奕缺与台湾木偶表演艺术家黄海岱交谈技艺。

台湾木偶表演艺术家李天禄送两个儿子到泉州拜黄奕缺为师学艺。

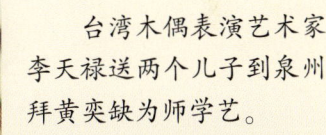

黄奕缺与其学生李传灿主办的微宛然的小演员在一起。

传授技艺

省艺校在泉州开办木偶班,黄奕缺兼任教师。图为1983年毕业师生合影。

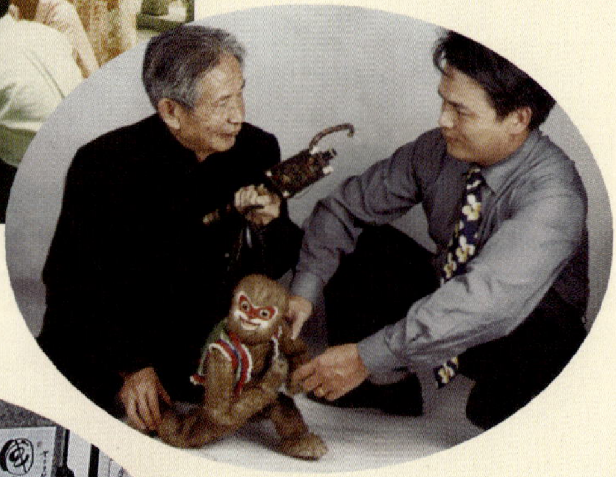

黄奕缺为年青演员口传手授技艺。

得意之作

黄奕缺的得意之作《驯猴》风靡海内外,历演不衰;他对手下的猴子关爱备至。

黄奕缺手下的猴子会跳迪斯科。

黄奕缺线下的猴子会弹吉他。

黄奕缺线下的猴子会骑自行车并作杂技表演。

传世佳构

黄奕缺逝世已经十多年,但他主创的或参与创作的木偶作品,却仍然活在舞台上。其中的小节目除《驯猴》之外,尚有多种。

《钟馗醉酒》

《济公》

《小沙弥》

《狮子舞》

目 录

难能可贵——序《木偶大师黄奕缺》…………… 王朝闻(001)

听缺师口述历史 ……………………… 郑国权 何 勋(004)

木偶大师黄奕缺回忆录

第一章 入 门(一九二八 ~ 一九四九年)

………………………………………………………… (003)

第二章 全新的生活(一九五〇 ~ 一九五八年)

………………………………………………………… (036)

第三章 创业的日子(一九五九 ~ 一九六五年)

………………………………………………………… (072)

第四章 迷茫的十年(一九六六 ~ 一九七六年)

………………………………………………………… (106)

第五章 迎来新曙光(一九七七 ~ 一九八七年)

………………………………………………………… (127)

第六章 传 扬(一九八八 ~ 二〇〇二年)

………………………………………………………… (209)

为实现恩师夙愿尽点力 ………………………… 许润明(294)

后 记

——我为黄奕缺撰录回忆录 ………………… 吴裕挺(302)

难能可贵
——序《木偶大师黄奕缺》

中华美学学会会长　王朝闻

编者按： 1990年我们在出版《木偶大师黄奕缺》小画册时，曾请中国艺术研究院副院长、中华美学学会会长王朝闻先生撰写一篇序言《难能可贵》。王先生以美学家的审美高度，热情评价黄奕缺的木偶头雕刻和提线木偶的表演艺术，令读者印象深刻。时过27年，他们两位先后成为古人，但他们手上的技艺和笔下的文章，却仍然十分鲜活。当今出版《木偶大师黄奕缺回忆录》，把王朝闻先生的《难能可贵》再次作为序言，也是一种对审美的追忆。

泉州朋友来信要我写点东西，得知木偶表演艺术家黄奕缺，不只长于表演，还长于木偶雕刻。

把木偶头当成着色的木雕来观赏，它有一般雕塑共同的审美价值。但是，木偶头雕塑服从木偶的表演，它那雕塑的美不得不人属于木偶表演的美。正因为这样，我1985年冬在泉州观赏黄奕缺手下《水漫金山》中的小沙弥，较之我在家中静观泉州木偶剧团赠我的小沙弥头，获得了的审美感受要丰富得多。反过来说，也许正因为黄奕缺是提线木偶的表演能手，他对木偶头的创造就不能不别出心裁，使木偶艺术的特殊点服从表演艺术的特殊需要。对观赏者来说，把木偶头部的雕塑当作一般雕塑来观赏时，它那审美的独立性只是相对的而不是绝对的。正因为木偶头对木偶表演处于从自属性的地位，我期待将来观赏黄奕缺的木偶头时，也像在泉州观赏他对小沙弥那样，使雕塑与表演的结合得到更生动的印象。

1985年从泉州回京之后，写了篇《迎风胜雪》的短文，发表在《新民晚报》上。文中这样提到黄奕缺表演："老演员操纵的提线木偶小沙弥，没有伴奏，不到一分钟的表演，使我觉得本来没有生命的木偶突然活化起来。老演员所支配的是小沙弥，看见白素贞时那种属于惊艳的情绪状态，使我联想到南昆《西厢记》第一折里惊艳的小和尚法聪。因为操纵技术的精巧和灵活，使木偶那耸肩、摸耳、俯首增连续动作，能把小沙弥此刻动了凡心而羞于有违清规的内心矛盾表演得活龙活现。似乎木偶也能引起观众情感交流,这真是一种神奇的艺术。"

这些带想象和揣测的描述,主要来自观赏时的直觉。如今读到对黄奕缺的艺术成长过程的介绍,得知他在《三姐下凡》里提演的幼童杨光道哭着向父亲讨回母亲的动作，是以孩子向父母哭闹耍脾气的生活智识为依据的。我不知道他塑造《水漫金山》的小沙弥，在接受师友教导与体验角色的同时,以什么生活智识作为创造形象的资料。但我确信，任何富有创造力的大师，都不能没有相应的生活经验当作创造的依据。黄奕缺给提线木偶脚部安上提线，使角色的乱踢成为有控制的表演，这是对艺术的完美性追求——避免木偶双脚有偶然性的乱踢，这样的艺术创作也是依据生活的观察。这一信息不只起了帮助我理解黄奕缺艺术成就与生活经验的关系，而且觉得黄奕缺的经验,对于片面强调艺术的自我表演论,是一种虽属间接却也有力的批判。

这就是说：木偶的生动性和生命感既是艺术家的才能和

智慧的结晶，也是他不能不接受生活实际对自己的培养的具体表现。就艺术创造与生活实际的关系看来，黄奕缺艺术的卓越成就,再度证明"实事求是"四字是普遍真理。

听缺师口述历史

郑国权　何　勋

　　泉州是个著名的戏窝子,剧种多,历史悠久,艺术特色突出,几百年来先后培育了一批又一批杰出的艺术家。其中荣获国家级和省级大奖的人员更是层出不穷。而当中被省文化厅称为"大师",为国家文化部领导题赠"国宝"两字的,则只有黄奕缺一人。

　　黄奕缺是个农民的儿子,没上过几年小学,因生活所迫,又为兴趣驱使,13岁便到提线戏班拜师学艺,自此与提线木偶艺术结下不解之缘,直至2007年病逝,前后60多年,从一而终,不离不弃。他从家班到集体木偶团再到公办的提线木偶剧团,始终以团为家,以事业为重,勤奋敬业,任劳任怨。从担当主演、设计制作、雕刻偶头甚至编过剧本、参与导演等等,样样都做,样样都精。未闻他受过什么培训,上个什么艺校或在高校深造,但他却勤于学习,善于思考。一心一意为提高木偶艺术的表现力而孜孜探索、进而改革和创新。同事的一个点子,同行的一个批评,观众的一句反馈,他都诚心倾听,从而触动灵感,转化为创造。他常说,孙悟空能从耳朵中拔出一根金刚棒,是受到一位文化干部一句话的提醒,又在上海演出时与当地同行的交流中找到制作的窍门,终于把神话变为看得见摸得着的奇特的动作。

　　新时期以来,泉州提线木偶事业得到空前发展。黄奕缺参与《火焰山》艺术生产的全过程并取得巨大成功之后,他又先后创作了《驯猴》《钟馗醉酒》《小沙弥》等一系列小节目,开启了提线木偶可以"单枪匹马、轻装上阵"去演出的新常态,因而可以随时去参加各种综合晚会,去国内外任何大小舞台上展示提线木偶的魅力。正因为如此的"轻便"与"精彩",他在他生命后期的十几年中,常常个人或与他的几位同事,应邀或受派到过五大洲的四十多个国家与地区去表演,让国外境外的观众为中国木偶的神奇而喝彩。

黄奕缺一生的经历是极不寻常的,又是很值得回味的。近几十年来,海内外文化界兴起"口述历史"的新风尚。台湾掌中木偶名家李天禄生前就出版了一部李天禄口述的《李天禄回忆录》。1990年,李天禄曾派两个儿子到泉州拜黄奕缺为师学艺。其老二李传灿对师傅的为人和艺术成就至为推崇,所以他一再建言师傅要撰写回忆录,由他来负责出版事宜,但黄奕缺都予婉拒。李传灿只好向当年剧团的负责人吴裕挺要求支持这项事。盛情难却,尤其是黄奕缺最后的十多年的艺术实践,吴裕挺是领导人和亲历者,义不容辞,只好勉力而为。他不负所托,终于说服黄奕缺动起脑筋回忆往事。经过四五年间,数易多稿,终于有了20多万字的书稿脱稿,并连同相关照片被带去台湾。然而世事难料,2006年11月缺师因病住院,竟然于2007年1月5日与世长辞。而其倡议者李传灿也不幸于2009年6月去世。天不从人愿,徒叹奈何!

转眼过去十年,在友好人士的敦促下,吴裕挺又找出旧稿重新整理,希望能够出版,以了却心愿。

几个月来,我们通读了书稿,好像再一次在缺师面前听他讲过去的故事,深受感动,从中看到一个农村苦孩子,在家班学艺因饥饿而走投无路;在沿海霍乱爆发时,家班被雇去演傀偶以"驱邪",结果一个小伙伴受传染而死于非命。在新社会,在组织的培养和同事的协作下,他数十年如一日进行创造性劳动,最后名至实归,被尊为木偶大师。同样在新社会,尤其是在改革开放的新环境下,传统艺术受到重视,艺人受到尊重,黄奕缺的聪明才智才得以充分发挥,不但在国内舞台上,而且在国际舞台上大显身手,为泉州提线木偶艺术带来巨大的荣誉。

因此,这部《木偶大师黄奕缺回忆录》,不仅仅是黄奕缺生平的记述,而是一部生动鲜活的提线木偶史。同时也是泉州提线木偶剧团在一个重要历史阶段的团史。不但可读可圈可点,而且具有研究价值与借鉴意义。

我们与吴裕挺同在文广新局离退休干部支部过组织生活,深知这部书稿来之不易,埋没可惜,便决计协助出版这部书。记得早在**1989**年,我们在泉州市文联、剧协和戏研究社工作时,就曾配合木偶剧团,由福建省美术出版社,出版一本小画册《木偶大师黄奕缺》。今次我们事前也曾征求木偶剧团新老领导的意见,他们都表示全力支持。然而要相关部门筹足出版经费,一时却有困难。此事面临再次搁浅之际,好在黄奕缺当年的门生许润明慨然表示,他个人愿意承担全部费用,而且把他一篇发表于《中国文艺家》中的感念师傅的文章找出来,供我们编入本书。该文从受业者的角度来追忆缺师对培养学生的尽心尽力,无疑是对"回忆录"一笔有益的补充。

好事多磨,幸得多磨而成事!这足以慰藉回忆者在天之灵,也为今后的从业者留下一份可资借鉴的活生生的史料。

2017 年 10 月 18 日

木偶大师黄奕缺回忆录

几年来，不断有人劝我把一生走过的嘉礼艺术之路的经历记录下来，并将历来创作演出过的嘉礼做一重新的整理与保存，以便人们从中找出一些泉州嘉礼几十年来的发展轨迹，从而悟出一些嘉礼艺术的奥秘。我想多少卓有成就的艺术家、著名的嘉礼艺人，都随着岁月的流逝，渐渐地从人们的记忆中隐退，我算老几啊！因而，从没把这当一回事。2002年，我在台湾的学生李传灿，专程来到泉州，希望我能接受众人的意见，几位领导和好友也一再规劝。我想，这一生与嘉礼结缘，入得门后，有荣辱，有成败，无怨无悔，入不二门，那我就记下来吧！或许对人们从中汲取些经验或教训，对泉州嘉礼艺术推向一个新的高度多少有些帮助，因而我就答应了下来。

回顾这一生，说来也巧，认识的第一个字是"手"，而忙碌着操劳着的正是我这双手。这手操纵过成百上千条线，让一个个死嘉礼活起来演绎着人生悲喜剧；这手制作了一群各具个性受人们喜爱的各种各类人物的嘉礼，这手……六七十年了，从没停歇！

回想起这些，往往在恍恍惚惚中，聪明的小猴子和骄傲的小灰象，小沙弥以及孙悟空……相继结伴而来，有时十几个，有时数十成百个，拉着我的手，争先恐后地诉说着自己的精彩与欠缺，希望我这手能带着它们再创辉煌，甚至连那些还在工作台上的一块块嘉礼头骨,也显得很迫切,期望着尽快加入这诉说的行列。

至此,我常常是似梦非梦,有一股热流在躯体里涌动着。是呀!自己与嘉礼结下这不解之缘,该会有多少事可以回忆,可以品味!就把这事记述下来吧,也算自找乐趣吧。

常言道,人生如梦,我这双长年累月操劳的手,这粗糙的十指,每一条皱纹、每个毛孔都成为我这一生的记录。真是:一生求索,尽在十指间。

第一章 入 门
（一九二八～一九四九年）

或许命运早已排定，在我的家族里，没有一个与演戏有缘，更没人与嘉礼这项艺术有所关系，可就是在我出生不久后，我们这个华侨小商家庭破落了，生活迫使母亲希望我从小学门手艺养家糊口。我从小爱玩的是模仿手艺人的手艺，扎纸塑泥人。我十三岁踏进嘉礼之门，遂了母亲学一门手艺的心愿，开始与嘉礼艺术结下了不解之缘。

科班（小班）五年八个月，中班三年，我学到了手艺，我备尝各种苦楚，饱受生活的磨难，但也为以后的人生旅途打下了坚实的基础。

从此，入了嘉礼门，永不回头不入二门。

一、家世

出泉州西门前行，经梅山转北，在距泉州城四十多公里的地方，有一个小山村，因其村之东有一条小溪流过，而得名溪西村。村里住着近百户人家，除个别一两户姓陈外，都是清一色的黄氏，属紫云衍派。村后是一座不算高的小山叫广峰山。据说这小山的脉络还连着戴云山哩，从这山向西紧靠的就是小沂山和大沂山。从前山上还有一座规模不算小的庙宇，此寺因山而得名叫做广峰寺，香火曾是相当旺的。

广峰寺原本林木苍茏，不少野兽出没其间，整年野花不断，这一带村民都把这山看做母亲山，因为它给村民们带来太多太多的基本生活所需，野果啊，木材啊，还有那从山上潺潺流下来的清泉水汇聚到村前的小溪，滋润着村民耕种的土地。可惜的是长期来，由于战乱，兵匪合一抢掠，也由于人们不断地向它索取而从不给予供养，慢慢的，慢慢的，树木稀少了，土地裸露了，庙被毁了，尤其是抗日战争期间的无限度破坏，终使其成为再也不能生养的秃山了。幸好，近二十多年来，人们慢慢懂得再也不能这样无限的索取了，开始供养她，维护她，山慢慢变绿了，小树也长大了，清晨和傍晚又可听到啾啾小鸟欢叫声了。

溪西村里的人们勤劳朴实，人们用自己的双手努力创造自己所需。人与人之间有着浓浓的人情味。1928年10月，我就出生在这小山村的一座古大厝里。

这座古大厝，村里都称其为围内大厝，规模相当大，前后三落都有一个不小的院子，大厅两旁各有厢房，三落大厝两旁又有护厝。这围内大厝是溪西村黄氏八房的祖厝，每逢八房的重大节日，都要在这里的大厅上举行隆重的祭典活动。我们一家从我祖父起就居住在这围内厝一落大厅右侧的大房和厢房。

我祖父名叫黄礼饱，为人勤劳又老实，长年在菲律宾经商谋生，曾想搬出围内厝另盖新房，买过一块地皮，并购买了木料沙石砖瓦，后土匪猖獗，购买的建筑材料不断被抢被偷，一次趁我祖父从南洋回来之际，土匪还放出口风，准备绑架祖父，吓得祖父赶紧提前回菲律宾去，房子也没有盖成了。这样，我们一家几代也就一直居住在这古大厝里，我在这里出生，又在这里结婚成家，我的儿子也在这里出生成家。这围内厝啊！我永远永远也忘怀不了。虽然，现在我和孩子们都已离开溪西村，离开这古大厝，这摇篮血迹还是时不时唤起我无尽的乡思。

我的大祖母连续生了几个女孩,为了能接续香火,特地从别地方抱养了一位男孩,因是接续香火,更期望能招一个弟弟使香火更旺,因此尽管不是亲生,也是视若己出,非常疼爱,这就是我的父亲。可是招弟一直未能如愿,祖父又娶了我的二祖母还是没能生下一位男丁,后来祖父只好又娶了三祖母,终于生下一位男孩子,我这位叔叔仅长我两岁,我们从小一起玩,感情一直非常好。

我父亲黄则火从小随我祖父到菲律宾谋生,由于劳累过度身染肺病,虽经千方百计求医诊治,终究此病,当时是无药可治的绝症,在我年幼时就不幸去世了。母亲是一位十分贤淑又坚强的农村妇女,父亲去世后,丢下我们母子三人,生活上的艰难,精神上的打击,是不必细说的。何况,因我父亲年纪轻轻就离开人世,祖父母伤心过度,体力一日不如一日,提不起精神打理生意,生意也就日渐衰败,更使我们一家真如雪上加霜,日子更为艰辛,简直是到了绝境。

面临这种种艰辛,我的母亲坚强地用她那懦弱的双肩挑起生活的重担,默默地耕种那祖上留下的几分薄地,茹苦含辛地抚育我们两个年幼的兄弟。我至今还依稀记得母亲拖着劳累的身躯走进家门后,站在父亲遗像前伤心掉泪的情景。但擦干了眼泪匆匆喝了碗地瓜汤拖着疲惫的步伐,她又下田地劳作去了。那时,尽管小小年纪,每看到母亲如此劳累,我都会对自己说:快点长大,帮帮母亲吧。五六岁开始,我就每天背上竹篓带着竹草扒,上山捡柴草作为三餐的燃料。十一二岁时,就跟着大人们上山砍柴,晒干后挑到罗东街上卖点钱以补贴家用。第一次挑了两捆柴火卖个铜板,交给母亲时,母亲高兴的样子,至今仍清晰地留在我的记忆中,历历在目。

黄奕缺于上世纪九十年代初期与念念不忘的老母合影。**1994**年老母去世。

随着祖父的去世彻底断绝了每年三次侨汇，这侨汇虽微薄，总也是一种生活来源和希望。侨汇没了，不久抗战爆发，我们家真如生活在水深火热之中。我在外学艺，全家就靠母亲和弟弟操劳那几分地生活着，一直到上世纪五十年代，我开始领到工资，才有了另一项维持生活的来源。母亲也总算看到我学而有成，了却了她希望我学一门手艺好养家糊口的愿望。

我有四个孩子，都已成家，上世纪九十年代，也先后来到泉州，自立门户了。

二、不解之缘

我走进嘉礼这艺术殿堂，说来该是一种缘分吧。

在我们围内厝的隔壁，住着一户人家，能表演布袋戏和嘉礼，每当农闲我们溪西村或周围村庄常有佛诞或为小孩子周岁或为老人祝寿，往往请他去表演，他也藉此多一些收入以补家用。因为就在隔壁，四五岁起，我就经常到他家玩，看他摆弄那些嘉礼，对他那些演出用的嘉礼和道具非常的好奇。这位陈伯伯看到我只是用眼看，从不随便捣乱，有时还会拿起嘉礼弄几下让我看个够。碰到他在我们村里演出，还会特别允许我到台上坐着观看。现在回想起来，那时他的表演实在是太粗糙了，可是留给我的印象却是非常的美好，记得他曾把一把折断准备扔掉的嘉礼刀（道具）给我玩，我高兴了好几天，捨不得玩，珍藏在家里好久好久，可惜随着陈伯伯的去世，他家的这门手艺也消失了。

那时我经常想，如果能有一个像陈伯伯那样的嘉礼多好呀！好几次到田地里挖来田泥，学着雕塑嘉礼头，每每都是泥干后就断裂不能用。有次村里一位老人去世，他的家人给他做大"功德"，请来"糊纸"师傅糊纸厝。那位师傅带来了好些泥做人仔头，经过一番加工，做了好多纸人，扎在纸厝上，我被他的这手功夫紧紧吸引住，那几天几乎都守在旁边观看，有时也主动帮他拿浆糊、剪纸什么的。看到我兴趣那样大，又不吵不闹，离开时他拿了两三个破损的人仔头和一些剩下的纸张边角料给我，我高兴地拿回家学着那位师傅的样子，做了两个纸人与同伴玩。后来一位小同伴不小心，玩着玩着掉到地上摔坏了，为此我还和他大吵了一架，我曾想，如果能有像陈伯伯那样用木头雕的就好了，当然这谈何容易呀！

这一年村里那宫庙佛像要重塑，请来了木雕师傅，用了将近一个月，才把一个大木头雕成一座佛像，出于好奇，只要有空我就到宫庙去看木雕师傅雕佛像，他那娴熟的技艺真让我着迷，我认真地看他拿刀的手势，仔细观察他怎样下刀。他雕了近一个月，我看了近一个月，和他也渐渐熟了，我大胆地向他要了块木头和一把他不能用的小刻刀，回到家里，拿下厅堂上的土地像照那个样雕刻起来，雕刻好后，我带到那位师傅那里玩，他看后摸着我的头，对我大大的鼓励了一番。后来我自己找了几块木头，用五寸大铁钉经过反覆锤打细磨做成刻刀，雕了几个简单的人仔头，和几个伙伴一起用几块破布随便缠在手上,学着陈伯伯演的布袋戏,有的当刘备,有的做关公玩了起来。

十一二岁时,从泉州城里来了一个嘉礼班在我们溪西的邻村埔头村设馆,并在这一带演出。这嘉礼班的演出水准大不一样,他们的演出吸引了四乡五里不少人来观看,我更是他们的常客,每当他们在我们村附近演出,我都早早地来到戏台下认真观看,有时候还爬到台上瞪着眼细细地观赏那些嘉礼,起先他们很客气地把我赶走,可一次两次多次后,他们看到这样一个小孩老跟着他们,那么认真地观看他们的演出,也就默许了,不过,看归看手是不能动的,要不他们就会毫不客气将你赶开。

有一天,我们几个小伙伴在山上砍柴,中午停下休息,每人各拿着一根小柴棒又玩起张飞关公来,玩着玩着我突发奇想,心想不如学做几个嘉礼玩更有趣味。回家后,我找了几根大铁钉打磨成刻刀,拿了两三块木头七刻八刻,雕了两个还算有鼻有眼的人仔头。又到溪旁砍了两根竹子,分别切成四段当做手臂和脚腿,再从山上采了些山藤扎成两捆当作躯干,然后用绳子连在一起,再穿上几根绳子,就和小伙伴玩起了弄嘉礼游戏。后来有一位同伴说,没穿衣服根本不像嘉礼,我们就又捡来一些碎布,七扎八扎算是给嘉礼穿上服装了。这两个我这一生首次制作的"嘉礼"成了我和几个小伙伴很好的玩具。

有一天,我们几个正玩得高兴,我的一位堂叔看见了,得知这玩具是我自己做的,显得非常高兴,摸着我的头大加赞扬。第二天,他来到我家对我母亲说:那个从泉州城里来埔头村设馆的嘉礼班,准备招几个孩子学演嘉礼。那班主正好与他相识,你这孩子有灵性,让他去学一门手艺,家里能少一个人吃饭,减轻负担,说不定将来还会有出息。起初母亲很是舍不得让我离开家,但想想家里这么苦,出门学一手艺将来还可养家糊口,也就答应了。

我这位堂叔名叫黄拱南,人们都尊称他拱南仙(先生的意思)。在我们那一带是小有名气的知识分子,他当过小学老师,又是郎中,会给人看病。有人娶亲修房需选个黄道吉日,也请他择日,他能写一手好字,村民写春联、写婚书礼帖都请他帮忙。他还会摆弄多种乐器,拿起洞箫能吹,拿起二胡能拉,会唱南曲,真是学识渊博,多才多艺,为人又十分豪爽,因而结识不少各种各样的人物,也得到人们的尊敬。

因我父亲过世得早,拱南叔知道我们家生活苦,对我特别关心,他是我小学的启蒙老师,他讲的人要会用手,勤用手就不怕饿死的道理,让我终生牢记不忘,他还曾教过我学南曲。大概是我八九岁时,拱南叔把我和邻居五六个孩子集合在一起,每晚在围内厝的大石埕让我们跟着他唱曲,我依稀记得学的第一首好像是"三千两金"。他还教我刻印,那是有一次他看到我在打磨铁钉做刻刀,就告诉我别尽想着玩,可以磨刻刀学刻印章,并说愿意教我刻印的方法,他说多一门手艺多一条活路。过了几天,他不知从什么地方捡来十几枚人家废弃的麻将牌给我,教我锯割成印章模子,然后很认真地教我刻印方法,怎样固定模子,怎样使用刻刀,又帮助我写了不少印章字,让我照着刻。经过一段学习,我成功地刻几个枚印章。后来村里的小伙伴知道我会刻印,都先后让我为他们各自刻了一枚哩。这算是我学的第一门手艺,这手艺后来可帮了我大忙,让我度过一个大难关,也成为以后我学习嘉礼头雕刻的基础。

可以说,拱南叔对我真是太关心了,这一次又把我带进一个让我成长,让我为其奋斗一生的艺术殿堂。

三、离家拜师

九岁那年,母亲决定让我上学读书。开学那天,母亲把她保存多年舍不得剪裁的布料拿出来自己缝制一套新衣和一个小书包,当我穿着新衣背着新书包与小伙伴们一起走进学校时,心里那高兴的滋味,真不知怎样形容。这次上学给我留下的印象实在是太深了,特别是学国文的开头那几课,至今记忆犹新。

我们那时学的是两本书,国文和算术。国文的第一课上画着一双手,图的边上是一个"手"字,上课时老师让我们看图识字,他先让我们看图,又让我们伸出自己的手,然后告诉我们图旁的字是手。老师说:大家都有手,都有十个手指。有了手就可以种田,就会有饭吃。记得他还讲一个手的故事给我们听,我真听得入迷。第二课是"拍手,拍拍手",第三课是"分果果,你一个我一个。"分果果当然是用手拿,用手分,用手接。这在我心里种了一定要学会用手的思想种子。

可惜,这样较像个样的学习,只有一个学期,第二学期学校就因缺经费办不下去了。大约过了近一年时间,两个从泉州城里据说是逃婚出来的年青人,愿意义务当老师,我才又高高兴兴地进校学习。可是不到半个月,也不知什么原因,学校里课桌椅全被打烂了,两位老师也不知哪里去了,学校又没了。又过几年也就是我十二岁时在村里人的努力下,学校才又恢复起来。母亲非常高兴,又把我送进学校,让我跳级读四册。又有读书的机会了,心里非常高兴,尽管二、三册都没学过,我的学习成绩还是班上数一数二,特别是画画,还是学校里最好的哩。好几次我的图画都让老师贴到墙上展览。可是,也就读完了这一个学期,家里就再也供不起我上学了。只好在家里帮母亲种地,和大人们上山砍柴以补贴家用。从此,我永远离开了学校,再也没机会上学读书了。

十三岁那年冬天,算起来正好是1940年底,拱南叔带着我和同村的另外三个同龄的孩子到埔头村嘉礼馆应试。路上拱南叔一再嘱咐,要我们千万不要怕不要紧张,如果要唱歌,就唱他教过的曲,或学校里学的歌。到了嘉礼馆进门一看,大厅里坐着几个人,都是以前我曾见过他们演出的,一个高个子走过来,和拱南叔打过招呼后,亲切地和我们开了几句玩笑,我原来紧张的心情放松了不少。其实大厅里的那几个人也都早已认识我了。

考试就在大厅里进行,我被安排在第三个考试,主考的是陈天恩师,他先问我叫什么名,有几岁,会不会唱曲,我回答说曾跟拱南叔学过南曲,他让我唱给他听,我就唱了几句"三千两金",他又要我继续唱,我就把学过的"因送哥嫂"唱了两句,接着让我模仿他念坐白,跟着他一句一句念,记得那四句坐白好像是:

> 铁甲儿郎胆气粗,
> 番邦掌握皆属吾。
> 唐王这遭不进贡,
> 就点精兵夺帝都。

也不知这四句什么意思,我只一味跟着他的声调学着他的样子放人嗓门念出来。念完坐白后,又让我跟着学唱"地锦":

> 威风凛凛握重兵,
> 斩杀自由害良民。
> 人强马壮遵号令,
> 夺唐江山即称心。

最后又让我学着拿一下勾牌(嘉礼钩线板),又查看我的手掌手指。考试就结束了,我们几个也就各自回家。

当晚,拱南叔来到我家告诉母亲,我被陈天恩选中了,这次只选了我一个,让我隔天到埔头村找天恩师去。我们母子真是十分高兴,天未亮我就早早地起床,匆匆吃了早饭,就到埔头村向天恩师报到。我来之前已有三位先我一步被招进来了,他们是学"旦"角的黄斗星,是我的同乡,学"生"角的是陈雁飞,泉州北门人,他父亲原来就是司鼓师傅,还有一个是学"北"角的郭聪溪,泉州城里天公观口那边的人。师傅要我先学"杂"角,师傅把我们四人叫到一起,让大家互相认识,给我交代了一些应注意的事项后,要我们过旧历年后,才到泉州北门外朋山岭下的上村师傅家。就这样,我们各自回家,过了旧历年后,就到天恩师家正式拜师,开始正式学艺生活了。

黄奕缺当年拜陈天恩为师(右一),陈天恩拜徐元享(中)之父为师。时过几十年,难得师徒合影

离开家那天,母亲让我穿上他早早为我缝制的一套粗布新衣,还为我准备一双她用旧碎布千针万线纳了厚厚鞋底的新鞋,离家时,母亲又特地炒了一小袋黄豆要我带上,准备分给三位同伴作为见面礼。母亲说:这样以后就会和睦相处相互帮助。这一天又是拱南叔带着我走了近一天路,才到陈天恩师傅的家,隔天就正式拜师了。

拜师仪式就在师傅家举行。在师傅家的厅堂正中,设了一个香案,"相公爷"端坐着置放在香案桌的正中嘉礼椅上,前面摆着香花五果并三牲礼品。仪式开始,师傅点上三炷香,让我向相公爷跪叩,起立后取下门生帖,跪向师傅双手高举将门生帖交给师傅。师傅接过门生帖后将我扶起,以示接受我的请求,自此收我为徒,再后师傅在帖子上盖上自己的私章后交给拱南叔,让拱南叔作为我拜师的证人盖好章,再将门生帖置于香案上用香炷压住,最后我再向师傅行三叩礼,以表示被收为徒的谢意。至此仪式结束。

所谓门生帖,大体内容有这样几条:一是规定学艺时间为五年四个月;二是不得半途而废,否则赔偿师傅的损失;三是学艺期间师傅负责供给三餐伙食和每年一双鞋冬夏两套衣服;四是学艺期间伤病死师傅概不负责。实际上是一份学艺期的合同书。

从此,开始了五年多的学徒生活。

四、学徒生活的苦与乐

学徒期的五年又四个月,大抵是分为四个月和后五年两个大阶段。

前四个月,主要是学习基本功,包括唱、念和最基本的线规。大体先用十几天时间,天天念《窦蹈》中几套戏的剧本,学习唱念和道白,待戏簿念熟,唱和对白也学得有点像后,就开始穿插学习勾牌的握法、线的运用,逐步学习一些最简单的行、坐、跪拜、鞠躬等线规,再慢慢加深。接着就开始学习《郭子仪拜寿》、《走陕州》、《打金枝》等几套戏,这样四个月下来,就学会嘉礼基本的简单操纵和可以演出一个下午(约一个半小时)和两个晚上的戏(每晚约三个小时)。

这四个月的学习,师傅的要求特别严厉,学习十分紧张,每天早晨天刚亮,就得起床,先到"相公爷"前烧香行礼,后到屋外的小山坡上高声喊叫(练声)或者由师傅带我们学唱曲，早饭开始跟着师傅念簿，既学唱念、对白，又熟悉剧本。午饭后一般是学嘉礼操纵或继续念簿，晚上，则是再学习唱念。

这段时间，是天恩师和其弟天保师两人给我们教授，天恩师侧重教念白，天保师侧重教唱念，线功教授则由两个轮流负责。同戏班郭桂林和洪清廉师也来帮过忙。

学了四个月后，则开始边学边演。五年中，头三年学的多演的少，更重要地是通过演出的实践加深在家里所学的印象，后两年更多的是边演边学，以演促学，学习体会人物个性和表现手法。

这五年中因演出需要，有几个知名的师傅先后到我们这个小班帮忙，如洪清廉师、郭桂林师、蔡金闽师等，他们也都参与对我们的教授，陈天恩师也一再鼓励我们多向他们学习。特别是有时一些在当时很有名望的嘉礼师傅，到我们学习的地方做客，天恩师往往会告诉我们，这是某某师傅，他的什么线功什么念白或表演什么人物特别好，鼓励大家向他学。一次何绽师到我们练功地方找天恩师，天恩师告诉大家，何绽伯拐仔线特别好，我们赶紧围着何绽师傅请求他教给我们。就这样让我们多学了不少东西，我的拐仔线、刺剑线一直是被认为操纵得比较好的，就是这样从何绽师和桂林师那里学过来的。

这五年中，特别后两三年，洪清廉师和郭桂林师较多的担任了对我们的教授工作，洪清廉师的教授很有针对性，也非常耐心，经常结合表演需要把一些难度较大的线功认真分解耐心地给我们示范，并带我们反覆练习，教我们双刀线时，他将线规分成几步，让我们跟着一步一步地学再综合起来，指导我们反覆练习，最后我们还得一个一个表演给他看，直到他满意为止。

学习当中，我的线功进步很快，经常受到师傅的表扬，洪清廉师看到我学得快，往往会给我增加新学习内容。可是唱念，相对于其他人我就比较差一些了，尽管我的声音宏亮，唱起来也句句入管，可是由于口音的不同，经常在念白上出差错，好几次被师傅用戒尺打手心，有一次还被狠狠揍屁股。如戏中人物杨崇文的四句坐白：

　　失除详细不支吾，
　　蜈蚣赶蛇入火炉，
　　恨消非是真君子，
　　无毒做无好乾埔。

这里的"除"、"火"泉州城里音是 du,he，这才是嘉礼唱念的正音，我们溪西一带则把除读成 di,hie，为念这段坐白，我被师傅打了不少手心，还有诸如去、德、语等等的读音，我都一直没能很快纠正过来，师傅规定每读错一个字打一下手心，这就难怪一个上午下来，手心都红肿了，有时还得让屁股挨打。这逼着我勤练苦练，努力纠正口音，经过一段时间的练习，挨板子的次数才慢慢减少。

不过，当学徒期间师傅因我的勤快非常疼爱我，师傅家里有很多旧的嘉礼，不少因长年反覆演出，或由于用来给我们作基本训练的，当中很多已是破破烂烂了，师傅只要有空就把那些还能修补的嘉礼拿出来修补。只要不是学习时间，我都会跟着师傅帮这帮那，师傅很是高兴，有时主动教我修补的方法，让我自己修补。有一次，我利用晚上时间，把一个脚、手都损坏了，连笼腹也被挤压变形的嘉礼修补好，第二天师傅知道了，拿起嘉礼认真地看了看，非常满意，大大地赞扬我一番。

学徒期间，我的好学也让师傅满意，师傅有时需进城购买一些做嘉礼的布料或把一些嘉礼头带进城到涂山街一带店铺里,请人重新粉彩,总是带我一起进城。我则乘机在那店铺里细心观察各种嘉礼用具,参观他们正在制作的嘉礼靴。

有一次从城里回来后我找了根竹板,学着削了一把竹刀,开头师傅还以为我不好好念簿削着玩,把我批评了一顿,后来发现原来我是在学做道具,还做得像模像样,特地把我大大夸奖一番。此后,我也就经常主动帮着师傅做一些刀、枪等道具或嘉礼靴,也学着帮师傅雕一些嘉礼手,后来师傅进城,办完事后有时还会买碗牛肉羹让我点心,我想这也算是师傅对我的奖赏吧!

我的好学,更多地是总想把线功学得更多更好,每次那些知名师傅到我们住地,在师傅的鼓励下,我总是第一个缠着他们,请他们教我的线功。有一次,在永春的一个小村子演出,晚饭时听几个师傅在议论,说城里有人表演嘉礼武打时,一个嘉礼一脚向另一个嘉礼踢去,使得另一个嘉礼连翻了几个筋斗。能操弄嘉礼做出这动作真是不简单,饭后他们几个提着嘉礼试着表演翻筋斗动作。我在一旁专心细看,当晚演出结束后,我学着他们的样子,偷偷地拿着嘉礼照他们的样子练,就这样连续几天,竟然让我练出来了。这事很快让洪清廉师知道了,他让我表演一下,看我利索地一手握勾牌一手迅速把全部嘉礼线抓起一抖再一甩,又马上把线放开然后立即把脚线和手线抓起,把勾牌轻轻提起,嘉礼顺利地翻了个筋斗后,稳稳地站好,高兴地轻轻拍了下我的屁股夸说:"好"。过了不久,正好有一场演出,他特意要我把这个动作加进去,使我师傅既惊奇,又十分高兴。这期间,唱、念和线功练习得再苦再累,我从来都没觉得苦,可是肚子饿让我很是不好受。我的学徒期间,恰好是抗战最艰苦的时候,到处在闹饥荒,闹瘟疫。师傅一家原来就不富足,现在又得供养我们四个学徒和他儿子的三餐吃食，我们几个又都处在长身体的时候，饭量特别大。开始几年演出又少，生活上确实相当困难。有一段时间我们三餐吃的基本上都是很稀很稀的地瓜渣糊。这是把鲜地瓜磨碎，榨出地瓜粉后余下的渣捏成一团一团晒干后，再磨成粉状加水煮成的。有时也加进一点大米混合稀煮。所以我们都不叫吃而叫喝，有时另加几块蒸熟的地瓜，怕我们争抢，师娘都得事先分成每人一份。每顿吃后不久就开始不停地小便，不长时间肚子就开始饿了。真是上顿接不到下顿，有时真的饿得发慌。有一天晚上，睡觉时，黄斗星偷偷地跟我说："我是饿的没办法了，你呢？"我说："还不是一样"。接着他说："跑回家起码还能吃饱，还省得天天念簿，念不好挨师傅打。"那几天，我正好语音不准受师傅责骂，黄斗星也不知为什么给师傅打了屁股。天刚亮，我们偷偷打开后门溜了出来，先到屋后的山坡上躲了一会儿，看到没人追出来，就放胆沿着山边道路寻找回家的路，可是走了半天还是在山上转来转去，直到太阳老高了还找不到该从哪里走才能回家，肚子又饿得咕咕叫，两腿又酸又痛，最后只好硬着头皮返回师傅家。师傅已发动全家在村里找遍了，见我们回来，免不了给我们一顿重重地责打。从此，我再苦再饿也不敢有偷跑的念头了。

幸好，我学习进步比较快，又为人比较勤奋，弥补了我的过错，特别是我经常帮师娘做一些田地里的事，像给地瓜除草，帮着播种花生大豆或给蔬菜浇水，师娘对我特别好，帮她劳动时常会有一两块蒸熟地瓜给我吃，甚至有时还偷偷地特别给我煮碗点心。看到我被责罚，还为我说情。我真感谢师娘对我的疼爱。

学徒期间，自开棚后，我们最希望的是能外出演出。因除了能乘机到外面看看，免得整天关在班里，其中有一条很重要

黄奕缺当年拜师学艺时，两次与其师兄弟合影。

原因是能够放开肚皮吃饱饭。按当时惯例，雇请嘉礼班演出，一般都会供给膳食，如果雇主较为富足，伙食还会比较丰盛，鱼肉蔬菜不少。对比我们长期喝着稀稀的地瓜糊的日子，简直是最高享受了，特别是长期缺油腥的我们，见到那些大鱼大肉真的狼吞虎咽，每每我对那一盘的猪肉更是毫无留情。有一次，小伙伴故意与我打赌，让我把一盘大块大块猪肉一顿吃光。我真的把一盘肉就着干饭吃的干干净净，竟没有感到有丝毫的不舒服。我一生爱吃肉可能就是从这个时候养成的，直到五六十岁了，我还能一口气吃下一斤白水煮的肥猪肉哩。

黄奕缺与当年的师弟陈炳煌同时在泉州木偶剧团工作几十年，头发白了再合影。

五、边学边演的日子

（一）

四个月紧张的启蒙学习后，进入边演边学的阶段。

我们这个小班第一次对外演出是在泉州北门外，离师傅家不算远的杨塘村。这次演出是我们这班的开棚。因此，师傅提前七八天就开始为我们做各种准备了。先是把所有嘉礼属于什么行当，应装上什么行当的嘉礼头，戴什么"头戴"的常识详细地讲给我们听，也就是教我们"扮角"，并让我们按要求各自动手练习。然后，要我们把嘉礼线按各自身高理好。第一天晚上演出的节目是《过五关》，我演关羽，所以我用了很多精力做准备，一遍一遍过簿，特别那把大刀的握法，我不知道练习了多少次。出演前两天，师傅又专门在他家的厅堂里让我们彩排了三遍。为了这次演出师傅还特地用一条半成新的蚊帐纱自己染成灰色，给我们每人各做了一套服装，每人发给一双布鞋和一双草鞋，师傅规定布鞋只用来上台演出穿着，草鞋才是用来路上穿的。另外每人还发给一双经过翻新袜底的旧袜子。当晚，我们每人都试着穿戴起来，心里那高兴劲是现在的人体会不到的。至于草鞋，不是上了年纪的人，可能都不知道为何物了。那是用稻草掺上些碎布条编扎而成的，当时出门走远路穿的就是这种草鞋。

演出前一天晚上，师傅让师娘办几样菜敬奉相公爷后，让我们饱食一顿。早上吃过早饭，我们穿上新的衣服，集中到厅堂里，在相公爷像前烧香跪拜。然后，由师傅领着我们在师娘特地准备的一个放满火炭烧得热烘烘的烘炉上一个一个跨过去。据说这是为了祈求出门平安演出顺利。

走到杨塘村后，经稍事休息，师傅就指导我们搭建八卦棚和起笼。

八卦棚实际上是舞台上的顶篷，用来遮挡阳光或小雨。据传嘉礼是来自宫庭，曾为汉高祖刘邦立过大功，历来为各朝代所尊奉。尽管早已在民间生根，为显其原来的显赫地位，当然也为了挂嘉礼的方便，八卦棚的搭法形成了严格的规制不能随便。

搭法是这样的：

在事前搭好的舞台四角柱子上内侧选适当高度，左右前后各扎上一横竹竿，在对角各扎一根竹竿，然后在四根横竹竿的外侧适当位置也架上四根横竿扎好，这正好用上十根竹竿。接着用三条深色布（只要如被单大小即可），分别扎挂在左右和后边的外横竿上。这三条深色布同样是雇主提供，一般是用被单代替。最后把一条写有"内帘四美"的横幅挂在台前外侧横竿上，这横幅称为大眉，这样八卦棚就算搭完了。

演出时，台前左右柱子上通常挂上一幅对联"顷刻驱驰千里外，古今事业一宵中。"据说夜里演出时，在"内帘四美"大眉下的两侧再挂上两盏灯，加上台中放着的屏仔，远远看去，恰似隐含着"当朝一品"四个字，表明相公爷的身份，显示嘉礼艺人具有高贵的地位。

起笼更是有严格的规制，每个嘉礼从笼中请出都必须把嘉礼线先理顺按规矩缠绕在勾牌上，依固定制例悬挂在八卦棚的适当位置。具体是这样悬挂的：台后外侧横竿正中悬挂相公爷，左边：从右至左按顺序挂花童、红文、老外、金面文、武秋文、开台文、黪文、明文、村公；右边：从左至右按顺序悬挂青魁、乌大北、红大北、武关、乌北仔、红北仔、黪北。

台左侧从里到外按顺序悬挂贼仔、散头、乌关、斜目、红猴、笑生、武生、大带生、素生、红生。

台右侧从里至外按顺序悬挂红披、乌披、白绫、蓝素、老妇、却老、大童、白阔、陷仔、缺仔。

我生怕记不住，当即拿了一张纸请识字比较多的黄雁飞帮我记下来，夹在嘉礼担里。当然，有时为演出方便，"扮角"后的嘉礼也可悬挂在内侧竹竿。

起笼后，还须在相公爷前摆上香案，供上香烛花果，还得架好屏仔，置于舞台靠前的正中。这屏仔其实就是舞台中嘉礼表演区与非表演区分隔开的屏风，因其高度只有九十公分左右，宽度也只有一米二十公分多点，并不大，故称屏仔。演出时屏仔前即嘉礼表演区还得铺上一条草席，以防嘉礼污损。至此，表演前的准备就基本完成了。这样一个嘉礼演出台，加上雇主提供给后场人员作坐椅的四块方凳，就是人们常说的嘉礼棚(嘉礼舞台)是"十枝竹竿三领被，四块椅子师傅坐。"可以说是比较简陋的。

这一天，因是我们这个小班的开棚，举行了一个庄重的仪式。我们师兄弟四人全都穿上师傅刚分发的衣服和鞋子。仪式开始，先演奏通鼓，我们四人分立香案旁边和全体师傅高声唱"啰哩嗹"，接着陈天恩师傅移开屏仔，在香案摆上三牲五果，烧香顶礼膜拜后，率我们四位师兄弟向相公爷三跪九叩，再转向外行鞠躬礼。仪式结束，师傅把屏仔移回原位，接着开始请相公爷踏棚。按制例，相公爷踏棚是由旦角请神，生角表演相公爷，所以这次踏棚是由黄门星请神，陈雁飞演相公爷。

为此，陈天恩师傅在十天前就认认真真地把如何请神，相公爷的踏棚动作和台词唱念教给我们，还专门让黄斗星陈雁飞练习了多次，结果表演时便很顺利也显得很庄严。

这一次我们演出的节目有《父子状元》、《过五关》等，后台演奏是天恩师司鼓，天保师吹奏唢呐，清廉师负责小锣，还有一个记不清是谁了。因是首次演出心里非常紧张，又正值暑天，特别是下午场我们个个都是汗流浃背，黄斗星先把衣服的扣子全都解开，紧跟着我们也解开了，陈天恩师看到这样，用鼓槌狠狠地在黄门星的屁股上敲了一下："把衣服扣好。"我们几个都被吓了一跳，赶紧扣好衣服更加认真地表演。演出结束后观众反映很好，天恩师老绷着的脸也露出了笑容。我们一颗紧张的心，总算放下了。

不过吃过晚饭，天恩师还是把我们四人叫去，把我们演出时解开衣服纽扣的事狠狠地训了一顿。还认真地给我们讲了一番道理。他说相公爷是经皇上册封的，原来人们封我们演嘉礼的人都尊称是嘉礼先生，不同于娼优隶卒。古代有科举考试，嘉礼先生是可以参加的。要不，人们要我们演出为什么得用"请"，不能说是"倩"。为什么一定要前棚嘉礼后棚戏呢？所以演出一定不能随随便便，整个舞台都要布置得整整齐齐。更不必说，演出时"现胸露胛"不成体统了。

师傅这一席话，尽管有一些我们似懂非懂。可是，可能是由于我们首场演得比较好心里高兴。所以讲话时特别和蔼，我们听了心里感到舒服，也特别记得住。在以后的演出实践中，看得多了接触也多了，对师傅的话才有更深的理解。如凡是我们与其他"人戏"在同一地点演出，都让我们先起鼓开演，即所谓"前棚嘉礼后棚戏"。又如凡是我们演过的戏棚(舞台)必先请我们师傅先卸去一块台板或卸去八卦棚中的一二根竹竿叫做"破台"，其他"人戏"才可以使用。雇主对我们的接待也有很多不同，这都让我感到我们是高人一等，内心里很感自豪。当然学也更勤，演也更认真了。这种自豪感一直到进入中班后最后那一年，面对我们的演出越来越不景气，而高甲戏又是那么风光红火才慢慢有所疑虑而大大减弱，不过师傅对演出的严格要求,却让我终身受用。

(二)

开棚后,我们开始了边学边演的学徒生活,人们称我们是"陈天恩小四美班"。刚开始演出业务不是很好,天恩师经常外出到处联系,先是在泉州北门外、西门外一带联系到演出业务,慢慢地更多的演出都在永春、南安一带了,天恩师就带我们把馆址移到南安的洪濑,后再迁到永春。

在南安永春一带演出,都是在一些山乡,有时还到深山里的小山村,条件都相当差,最好的演出地点是一些小集镇的墟日,每逢在墟日上演出我们都高兴得像过节日。在小山村演出往往都得爬山过岭,有时天未亮就上路一直走到下午。不知磨破了我们多少双草鞋。每到水稻收成之后,师傅师娘都忙着用稻草编好多好多的草鞋,十双一捆十双一捆地挂满家里走廊大厅的墙壁,往往不要很长时间就被用完了。

我们到小山村演出,村民们对我们非常友好,非常热情,腾出较好的地方让我们住,给我们供应较好的伙食。有一次,我们在距永春县城较远的一个山村演出,也不知是什么祭典活动,几乎家家都宰羊杀猪很是热闹,不少村民给我们送来大块大块的猪肉羊肉,还有不少的猪内脏。那两三天我们可真过上神仙的日子,大吃特吃了。一天晚上,也不知是吃得太油腻还是那些食物因天热发馊了,我的一位师兄弟半夜闹了肚子,屋里只一个尿桶,只好到屋外去拉屎,我们住的这座房子在半山坡下,门外不远处是一片茅草和小树林,这位师兄弟出门一会儿突然提着裤子跌跌撞撞地推门进来,上气不接下气地说:"虎——虎——",我们在屋里的三个人被这一喊,吓得浑身发抖,赶快找几块椅子把门顶住。据他说,他蹲下拉屎,突然从山坡上下来两盏绿绿的灯,细细一看才想到不是灯而是老虎的眼睛,就赶快跑进来。这一晚,我们谁也不敢睡在床外侧,一听到外面有响动都吓得拼命往里面钻。

不过,这还不算什么,真正可怕的是当时越是瘟疫流行的地方我们越是得去演出。有一段时间不少地方闹瘟疫,什么霍乱呀,鼠疫呀,有的村子一下子死了好多人,真的是"千村薜荔人遗矢,万户萧疏鬼唱歌"。那时的人苦啊!医疗条件实在太差,只有希望神灵来保佑,因而常有不少祭典活动。据说西汉时就曾请嘉礼为皇太后治病,况且早就称相公爷能通天,此类活动请嘉礼演出以求驱邪就是必然的了。本来是人们避之惟恐不及的瘟疫流传之地,为了生活我们都要到那里去演出。我的师兄弟陈雁飞就是那次惠安靠海的一个正流行霍乱的村子为驱邪演出而被传染上的。他得病的第二天,我们转场到晋江五店市(现在的青阳)演出,病就更重了。师傅赶紧找人把他抬到泉州城里的惠世医院,隔天就死在医院了。那病死的惨状,现在想起来都感到可怕。我们每次到这些办驱邪活动的村子演出心里都是非常忐忑不安,特别是那驱邪的场面,人们抬着崇奉的佛像满村子转,成捆成捆用稻草扎成的假人一堆一堆焚烧,满天撒放的纸钱,还有道士吹得满天响的哨角,真的让人感到十分恐怖,当时我们年纪都不大,联想陈雁飞死的惨状,常被吓得整夜不敢入睡,只好口里反复念着:"相公爷保佑!相公爷保佑!"

我的师傅很会交际,每到一个地方他都结识不少人,这些人对我们这个小班都给了不少帮助和影响。

妙月师就是我们师傅的一位好朋友,他是泉州三大丛林之一崇福寺住持,善武功,他的弟子很多,在我们泉州一带很有影响的一位和尚,他的铁沙掌更为人们所称道。我们馆址迁到洪濑不久，妙月师正好到这一带行医化缘，就住到我们馆里，一住就一个月左右，白天他去化缘，晚上回来与我同睡一起。每天晚上他都打坐念经，他为人和蔼，对我们这几个小孩很好，念完经或念经前还经常给我们讲许多好听的故事。他每天早上都早早起床练"拳头"，有时我也跟在后面偷偷地跟着比划，他看到我有些兴趣经常停下来给我指点。后来，我干脆公开请求，请他教我几套拳路，他也非常乐意，真的很耐心地教了我几套拳法，我们一老一少也成了好朋友。后来我们馆址迁到城里，他来找我师傅，总没把我忘记。我也经常利用空余时间到崇福寺找他玩，听他讲故事。后来在剧团里有人曾提起这件事，还要我来几套妙月师拳法，其实我跟着学的时间不长，很快全都忘了。

我们是一九四四年下半年迁到玄妙观口也就是新府口的，因为是城里中心地带，也因出于生计所需，师傅结识的朋友更多了，其中一位不知是警察还是宪兵，身上经常背驳壳枪，常到我们嘉礼馆找师傅喝茶聊天，或看我们学戏。有一天，问我们想不想看电影。什么叫电影，我们几位都只听说从来没见过，想看也得有钱买票，他说他可带我们去不必买票，我们当然是求之不得了。经师傅同意当天晚上我们就跟着他到在中山路金鱼巷的大光明电影院，一位在门口验票的看到他，主动与他打招呼，让他进去，我们也狐假虎威地大摇大摆跟着进去。电影开演了，我一下子就被银幕上的景象吸引住了。怎么人都像真的一样，抽烟还真的有烟雾，浇花时的水也跟真的一模一样。真是奇怪了，至于演的是什么内容，却是一点也没看懂。这是这一生中首次看电影，激动了好长时间，过了好久回到我们溪西村，讲给我的伙伴们听，他们都羡慕得老是围着我问七问八的。

不过自从迁到新府口,到我们嘉礼馆的,更多的是师傅的同行,其中有不少在当时是很知名的人物,如何绽师、秀寅师等等,他们与一直和我们在一起的桂林师、廉师也都很熟,有空来坐一坐,有时也顺便看看我们学戏。可能是师傅自己不是嘉礼演员,线功方面毕竟比较差,正如前面我讲过的,往往趁机鼓励我们向他们求教,让我们获益不浅。

(三)

开棚后,初期演出不很多,到第二年开始"场户"(业务)就逐渐好起来,特别是迁到新府口后,演出有了明显增多。本来城里不少嘉礼班社因日本侵略造成民生凋蔽,都难以为继,有的只好解散。天恩师可能是考虑到我们是小班,演出费较低,趁此进城会有一定市场,事实也这样,我们的演出大大多于永春、南安一带。

演出多我们可以多学到不少东西,可以多念好多嘉礼簿,多学许多线功,包括一些高难度的线功,积累更多演出经验。

开棚初,我们只能演三四天的戏,通过边学边演,除了开棚前学过的《子仪拜寿》中的《赏春·打金枝》和《父子状元》(即《窦滔》)中的《棄子扶姑》、《织锦》以及《过五关》、《入吴进赘》、《奔陕州》等等外,又学会了洪清廉师先后教会我们的诸如三国戏中的《青梅会》、《困土山》、《古城会》、《子龙巡江》、《三气周瑜》、《东西川》、《火烧连营》、《五马破曹》,以有《大破天门阵》、全本《父子状元》,还有《春香闷》等。其中有的是与天恩师一起教我们的,如《青梅会》等。郭桂林师来了以后,又教了我好几出戏,如《爱华山》、《单刀会》、《青龙会》、《追韩信》等,另外天恩师和廉师还合作教会了《小目连》(即没有《地府》和《西游》两部只有《目连救母》部份)。这样五年多的小班间我们学的戏大约可能连续演出近二十天。

演出中经常会碰到新线规,特别是有些戏中的特定线规,师傅都会及时教给我们,有的线规难度比较大,师傅会督促我们反复练习。演出的三国戏中,关云长这个人物经常由我表演,为了演好这个人物,廉师反复指导我练习关公提刀舞刀动作,天恩师一遍又一遍地教我道白唱念,让我演得较为成功,特别是大刀线的操纵更是受到许多人肯定。演出《目连》中做"功德"那段戏,有一段"掷钹"表演,其实就是特定的线功表演,是高难度线规,郭桂林师精心给我传授,我也很刻苦地反复练习,每当演出这个戏,桂林师都特意让我表演。桂林师表演《追韩信》这出戏中,有一个操纵嘉礼持双剑刺石表演的动作非常精彩,我一再向他请教,在他细心的指导下,我学着他把持剑的手线一缠一抖再向前推出的样子反复练习,还真让我学会了,后来演出《追韩信》时,我把这个动作用上了,让他非常满意。五年时间,我学到的线规是比较多的,包括一些高难度的线规,如拐仔线、双刀线等等,我都学得比较好,给我打下了较为坚实的线功基础。

按制例,演北行的必须演生行,演杂行的必须会演生行,我学的杂行,又学演了不少北行的人物,有时也客串旦行,不过演的比较多的是"杂"和"北"两个行当。陈雁飞染霍乱死后,他的生行的角色,除一段不长时间由另一班来的陈清才顶替外,都是由我担任。这也让我有机会学习更多技能。

五年的边演边学,师傅不仅对我们的学习和演出要求非常严格,而且对我们的为人处事也是丝毫不放松的。有一件事让我留下很深刻的教训。有一次在南安诗山演出,演的是《破天门阵》,戏中有段"刣牌"的表演,经天恩师同意后,在廉师的指导下,我临时制作了套盾牌和大刀的道具,演出后产生了意想不到的效果。我表演的关云长由于经廉师精心指导,演出了气势,刀也舞动得好,且那时年纪又不大,嗓音正亮,又是引得台下一片叫好声。天恩师和廉师非常满意,连说好几句赞扬我的话。

演出结束,当地几位与我年龄相仿的年轻人,特地邀我到附近一个小食摊,一起吃了碗点心,把我的演出大大的吹捧了一番。说实在的,刚刚才受到师傅的肯定,心里已是喜滋滋的,再听着这几位说这么多好话,心里不免多少产生一些满足感,与他们多坐了一会儿。这事让师傅知道后,把我狠狠地教训了一顿,说是"没学走先学飞"。又说"不上三尺水,就想扒龙船。"一点面子也不留,让我好长时间吃不消,肚子里一直感到很大委屈。后来,看到师傅还是照常那样对我才渐渐淡忘。出师后看到一些演艺人员被捧倒才真的理解师傅为什么对这件我没认为是什么大错的事发了那么大的脾气,才理解这是师傅对我的关心和爱护。

六、进入中班

(一)

一九四六年的春末夏初按规制我们这个小班该散班也就是该散年,即结业了,也就是可出师,可以进入中班了。但是那时正值抗战胜利后,泉州一带社会经济有了好转,城乡各种民间节日活动开始活跃起来,我们已提前预订了二十多天演出,且还有人继续前来预订。很可能师傅出于经济收入的原因,让我们延长了四个月,直到一九四六年的秋季才宣布散班。

散班那天,天恩师特意把我们叫到一起,告诉我要散班了,从今以后,可以各自找个班社参加演出了。中午师傅把我们的饭菜另行备办,多了一盘鱼一盘红烧肉。饭后还每人发给新衣一套、新鞋一双,算是给我们出师的祝贺。

下午我们几位相邀着到街上玩了一个下午,到了晚上,几位师傅都回家去了,郭聪溪家就在附近也回去了,余下我和黄斗星,原来天天是那样热闹,一下子显得空空落落,心里很不是滋味。将近六年了,为学一手养家糊口的本事,别母离家没能给母亲尽点孝心,只是在每年除夕回家过年,省下师傅给的一点路费在洪濑买棵三五斤重的包菜带回家。现在结业了,出师了,总该可以挣点钱给母亲补贴家用吧!可是到哪个嘉礼班呢?郭聪溪和黄斗星两人父母早为他们联系安排好啦,我只能靠自己了。一夜翻来覆去万千思绪,感到前路茫茫。幸好,天亮后不久,师傅把我叫到他的房间里,告诉我,他准备恢复四美班,同时再办一个小四美班,师傅说,如果我愿意可留在他的四美班,并协助辅导小四美班,我当然是求之不得,高兴地向师傅连连点头。就这样,散班后进入中班的三年,就一直在师傅的大四美班服务。

当时,每个班的人员都不是固定不变的,流动性很大。一般一个嘉礼班社演员是四到五个,后台人员四个,最多不会超过五个。在我三年中班期间,固定在天恩师大小美班的有郭桂林师、洪清廉师、蔡金闽和师傅的弟弟陈天保师,先后来过的有张秀寅师、亮师和杨度师、吴孙滚师等。当中有的在当时泉州城里嘉礼班社中有相当高的名望,尤其是张秀寅师更是首屈一指的,"生、旦、北、什"行行过硬,他的表演有很多独到之处,造诣相当深,是我最为崇拜的。

记得我们刚迁到新府口不久,有一天,廉师说在南门的校场口有一棚嘉礼演出,水平相当高,我们吵着要去看看,师傅同意了。晚上我们来到南校场,台下已挤满了人。台上演的是《目连·托梦》。我们挤到前面,一下子被台上表演刘世真的演员那唱念和道白以及那嘉礼的操纵给真正镇住了。演出结束,我特意到台后想见识见识这位表演者是啥模样。只见那人的装束像是一位山里人,很平常地与其他人交谈着。从此,这个人的相貌就一直留在我脑海里。

过了不久的一天,正好闲着没事,廉师说,有一班嘉礼在南门外演出正缺一个角色,要带我去顶替。我真是初生牛犊不怕虎,真的跟着他去了。到达时看到在南校场演刘世真的那位嘉礼师傅也在场,我赶紧上前与打招呼。他抬了抬头朝我笑了笑,就开始扮角了。我赶快请教廉师演的是哪一出戏,也立即开始扮角。不久,开演了,我心里正想该是我演窦滔吧,旦行我很少演过,可是那位师父已先一步提着生行嘉礼准备上台了,我只好赶紧提着旦行嘉礼(饰窦滔妻)候着。待我演完窦滔妻后,他又提着北行嘉礼出场表演番王。我只得赶快跟上演番将(北行)。一个晚上的演出除了演出对白外,他没和我说过一句话,我则是从头至尾处于高度的紧张中,生怕有什么闪失。演出结束后,他走过来拍了拍我的肩,朝我笑了笑,又问了我叫什么名字,我这才把悬着的心放下。这个人演得太好了,真让我五体投地。看到在场的人对他也都是显得很尊敬的样子,我想这个肯定是"大角",心想我这个连中班都不是,居然能与这位"大角"配戏真是太荣幸了。回来的路上,我问了廉师,才知道这个就是当时人称"戏虎"的张秀寅师,这次配戏的事一直到泉州木偶实验剧团成立他任团长后,还多次对我提到是他有意考考我。

寅师来天恩师大上四美班时间不长,大概是半年多或七八个月。一九四七年秋亮师、厨师也离开了。这时进来两个年经人,一个是杨度,他的启蒙老师是天恩师的父亲叫陈料周,小班散班后又拜名师何绽为师,对唱念道白特别有研究,文化水准较高学的戏也多。另一位是出花巷谢土之门的吴孙滚师，很长时间都在谢土的嘉礼班演出，精北行，是一位很不错的演员。谢土的嘉礼班当时在城里嘉礼中也是首屈一指的，他的儿子谢祯祥的演艺水准在他那一辈人中也是佼佼者。杨度和吴孙滚在天恩师大小四美班一直到一九四九年年底这个班解散为止。

还有一位是魏啟瑞，他是经五年四个月上班后被抓了壮丁，在军队里服役一段时间后，回来经蔡金闽介绍到我们这个嘉礼班的，他和我都属中班，两个顶一个大班师傅的份额。

当时演出收入的分配，都是按份额不同计算的，每次演出的总收入，扣除笼租和班主份额，每人按各自份额领取报酬，有的人一分，有的八厘九厘，高的像寅师是一分二厘甚至有时高达一分四厘五厘。我和魏啟瑞各五厘。

天恩师的这个大小四美班曾为先后有一些名嘉礼师的加入，在当时晋江、惠安、南安一带还是颇有影响的。这让我出师后，继续学习有了一个较好的条件和环境。

（二）

小班散班后进入中班，按规制是三年，这三年必须再拜有较高造诣的师傅为师，在天恩师的介绍和作证下，一九四六年秋我再拜郭桂林师为师，向其学习生行和旦行。从此我搬到林师家住。在小班时与林师已有较长时间相处，他对我是比较了解的，对我也非常关心，在艺术上给我不少指点和帮助。正式拜他为师后，更是对我十分关心，平时经常给我念簿（学习新节目），演出时帮我解决困难问题，特别是碰到雇主点到我没学过的"戏出"，他会及时给我"过簿"，帮我做演出准备。

可是有好长段时间，林师非常忙，往往雇不上帮我学戏，为此闽师很为我担心,曾欲让我转拜花巷谢土师为师。对此,我考虑再三,心想多年来林师一直对我很是关心,在相公爷前定下师生谊,如另改师门,于情于理不合。恰好,此时寅师收郭聪溪为徒。经郭聪溪同意,一有空我就跟着他到寅师家学艺。寅师就在我们住地附近,早就认识我了,对我印象很好,也不把我当外人,同样耐心地给我传授技艺。尤其是那段加入天恩师大小四美班期间,都会与林师一起为我"过簿",认真指点。

当时每一个嘉礼班外出演出,都带有一本录有演出剧目的戏名册,让雇主选择演出剧目,称为"点戏"。遇上点到没学过的戏,就得赶紧请师傅临时为我念簿,由于有师傅的尽心,我都能够应付自如。

这段时间,泉州沿海经济开始复甦,不少海外华侨纷纷返乡,因而村中酬神修庙活动不少,戏班的演出也逐渐多了起来。我们这个嘉礼班虽比不上其他嘉礼班那样有影响力,但有时一个月也可演出近二十天,甚至更多一点。不少还是连台本一演就是七天七夜。这时我正是二十岁左右的年轻小伙,嗓音正亮,演出特别卖力,常常在师傅的指导和默许下,生出一些新做法,有时还能根据剧情需要,动手制作一些道具,很得天恩师、林师的好感,不少观众对我的演出也十分赞赏。因演出较多,有了一定经济收入,尽管只是半份(五厘),可扣除伙食费多少还有节余寄给母亲,也算聊表孝心,这是我自学艺以来,过上的最为舒心的日子。

这时我还第一次"遭遇"过爱情呢!在晋江福埔有一个村子,那年的八月我们又到那里演出,演的是连台本《说岳全传》,一演就是七天七夜。村里不少人都比较熟悉,经常有些人到我们住地来,当中更有一些年轻人找我和魏啟瑞玩,大家就更熟悉了。当中有位十八九岁的姑娘,长得特别秀气,又很大方,经常爱动一动嘉礼,特别爱向我问东问西无话找话的闲聊。有时自己一个人跑来和我一聊就是大半天。时间一长,如果这些青年人来了她没来,我心里总是有一种怪怪的滋味。这让天恩师看在眼里了,一天晚饭后,天恩师把我叫去,先问了我的年龄,就开门见山地说要给我介绍老婆。我吓唬一跳,还以为是师傅要批评我呢。可是看他脸带笑容又不像。他说,最近有一个女孩子经常到我们这里来,你见过吗?她家很不错,两个哥哥都出洋了,人长得好看品德又好。并说,她的父亲和他也是好朋友,有意招我为女婿,我一听心像被什么揪了一下,一时答不出话来。

  我知道这是位多么好的女孩啊!如果真能和她结为夫妻当然好了。可是,虽然出师了却尚没有进入大班,连养活自己都还有困难,而且家里又是那样穷,她家境那样好,怎能到我们山乡去吃苦呢?我向师傅说,等进入大班再说吧!当晚,我翻来覆去就是不能入睡,她那美丽的身影老是在眼前呈现。隔天,不知怎的她没到我们住地玩,我心还真有点失落感。一九五三年我们"艺术"团,再到这里演出时,还见过她,此时她已是两个孩子的母亲啦。

  这段舒心的日子并不太长,大概到一九四八年秋季后,情况就越来越不妙了。先是从外地涌进不少更具现代意识的剧种,如福州戏、江西戏、京班,还有不少歌舞团,与我们抢占演出市场。本地的高甲戏异军突起,此时整个演出市场真是群雄四起。

  可是凝固单一的嘉礼和"老戏",竞争力显得较差,一些有创意的艺人极力在语言艺术上做文章。本来泉州嘉礼的语言艺术就略高一筹,这下通过努力更是有长足进步。同时,也在表演上运用一些布景道具,这样确也产生很不错的效果。可是仍无法挽回竞争的劣势,慢慢地演嘉礼仅是为了"酬神"而已。记得那时经常是"酬神"开始,我们演一段就停下来,半躺卧在台上看对面正演得热热闹闹的福州戏或是高甲戏,等到"酬神"结束烧纸钱时对面的戏也演完了,我们接着再演一段,不过即使是这样的演出也越来越少了。

更惨的是兵荒马乱,到处是兵匪一家在兴风作浪,通货膨胀一天一个样,今天的一万元说不定明天几百元都不值。

有一次在南门外连续演出七天七夜的连台本戏,戏金(演出费)比较高,演出后结算加上当月的演出收入,我领到相当一大笔钱,足足装了将近一个挎包,心里那高兴劲真是无法形容。正好再过几天就是我们溪西村的一个很热闹的节日,恰好可以派上用场,让母亲高兴高兴。那天早早吃了午饭就上路回家,来到洪濑大约是下午四时多,想买口茶喝。我付钱时,那位卖茶水的看了看说:"这钱已经不能用了!"我以为听错了,又换了一张面值五千元的,他说:"这钱通通不能用了,要买就拿美金。"又问了几个人说法都一样,这下我全傻了,全身一下子像瘫痪一样一点力气都没了,蹲在地上好久都站不起来,这全是我的辛苦钱呀!

也不知怎样回到家的,第二天自己一个人关在房间里对着那些无用的崭新钞票生闷气。后来也不知怎样想的,就到厨房用一些地瓜粉煮为浆糊,把那些花花绿绿的钞票一张张全贴到墙上,满墙都是崭新的钞票,真是让人好笑又好气。

这之后,我们演出的戏金多数用大米计算,演出一天多少斤大米。但演出也越来越少了。有时开演还不到一半,周边突然枪声大作,只好赶快停下,收好箱笼躲到当地熟人家里。一九四九年七月或八月我们正在靠近深沪的一个村子里演出,也是这样,先是周边传来一阵阵枪声,接着离我们演出的舞台不远也响起枪声，我们赶快把所有嘉礼随便一抱顾不得放在笼里，就躲邻近一村民家里，心惊胆颤地听着外面的枪声，一直到天亮。这一下可真把大家吓坏了，再也没心思演出了，我们这四美班就此解散。回到家里，面对一墙无用的钞票，我真是百感交集，老天不公啊！八九年来，我学艺不谓不勤，我演出不谓不受欢迎，就要进入大班了，可是如今只能面对这些贴墙的钞票。啊，路在何方？前路茫茫！

第二章　全新的生活

（一九五〇～一九五八年）

我是一九五〇年秋成为新郎官的，算是成家了。可是操弄了近十年的嘉礼看来已是离我而去。学一门手艺的期望落空了，我将用什么来养家糊口呀！正当我十分苦闷时，泉州木偶艺术团成立，我成为其中一员，再次与从小结下不解之缘的嘉礼兄弟们共同演绎各种悲欢离合的故事。

一九五五年泉州木偶实验剧团和泉州木偶艺术团合并为泉州木偶实验剧团，开始了新的历程。从此，我真正找到艺术的家。一心扑在艺术上，在全团长辈的教导和提携下，在师兄弟们的支持和鼓励下，和大家一起在嘉礼艺术道路上不断探索，共同推动泉州提线木偶艺术紧跟时代步伐阔步前进。

这个时期可以说也是我人生一个重要的转折期。

一、新婚

我们的四美班因兵荒马乱被迫解散后，我回到家心情坏到极点，天天蹲在家里生闷气。有一天，突然洪清廉来到我家，告诉我天恩师的小四美班已迁到永春，其中有一位不愿意继续留下，如果我愿意，天恩师希望我到他那里顶这个缺。我当然是满心高兴，当即带上简单行李，就和廉师赶到永春了。

天恩师的这个小四美班是我们这班散班后，再招的学员，当时都在泉州城里的新府口，我给他们辅导过线功，相互都很熟悉，其中余炳煌与我关系特别好，后来泉州木偶艺术团成立,就是他到溪西村通知我参加的。这个班在我们四美班被一夜枪声惊散后,在泉州城里也维持不下去,期限又未到(只办了三年多),师傅在南安、永春还有不少老关系,只好搬到永春继续办下去。

这个小四美班经四个月的启蒙后,已开始边学边演一段时间了,他们所演的不少节目与我们那时小四美班是一样的,因而我很快就顶上去,一边参加演出一边协助师傅给这几个小师弟辅导。

说来也巧,好像月老有意的安排,还在小班时,天恩师带我们到永春一带演出,租住在一位叫吴话大娘的一座房子里,吴话大娘对人十分热情,对我们这些孩子更是疼爱,特别对我尤其关心。我们都称她吴话婶。她有一个干女儿叫郑玉春,父母都不在了,只有一个哥哥出洋在外,就长住在吴婶处。说是干女儿,但她们比亲母女还亲。那时我们这班都是十四五岁的孩子,她也只有十一二岁,经常在一起玩。这次师傅带着这新的小班来永春又是租住在吴话婶这里,吴话婶见到我非常欢喜,拉着我的手问东问西,说是几年不见,都长成"后生家"了。郑玉春这时也长成大姑娘了,只要有空还是照样跑来看我们学戏,大家相处得非常好。

过了不久,有一天师傅把我叫到他的房间里,再次详细询问我的出生年月和家里的一些事,又过几天,师傅又把我叫去,开门见山地告诉我要为我介绍对象。他说郑玉春你们是互相认识的,她人很乖巧,而且你们两人的生辰日月和属相是般配的。我心里当然是非常愿意的,可是我家里生活很苦,我连养活自己都难,哪敢谈婚论嫁呀!我向师傅说:"我家里穷会苦了她,而且必须母亲同意才行。"恰好,这时吴话婶来了,听我这么说,当即表示只要人好能吃苦,勤劳就饿不死人。我当然是无话可说了。

隔天,师傅立即托人把这事告诉我母亲和拱南叔。母亲知道后,把这事委托给拱南叔,拱南叔到永春了解后极力赞成,就这样这件亲事就算定下了。

自从亲事定下后,我和玉春两反而生份了,接触也比以前少了。有一次我偷偷约了她,两人来到屋后的一块空地坐了会儿,我告诉她,我家的情况,又碰上嘉礼"年冬"不好挣不了多少钱,嫁给我是会跟我受穷受苦的。我这么一说,她不仅不嫌弃,反而安慰我说,她要的是人,只要人好,穷和苦她都能忍受,她说从小就受了不少苦,知道苦不可怕。她的话让我很是感动,我说,今生今世我一定勤奋劳作让她不会永远受苦,她听后非常满意。

为了慎重,母亲特地把她珍藏的一枚外婆给她作陪嫁的金戒指拿出来,让我给郑玉春作订婚礼物,记得那天吴话婶还特地煮了碗面线加鸡蛋让我吃,这段姻缘就定了。这以后心里总有股喜滋滋的味道,有时也特别想和玉春多说几句话。我们演出时只要她在台下看戏,我会演得特别卖力。有一次,我们演出《目连》中的功德套,我表演"掷拔"时,正好增加一个撒糖果的动作,我故意把糖果一次一次向她那边撒去,当她接到糖果轻轻一挥手,眼露深情地看着我时,我真是感到像有股热流从心底升起很是舒服。

这年九月,我们举行了简朴的婚礼,我们的新房是母亲的房间让出来的,我们的婚床是母亲腾出来的。一床绵绩是老祖母用了几十年翻新的,一对枕头是亲朋送的,我的新衣新鞋还是外祖母给我的新婚礼物。

结婚当晚,因我是长房大孙,不管怎样也得办两三桌酒席宴请亲堂和亲戚。亏得我母亲和拱南叔会操弄,在我们围内大厝的大厅上办了四桌酒席请来诸亲友，大大地热闹了一番。当然，说是酒席，与现在真是天壤之别了，不外乎是一些农土产稍经加工而已，如芋头就加工成芋果、芋泥、芋煎等多种，最丰盛的是祖母和母亲自己养的一头猪，宰了后卖掉一半换来不少鱼虾，余下的加工成各种菜肴，这在当时也算不错的酒席了。

婚礼尽管寒酸，诸亲友是十分理解的，大家都为我母亲年纪轻轻就守寡，艰难困苦把我养大，现在娶妻成人而高兴不已。

玉春是由吴话婶陪着来到我家的，吴话婶在我家住了一夜，第二天才回永春，我给她送行时，一路上，她一再鼓励我多学手艺，她说苦日子不会是永远的。我想也是的，难道老天就那么不公，让我一辈子穷一辈子苦，相信我这双手定能改变自己的生活。

二、在村里当民师

我结婚后，天恩师的小四美班确实是维持不下去了，只好解散，我又断了嘉礼缘回到溪西村。

我家那几分薄地，当然是难于养活一家人的，田里的事由母亲和弟弟劳作就够了，也没什么大忙可以帮，况且离家十年了种地的活也没学过多少，但总不能坐着吃闲饭呀！当时村里都穷，也没有什么好的生财之路，唯有上山砍柴换点生活所需，每天都成群结队翻过广峰山到十几里外的大小沂山去砍柴。我加入他们这支队伍，每天天一亮匆匆喝饱麦糊就出发，大约八九点钟到达目的地，开始割茅草砍松枝，再扎成捆挑到山下找一个涧水边休息，午饭是早上带来的麦皮捏成蒸熟后的硬团团，大家边吃边喝涧水解渴。然后挑回家晒几天，待全干透后再挑到罗东街去卖。

上山砍柴草一天下来是非常累的，尤其是我已多年没有经受这样的重体力劳动了。有人戏称我是田螺脚姜母手，往往是累得上气不接下气，人家一个上午能砍柴一百多斤，一百四五十斤柴担硬是从十几里外山上挑回家，我只是砍个百八十斤挑回来就算不错了，一天下来全身都像散架似的。从罗东街卖柴回来，闲着没事，有时还找出童年用过的刻刀，捡几块木头雕着玩。

可是一旦遇上连日阴雨就糟了，不能上山砍柴，即使砍了柴晒不干。端午节那天，就因为连续二十来天阴雨，连买油盐钱都没了，别人家至少还可扎粽子买点肉过端午，我家怎么过呀！面对还是淅沥淅沥下着的小雨不愿放晴的天，看着新婚不久的妻子和一脸愁苦的母亲，我真是伤心透了，一个人呆坐在厅口唉声叹气。

这时，隔壁的大婶提着一袋糯米足有两斤来重过来对我说："拿去吧！中午煮顿糯米饭过节吧！"我一句话也说不出，眼里掉下两滴眼泪，大婶太好，经常是这样关心着我们，此情此景我终生难忘。

也真是凑巧，大婶走后，弟弟从外面急匆匆地走来，对我说，他一个同伴想刻一枚私章，问我愿不愿意，他说已讲好价，一枚是八仟元(旧人民币即现在八角钱)。我高兴地答应下来，并让弟弟转回去先拿回工钱，就用这工钱买了肉煮了顿糯米咸饭过了个端午节。

午饭后，我找一块废麻将牌，到拱南叔家请教篆体字的书写法，拱南叔听我说要给人刻印章很是高兴，他说："人就要会用手，只要有勤劳的手，就不会饿死。"当即送给我一本字体书，让我自己从中学习和查找所需的字体。经过一个下午的精心细磨和雕刻，一枚很不错的印章刻成了，当即让弟弟给那人送去。这事不仅救了我过端午节的急，而且一传十、十传百全村人甚至邻近村子的人都知道我会刻印，从此，给人刻印成我们家的一项重要生活来源。

那时我们罗东一带驻扎了很多部队，还有不少公家单位，需要大量的柴火，都是村民们上山砍下柴卖给他们，买柴的单位都要索取收据，可是绝大多数村民都是大字不识一个，买柴火的就事先准备好空白收据，临时填上金额再签名或盖章就可以了。因此很多人就刻个印章带在身上。正因这样，给我带来了非常好的刻印生意，在那段时间里几乎天天有人请我刻印，真是够红火的。

刻印的材料基本上是向人家购买不配套的麻将牌，买上一副不需多少钱。刻印工具是我自己用大铁钉反复锤打研磨做成的。后来生意越来越好，不少人不仅要刻枚印章，还得带有印章盒。因此，我还向木工师傅学习钻孔的方法，自己制作了一把手摇钻。用这把手摇钻我刻制了许多不同类型的印章盒，有长方的、有正方的、也有棺材形的。随着工艺的不断熟练，我还能在印章或印章盒周边或刻一朵花，或刻一片山石，更是引起人们的很大兴趣。

由于我刻的印价格比洪濑街便宜，又刻得好，订货的人特别多，确实让我度过了难关，同时还让我成为我们溪西一带的小名人。不久村里开始土地改革了，组织民兵站岗巡逻，发动村民扫盲办夜校，我这个贫农家庭出身的又因刻印有点小名气的人竟渐渐成为村里的忙人。

最有趣的是一九五一年秋开始到一九五二年春夏，我们夫妻俩竟双双被选为扫盲夜校的教师。当时，农村里的人可以说绝大多数是文盲，为了提高农民的文化水准，政府号召各村办夜校，办冬学，能者为师。我们村也响应号召，办起夜校。因为村子里像拱南叔那样有知识见过世面的是找不出第二人了。可是他年纪大了，还有几位识得字的年青人不是在外地做工，就是家庭成份不是贫农。我毕竟在外十年，算是见过世面，还认的几个字，又是贫农家庭，很自然地就成为首选。其实，我哪认得多少个字呀，到正规学校读书才一年多，不是曾有人讥笑我连一个酒字都不识，还当什么木偶大师？我刚进小四美班学艺何止是连酒字都不识，太多了，其实就是个大文盲。我之所以识得几个字，很多都是从念嘉礼簿学来的。这还得感谢师傅的严格要求呢。

我们在小四美班时，不管是前四个月或后五年，都要熟念不少嘉礼簿。刚开始大部份字都不认识，只能跟师傅一句一句的反复念，后来天保师把我们各人的唱词台词抄下来，让我们各自看着念，再给以检查指导，再后来天保师就规定我们自己抄，他再给我们检查，这当中天保师担心我们记不住新认的字，经常教我们在字旁边做符号，我比他们三人识的字更少，往往在抄下来的台词边，密密麻麻得都是各种各样的符号。经过这样强读强记，到第三四年，我也就基本上能独自看嘉礼簿了，现在我认识的这么些字，我能读书看报，应该说是从读嘉礼簿得来的。

为了办好夜校，乡里先把我们这些民师集中到我们村里的小学校里培训了十天，培训中主要让我们学习拼音。当时的拼音字母是：ㄅ、ㄆ、ㄇ、ㄈ，也就是现在的 b、p、m、f，这些字母和拼法，上小学一年级曾学过，多少还记得一些，这次学习很快就学会了。再一个学习内容是查字典，那时学的是偏旁部首和四角号码两种查法。短短十天培训，学会了拼音和查字典不仅让我当好了民师，而且以后回到剧团读剧本，出省演出学讲国语，都有不少帮助。

我们村夜校就办在围内大厝的大厅里，每天我都认认真真地准备，认认真真地给村里的兄弟姐妹上课。我教得很努力,大家学得也很用功,成绩很不错。后来到夜校学习的人越来越多,村里决定另开一个妇女班,地点在围内大厝的下厅,因为玉春小时候在永春城关上过学,文化程度是小学毕业,村里动员她担任妇女班的民师,并要我给以帮助。玉春开始时,也非常负责地给妇女上课,大家对她印象也非常好。只是从永春来,总带着永春腔,不时引出一些讲话腔调上的笑话,使她曾多次想打退堂鼓。我们夫妻都是民师,当时在我们那一带是绝无仅有的。为此,乡政府还曾特地表扬过我们。

三、艺术团的成立

（一）

一九五二年十一月的一天，我的师弟余炳煌突然来到我家,给我带来对我来说是令人万分惊喜的特大好消息。他说,天恩师他们一些人准备成立一个木偶艺术团,请我也去参加。据他介绍,早在一九五一晋江县文化馆组织一些演艺人员参加"戏曲学习班"学习,原来活动在城里的一此嘉礼班社的人大多都参加了。学习结束后,组成了泉州木偶组后正式成立泉州木偶实验剧团,他们的演出很受欢迎,这年九月挑选了一些人奉派去北京上海演出,留在泉州的一些人准备另组一个团。这个消息使我兴奋无比,操弄嘉礼的,竟然还可到那样的大城市演出,真让我不敢想像。当晚留下余炳煌,一夜畅谈,他又给我讲了不少新鲜事,更是让我十分感动。这两年来,我曾一再想把过去的十年嘉礼艺术生涯忘掉，可是一到晚上却常常在梦中操弄嘉礼。满墙花花绿绿的无用纸币不仅会让我气愤,有时也会激起我对那段时间的一些美好回忆。真是缘份难断啊!

师傅来请，我当然不会拒绝。第二天恰是我第一个儿子的四周月，我们一起吃了顿焖咸饭就上路进城了。

（二）

泉州木偶艺术团是由泉州木偶实验剧团中没有参加赴上海、北京演出的人员，在文化馆周海宇和曾连昭二位馆长的指导下组建的，为充实力量吸收我和余炳煌、魏啟瑞、赞丁等几位年轻人参加，陈清波任团长，艺术团使用的嘉礼是原德成班和天恩师大小四美班的嘉礼笼。当时组建泉州木偶实验团时，使用的嘉礼是原来新班、和平班和德成班的嘉礼笼，艺术团组建后，才把德成班的嘉礼笼划归艺术团。艺术团演出的剧码，初期多数是从实验团拿过的，后来也陆续改编一些剧码，组建后，就开始了正常的演出了，一切工作还是比较顺利的。

我们的演出多数是在农村中，由当地在一个小广场临时搭建一小舞台，周围用绳子圈围起来，请民兵帮助维持秩序。我们派专人售票，每张票价按现在算是五分钱，每场演出能收入一二十元算是不错了，有时虽也可高达三四十元，但这是非常难得的。因此经济情况是比较困难的，特别是我们艺术团不像实验团属民营公助，是完全民营性质的。有一次，连伙食费都没了，只好向大众剧社借了二十元(即旧人民币二十万)。尽管是这样，但大家受到实验团的鼓舞，对克服困难还是有信心的。

在实验团的影响下，我们艺术团也在艺术上开始出现不少新面貌，除了从实验团学来新戏《花木兰》、《白蛇传》外，也自己选择嘉礼簿中一些戏进行整理或稍加改编后演出，有些剧码还非常受欢迎，并学着把"内帘四美"大眉改为泉州木偶艺术团横幅，做了一块歇山式屋盖景片，并把低屏仔两侧各接上宽约五十厘米的活动辅助屏,后来又改装成折叠式,还根据剧本的需要挂上布景,演出效果有了明显提高,演出次数增多了。

我这个小字辈,在此期间特别注意多做一些力所能及的工作,我们没有像实验团有黄景春这样会做道具,会雕刻嘉礼头,会画布景的人。请人做工价高花费大,我就经常到实验团借着向各位师傅请教的机会,向黄景春学习做道具、学画布景。我们演出的许多剧码的布景和道具,就是我利用空余时间自己动手做的。但是我毕竟没有任何画画的基础,布景画出来,粗看还可以将就,细看起来就感到问题不少。特别是表示厅堂、绣房、山坡野外布景,显得平平的一片,想改也不知从哪里下手,后经一位小学老师的指点才知其原因。

一次我们在石狮的一个村子演出,有位老师看我们演出后,特地到后台,很客气地指出布景绘制存在的问题,他听说是我自己画的,很是惊讶,回到学校后,拿来几张白纸,非常热情地给我边讲边示范,详细解释我画的的问题所在,讲解什么是透视点什么是透视线讲解得十分清楚。过后,又特地为我们绘制了二个布景。我实在是非常感谢这位老师,可惜,他的名字我记不起来。

我们艺术团在大家的努力下,艺术水平有了提高,演出次数也越来越多。可是也不知为什么,一些人经常为一些小事争争吵吵,老是"狗屎不服皮鞋",甚至发展到动手打架,有时还影响到演出,对比实验团,他们是那样团结,新的节目不断产生出来。有一次有人不知为什么又吵起来了,我想劝劝他们,反被指责是假进步,假正人,我气得话也说不出来,准备卷起铺盖回家,林师和几个师兄弟把我给劝住了。过了不久,戏还在演出,有人又互不相让大吵起来,我心真的冷了。第二天一早就准备回家,刚出门恰好遇到张秀寅师,他知道情况后,拉着我硬是要我留下,并说如果在艺术团不行的话,就到实验团,我也就留下来了。又过了不久,大概还不到两个月,在南安的一个村子演出,最后一天的下午,戏还没有结束,不知为什么,有人又争吵起来,而且越吵越凶,要不是大家强把两人拉开,又是要大打一场。这一下大大伤了大家的心,认为老是这样,剧团不可能搞好,不可能成为大家的依靠,晚饭时,不知是谁说了句:"老是这样,倒不如散伙算了!"立即得到大家的回应,一致同意当晚演完后隔天解散。饭后,我看到还有几块用来做景片和道具的硬板纸没用完,心想剧团解散了,留着也没有用,正好当晚演出《白蛇传》,我请来敢瑞、炳煌、赞丁帮忙,用这些硬纸板做了个金山寺的山门景片,又捲了七八根圆筒扎成一排作为杉排,演到水漫金山寺时,让白娘娘乘这杉排救起许仙,没想到演出竟收到了预想不到的效果。

隔天剧团真的散开了,大家各自回家。

四、首次跨市巡回演出

回到家里不到三天,就接到要我立即赶回泉州参加剧团整顿的通知。这次整顿进行了三天,首先,文化馆的负责人许谷芬、周海宇和曾连昭严厉批评艺术团自行解散的行为,说这是无组织纪律,是旧艺人习气的一种反映,同时对平时经常争争吵吵不团结的行为也作了严肃批评,指出这是新文艺工作者所不应该的,又给大家讲了新文艺工作者是为人民服务的,应该有自豪感有责任心,还举了实验团的好多例子,希望大家加强团结,努力提高艺术水准,然后让大家发表对自行解散的看法,开展批评与自我批评。我们几个年轻的首先发言作了自我批评,接着大家也都作了自我批评,也善意地向别人提出意见,有几位因平时闹矛盾爱争吵的都作了检讨,有的相互间隔阂很大,长久不讲话的也在大家的帮助主动批评自己,主动与对方接近,隔阂很快就消除了。那时还曾闹出个很有趣的笑话,有两位因琐事闹了矛盾好长时间互不说话,经开展批评与自我批评,承认了自己的不对,主动与对方和好,有一天早上其中一位从厕所大便后出来,另一位正好要进厕所恰在门口相遇了,他主动热情地与对方打招呼:"吃了吗?"本来这是泉州人平常见面时很正常的打招呼的话,可用在这里确有点不合时宜,那位气得差点又要发作,却强忍着只好"唔、唔"地搪塞过去,过后相互解释一下也就过去了。这事要是在以前可就不得了啦,又得大吵一场,说不定还会大打出手哩。最后大家共同商定了几条公约,如每月开一次生活会开展批评与自我批评,演出收入怎样积累怎样分配等等,让大家共同遵守。

经过这次学习整顿后,我们艺术团面貌有了明显转变,团结加强了,演出更认真了,也重新根据传统戏改编了好几个剧码,并从实验团学来《卖粮储蓄》、《除五毒》等新编的小节目,各项工作逐渐正常了。

当时,文化馆在泉州城里开设了三个演出场地,其中最好的是指挥巷口的那一个,有一个较大舞台,观众席设有长木条椅,舞台和观众席都有屋盖,可以风雨无阻地演出,新门街和通政巷的演出场所都是只有舞台没有屋盖。观众座椅是由一些长木板临时垫上砖头做成的。各个剧团轮流在这三个场地演出,条件虽差,大家还是非常认真地演出,观众也非常踊跃。我们先后在三个剧场的演出,基本都是场场满座。每张票价是一百元(即一角钱),由我们自己派人卖票检票,这一段演出给我们大大增强了外出巡回演出的信心。

一九五三年十月或十一月初,我们艺术团开始了第一次巡回演出,演出剧码有《花木兰从军》、《白蛇传》、《张羽煮海》

等几个节目。演出路线是这样：从青阳经安海过水头，到同安的马巷再进入同安县城，在同安县城演出一段后，恰好漳州有一个叫"芦笋仔"的芗剧团新建了一个剧场，请我们前去开台。我们就直接从同安到漳州，然后从漳州到角尾和海澄，再从海澄过渡到厦门。一路走来基本都是在正儿八经的剧场演出，大家经过那次整顿，又坚持每月一次生活会，后来又增加每场演出后的评讲，调动了大家的积极性，艺术水准显著提高，每场演出效果都很不错，因而票房收入也很稳定，按月足额发放薪水就有保证了。

记得在角尾演出时领了薪水，我终于请裁缝店给做了套制服，买了个八角帽。当时，实验团去上海、北京，每人做了套那时最流行的列宁装和一个八角帽，看到他们身穿列宁装头戴八角帽从北京回来时，真让我羡慕得要命，以后演出他们也都穿上这套服装，显得与众不同。我们艺术团也就学着他们的样，大家也都各自做了一套，为了区别，两个团各自在制服的左袖别上一个椭圆形的写有"实验"或"艺术"的臂章。我因没钱，只好向林师借了一套，这次总算穿上自己的，心里真的好舒服。

在厦门先是在思明剧院后转到鼓浪屿演出，这年春节就是在鼓浪屿过的，到元宵后才回到泉州。这是我们首次来厦门演出，观众很多，效果很不错。有一些小学还组织学生包场，经常是下午演出学生场，晚上演出成人场。在演出之余我们又创作了第一个儿童剧——《拔萝卜》。这个戏经过多年演出不断提炼加工，一直是很受欢迎的常演节目。一九六〇年又改编成《庆丰收》，参加到罗马尼亚的演出。

说到《庆丰收》这个小戏，不能不让我记起吴兹老师，是他的热心和积极倡导并亲自动手，才能有这个戏。

吴兹老师是厦门师范学校的老师，曾经是话剧演员。我们在厦门演出期间，经常到戏院观看我们的演出，每次演出结束后，他都来到台上参观，有时也提出一些问题或意见，一回生两回熟，我们都把他当作热心的观众。有一次他看完《张羽煮海》后，来到台上向我们建议龙宫里的宫女如果能做几个跳舞动作会更好，过后又带来几个学生表演几个舞蹈动作给我们示范，并帮着我们排练了一个下午。这让我们对他印象非常好。过了几天的一个上午，他又来到剧场，他说，我们演出的剧码都是成年人的，没有适宜儿童观看的节目，有的小孩子看了《水漫金山·水斗》那一场后，也模仿斗着玩起来，建议我们创作儿童节目为儿童演出。我们也曾听过带学生来看戏的老师提过此事，但感到编写儿童剧困难不少。吴兹老师非常热心地告诉我们，他在小学的语文课本中选了一个《拔萝卜》的故事，可以改编成儿童剧，我们当然是求之不得了，很快吴兹老师改编的剧本就完成了。大家读了剧本感到不错，决定开始投入制作。

这个戏人物不多，道具也少，大家分工制作。魏啟瑞协助我制作剧中人物的嘉礼，按要求小猫小狗这几个人物既能四脚行走，又要拟人化能直立，这是我第一次独立设计和制作，是一个全新的课题。我先找来小学语文课本的插图，又到书店买一本教人画动物的美术书做参考，开始学着雕刻嘉礼头和扎制笼腹，这几个动物嘉礼让我花的时间最多。那几天几乎所有演出之后的时间，都花在这项工作上，每天晚上还得干到下半夜。老爷爷这个人物我用白阔这个嘉礼替代，只改换了服装。嘉礼服装是拿着笼腹到裁缝店让裁缝师傅量身定做的。大家经过一星期左右的努力，所需要的嘉礼和各项道具就都制作完成了。

在嘉礼制作过程中，吴兹老师只要有空就到剧场和大家一起动手，并帮助制作布景。开始排练前他又采用一些民间小调给剧本配上音乐。开始排练后他又当导演又给演员对白做提示，忙个不停，让大家深为感动。戏大概排练了一个上午和一个下午，隔天就正式演出了。

《拔萝卜》这个儿童剧的成功创作，既是剧团整顿后激发了大家的积极性，更是有了吴兹老师的热心帮助。此后，吴兹老师一直是我们泉州木偶剧团的好朋友，一直保持着来往，直到文化大革命大家都自顾不暇，从此失去联系，也不知他现在还健在否？

这次跨市巡回演出，在厦门演出时间最长，大家对厦门产生了很好的感情，议论着希望能把我们艺术团调来厦门。后来选派我作为省会演观摩代表时还一再交代我，能乘机会向省文化局的领导提出这项要求。

元宵后回到泉州，我们又开始紧张的剧码排练，此时实验剧团已开始做会演前紧张的准备工作了。

五、观摩省会演

一九五四年秋天，为检阅全省艺术表演团五年来的成绩，也为了选拔华东地区第一届戏曲会演的剧码，福建省文化局在福州举行了首次规模盛大的全省戏曲会演。

晋江专区（即今泉州市和莆田市）不少剧团都被选上参加这次省会演。泉州大众剧社（即今泉州高甲剧团）演出的《桃花搭渡》、《疯僧扫秦》和闽南戏实验团（即今梨园戏剧团）演出的《陈三五娘》都成为人们瞩目的剧码，还入选参加在上海举行的华东地区第一届戏曲会演，荣获不少奖项。《陈三五娘》后来还被搬上银幕，成为梨园戏的经典之作。

我非常荣幸地被我们艺术团选派为观摩代表到福州观

摩,这是我首次来到这个福建省最大的城市,出发前一天晚上高兴得难以入眠,深感光荣,又有一种出远门到省城的兴奋。来到福州看到城市大人多街上热闹非常,什么都觉得很新鲜,无怪乎曾有一位老师傅无限感慨地说:"中国真大呀,出福州,还是中国呀!人又那么多。全世界中国人加上番仔(外国人)恐怕足足有五万万人"。但是作为观摩代表我要尽量地多观摩,争取多学习一些东西,也顾不得到街上玩,整天只要有演出我就赶去观摩,特别是木偶戏,我几乎每个剧团的演出都看了,有的还不止看了一次。恰好晋江的李文泽也是观摩代表,我们正好做个伴。李文泽是布袋戏世家出身,艺术水准很不错,后来泉州木偶剧院成立时,他担任二团即布袋戏团团长。我同他一直同事到他退休。我们俩经常一起到各个木偶剧团的演出场地参观、学习,又一起讨论,增长了不少见识。

参加这次会演的木偶艺术类剧团不少,有闽西上杭和连城的提线木偶戏,有宁德专区的扁担戏,有龙溪专区布袋戏。我们晋江专区的晋江、惠安布袋戏也都被选参加。这些木偶剧团都各具特色,有不少艺术水准十分高超的演员,像惠安的吴焕成,晋江的李伯芬,闽西的邱必濂、徐传华和龙溪的杨胜、陈蓝田。他们的表演给观众留下极好的印象,特别是杨胜表演的《雷万春打虎》、徐传华、邱必濂主演的《大名府》、《打西窗》更是好评如潮。会演结束后,《雷万春打虎》和《大名府》均被选参加华东地区第一届戏曲会演,杨胜和徐传华还奉调到北京担任中国木偶剧团的老师。

我和李文泽从各个木偶剧团中确实学习了不少东西,受到很多启发。《大名府》这个戏,把梁山好汉利用元宵节,化妆进城抢救卢俊义这段戏,真的是表演得十分生动,许多情节是吸收了流传于民间的艺术加以整理提高的,如打花鼓、弄蛇、耍棍棒等都恰到好处地用到戏中，让嘉礼利用自身特点充分发挥表现力，把元宵佳节的热闹景象充分展现，又能体现梁山好汉的勇敢机智。《扫西窗》是一出文戏，他们运用一些表演难度较大的动作，来表现人物个性，如让嘉礼用手取纸，展放在案上铺平，然后握笔写字等的表演都紧紧吸引着观众。龙溪布袋戏的《雷万春打虎》是木偶艺术大师杨胜亲自表演的，真是出神入化。杨胜手中的老虎，腾、扑、甩的动作和神态，简直就像真老虎一样，演得活灵活现，每次演出台下观众都看得如醉如痴。我和李文泽不知看了多少遍，有时在台下看，有时跑到台上看，好像总是看不够似的。

我们泉州木偶实验剧团参加会演的剧码是《临潼关斗宝》，这次真是下大力气做准备，全部嘉礼都重新制作，新嘉礼头新头戴新服装，演员的配备也是一流的，寅师亲自担任伍员这个人物。且经过精心排练，确实是上乘之作，他们在排练时我看了多次，每次都被他们娴熟的演技、非常性格化的语言所感动，真是一出很不错的戏。可是在福州的演出却没有引来观众如潮，最后评奖时竟然没能金榜题名。这完全出于大家的意外，对此，有人归咎于我们讲的是泉州话，福州观众听不懂，后来一想，《桃花搭渡》不也是讲泉州话吗？这就引起了大家的思考，直到会演结束很长一段时间，大家都在寻找原因。由此，激发了泉州提线木偶艺术又一次开始了新的创新旅程。

参加会演回来后，我也一直在思考这个问题。这出《临潼关斗宝》对比我们以前演过的三国戏、楚汉戏等真是太好了，可是和《大名府》与《白蛇传·水漫金山》比较，再联系到实验剧团从北京看到奥布拉卓夫的表演，我慢慢地从中悟出也这样一个认识，木偶戏就要有木偶戏自己的特点。从此，每创新一个新戏，每一次演出我都努力把握木偶特点，努力提高嘉礼自身的表现力,这算是参加这次省会演观摩的最大收获吧。

会演期间,我不忘师傅们的嘱托,一直想找机会向省文化局领导反映,可我那时只是二十几岁的小字辈,有时候见到陈虹局长到我们住地用汽车带上蔡尤本或董义芳或苏乌水时,对领导这样关心他们,心里真是十分羡慕,真想乘机会向陈局长反映,可是都没那个胆量。到会演快结束时,那天上午我只好壮着胆子,来到省文化局,找到局长办公室,真没想到陈局长很热情地接待我。我把师傅们的嘱托向他详细反映,并说,这样既可让厦门有个木偶剧团,免得把两个团挤在一个不大的城市,对木偶艺术的发展是很有利的。话说开了,紧张的心也慢慢放松,说得越来越自如了。陈局长听后,点点头说:"这个想法不错,可以考虑。"回到泉州给大家一说,大家感到很受鼓舞。不过,后来也不知怎样,没有了下文,但是到了年底却开始准备实验团、艺术团合并成一个团的工作了。

六、《三姐下凡》的创作尝试

参加福建省戏曲会演后,直到一九五五年再经过认真思考,大家深感到作为木偶戏一定要演出木偶戏自己的特点,并认真总结这几年的创作实践,开始在剧码创作上进行新尝试。《三姐下凡》就是这个时期创作出来的一出比较受观众欢迎的戏。

《三姐下凡》这出戏是刚调到我们艺术团担任指导员的蒋少怀根据连环画改编的,剧情并不复杂,大意是:玉皇大帝的三女儿,有一天外出游玩,适逢民间的元宵佳节,花灯竞放,异常热闹,动了凡心私自来到民间,游玩中偶遇书生,顿生爱慕,遂变成一只小白兔将书生引到僻静处表达爱意,最后喜结连理。经过认真讨论,大家一致认为这个本子不错,可以大胆尝试一下,其中的元宵佳节还可以想办法表演得热闹一些,决定抓紧时间边外出演出边创作这个戏。

一九五五年夏末，开始外出演出，从泉州出发，先在南安、永春、德化演出，再到三明、沙县、永安，最后在南平演出后乘船到福州，其中还顺道到鹰厦铁路筑路工地慰问筑路工人。出发前大家就《三姐下凡》的创作做了大体分工，我主动领受了笼腹扎制、特殊嘉礼的设计与制作和部份嘉礼头的雕刻。为保证任务完成好，我多次找实验团的黄景春请教。

黄景春在实验团主要负责布景绘制、嘉礼制作，工艺水准较高，每次向他请教他都毫无保留地给我指教，这次我又和他研究多次，给了我不少很好的建议。

为了尽快完成制作任务，尽早投入排练，每到一个演出点布好台后，我就找块桌子或搭块木板当作工作台，几乎所有演出之余的时间我都在这工作忙碌着。这次我是狠下功夫力求通过制作得好，使演出有好的效果。可以说经过大家的努力，这个要求是达到的，其中有几处观众效果特别好。如"闹元宵"这段戏我们把泉州的一些民间艺术稍加修饰后让嘉礼表演，每次演出观众都报以热烈掌声，特别是表演舞狮更是获得好评。

舞狮是一个持刀的嘉礼和一个狮子的嘉礼配对的表演，要表演得好很重要的是刀的舞动要准确有力，狮子要模仿得像真的一样，为此制作嘉礼时经反复琢磨，我模仿民间舞狮表演的那个狮子进行制作，用铁丝扎制一个嘴巴能开合的头部和臀部骨架，用草纸裱糊起来，再用一块大小适当的布连接，在布的周边和脊椎与颈项位置缝上用龙舌兰丝做的滚条，然后添上尾巴，最后进行粉彩。布完线我试着操弄一下，觉得由于钩牌的限制，动作不好展开，我改用两把勾牌，这样操弄起来就灵活多了。我们艺术团里许多人看了都认为做得很像，我也感到颇为满意。继而开始制作持刀的嘉礼。待这个嘉礼做完后,有一天,我们正准备试排一下这段戏,引来不少人观看。记得那时我们正在德化县城演出,住在德化县高甲剧团的住地,观看的人不少是德化县高甲剧团的人员,大家看了都一再称赞,其中有一位高甲剧团的演员说:"如果能让两个舞狮者最后亮相一下就更像了。"或者他说的是无心,我听后却触动不少,当晚演出后,我就把狮子的嘉礼拆开,开始制作两个舞狮的嘉礼,重新进行线位设计,把一个人操纵两把勾牌表演狮子改成两个人操纵。一句话的提醒,让我又花去三四天的时间,不过表演起来效果确实相当不错。

这个舞狮和整段闹元宵的表演很有特色,后来几经加工修改和补充,安插到《卢俊义》中,成为《卢俊义》这出戏中十分精彩的一段戏,且经常被选出来单独表演,后又改称《元宵乐》。舞狮的表演也被加工修改成为狮舞,成为一个独立小节目。

还有"白兔戏书生"这段戏中的小白兔的跑跳等动作也给观众留下很深的印象,也算是这出《三姐下凡》中我的一个得意之作。

我想既然有表演兔子的戏,就要表演得像真兔子,就要先在制作上下一番工夫,除了造型要像,表演的动作更要像。兔子的跑跳动作,是身体先收缩让脊背拱起,然后后腿向后蹬,身体腾空前腿前伸,两个长耳朵向后收。为了让嘉礼能把这个动作表演出来,在制作时我做了多次试验,最后我放弃用铁丝扎笼腹的想法,用一块木头雕成兔子躯干后从中间切断,把两个截面按适当角度斜切,使之连接起来成为一个"八字形",再用软皮革把切开的与躯干连接起来,头部与颈部的连接也需做成可随角度活动变化而变化,继而把腿、尾部等各部分装好后裱上白绒布,最后按操纵需要巧妙地设置操纵线,一只活灵活现的小白兔就制作完了,表演跑跳动作时,只要把躯干的前后部份两条线和中线分别提起或放下,再把头、腿、尾巴线的操纵配合好,动作就显得很逼真了。

《三姐下凡》这个戏,在三明上演后受到观众的热烈欢迎,上座率很高,有几个地方甚至出现过爆满,说明尝试是成功的,这让大家非常高兴。

出发前就听说实验团的尤智生创作一个现代戏剧本——《蒋党末日》,准备正式开始嘉礼制作。我们在南平演出时,传来实验团在福州演出该剧非常受观众好评,上座率很高,售票窗口经常出现排长队购票的消息,大家都为他们高兴也很倍受鼓舞。当我们从南平乘船到达福州码头时,远远就看到他们演出的大海报,感到非常新奇,来到他们演出的剧场看到不少人在票房外等购票,我真想能快点看看他们的演出,从中学习更多东西。实验团见到艺术团的到来,当晚特地在剧场附近一家餐馆宴请我们,饭后安排我们观看他们的演出,两个团真像亲兄弟一样。

他们上演的《蒋党末日》确实与以前演出的剧目形式有很大不同,从舞台到嘉礼创新的步伐跨得很大,演出的程式与传统表演有明显不同,看了实验团的演出,联想到我们《三姐下凡》中游元宵那段戏更坚定我的木偶戏就必须有木偶戏的特色,就要让木偶表演得"像"这一想法。

两个团先后回到泉州后,就开始筹备正式合并了。

七、"艺术"和"实验"合并

自一九五二年"实验"和"艺术"两个剧团先后成立以来,经过几年的实践,各自都积累了不少经验,为能优势互补整合力量打下坚实的基础,一九五六年元月在市文化局的领导下正式合并成立泉州木偶实验剧团。

　　这里我想顺便谈谈长期来认为泉州木偶剧团是由一九五〇年前泉州城里三个嘉礼班为基础组建的情况。

　　历史上泉州城里曾活跃着许多嘉礼班社,由于日本侵略,泉州社会经济受到严重破坏,到抗战后期剩下的班社已是寥若晨星。一九四四年秋天恩师带我们这个小班迁到玄妙观口,就是想以我们是小班演出费低廉的优势来填补这个空档。抗战胜利后,天恩师借我们这个小班散班之机,恢复了大班又再招一个小班,人们习惯称师傅的嘉礼班为天恩大小四美班。来这个班服务的有寅师、林师、廉师、闽师和杨度、孙滚等,其中常待在这个班的有林师、廉师、闽师等。与其他班一样,直到一九四九年秋后才被迫解散,小班则迁到永春直到一九五〇年才解散。在这同一时间里,还有三个嘉礼班,即南门的德成班,花巷谢祯祥承接父业组建的时新班,涂门吕赞成从叔父手中承接而组建的和平班,也同样都在一九四九年解散。当时绝大多数演艺员都在这四个班社中流动,这些人可以说基本上就是后来成立的泉州木偶实验剧团和泉州木偶艺术团组成人员。至于四大庙口——东岳庙、城隍庙、关帝庙、玄妙观虽也有些嘉礼表演者,都纯粹是祭祀所需,暂且可以不计。

　　实验团组建包含了德成班、时新班、和平班,三个班的部分人员因到上海、北京演出,另一部分人员留在泉州,由文化馆出面把这些人组成"艺术团",又把德成班加上天恩大小四美班的嘉礼笼拨给艺术团使用。实验团和艺术团合并自然让这些嘉礼笼跟着合二为一。一九五八年成立泉州木偶剧院时曾专门拨了一笔钱给这四个班的原班主,作为嘉礼笼的收购费。而这四个班社使用的嘉礼簿,据我所知完全是一样的,没有什么"文"和"土"的区别。

由此可见，一九四五年至一九五〇年泉州城里的嘉礼班余下的四个班社，各自的班主和绝大多数在这四个班社流动服务的嘉礼演艺人员，后来都成为实验团和艺术团的组成人员，特别是几个骨干多出自天恩师门下，因此是否可说，泉州木偶剧团是由一九五〇年前泉州城里四个而不是三个嘉礼班社为基础组建的，这四个嘉礼班社是天恩大小四美班、德成班、时新班、和平班。历史事实应是如此，这不只是我个人的看法，是否正确就由人们去探讨吧。

"实验"和"艺术"两个团因为原来就是亲密的伙伴，一直是互通有无，互相帮助，我们艺术团创作排演的《拔萝卜》效果非常好，实验团就学着排演。同样，实验团的《黑猫与白猫》艺术团也学着排演。两个团也是艺术上的竞争对手，都极力要在艺术上胜过对方，两个团演出剧码很多是一样的，不少是出于张秀寅师整理或改编的，如新《白蛇传》、《宝莲灯》、《牛郎织女》、《羚羊锁》等。各自都想排演更好，以便与对方交流，以显示自己的水准。一九五五年初两个团开始酝酿合并，作了个别人事调整，给大家有了充分的思想准备，尤其是寅师出任团长，我的师傅辈们对这位演艺高超又能编写剧本的艺术家都是心悦诚服，更别说我们这些年轻小字辈了，合并的工作非常顺利，真是人心所向，很快就投入紧张的出省演出的准备工作了。

合并后剧团的分配由原来的分红制改为工资制，根据每人的艺术水准和工作表现每年评级一次。这一年我评的级别忘记了，只记得是贰拾肆元整，以后年年升级至一九六〇年我的工资是壹佰元又伍角钱，属文艺十级，算是剧团最高工资之一。

合并后，由政府出面把通政巷内的王厝祠堂划归剧团，结束了没固定团址的历史,我们艺术团先后搬了多次团址,有段时间还住到北门约所宫,旧时代曾做过乞丐营,现在总算有了固定的家。

从此,泉州木偶艺术开始走上一条迅速发展的康庄大道,我也在这浓厚的艺术氛围中不断成长。

八、第一次出省演出

(一)

两个团合并后,恰逢文化部组织全国文艺表演团体交流巡回演出,经省文化局批准参加了这次巡回演出活动。一九五六年的出省演出拉开了连续十年巡回演出的序幕。

这次演出的线路较长,经过的省市也比较多,有浙江、上海、江苏、山东、北京、河北、河南、湖北和江西等,演出节目有《拔萝卜》、《水漫金山》、《解放一江山岛》、《弃暗投明》。

因为是首次跨省巡回演出,又是作为福建省特选首批参加全国交流演出的剧团,全团上下都不敢掉以轻心,认认真真地做好各项准备工作,所有节目从剧本到嘉礼到表演都进行全面的重新修整和排练。

当时剧团分为两个演出队,一队由付团长吕赞成带队在本省巡回演出,出省队由团长张秀寅带队。一九五六年三月底到福州接受省文化局节目审查,四月初乘闽江船离开福州,经过十几个小时才到南平,再由南平转汽车到鹰潭搭乘火车。因为是第一次出远门特别是还要乘火车,还要到上海、北京一些大城市,大家真是既兴奋又感到什么都新鲜,沿途还闹出不少现在想像不出的笑话。

在去南平的船上大家闲着无事,徐元亨、谢祯祥等几位乘过火车的,聊起坐火车的经历,给大家介绍说,火车是烧火的,足有一里多长。仅仅那个火车头就有一座房子那么大。还说,车上有睡的,有吃的,是不分白天黑夜都行走的。讲得我们这些从来没见过火车的人心都痒痒的,巴不得船开快点可以早点看到火车。一到鹰潭大家就急着往火车站走。恰好有节火车头停在路轨上,都争着跑到前面想看个仔细。大家正看着议论着,突然"呜——"的一声又"咣当、咣当"不断,这下可把大家吓得够惨,"哇"地一声拼命跑开,几位年纪大的差点把行李跑丢了。我仗着年轻硬撑着怕丢面子,心里也是乒乓跳个不停。大家跑了一段路后,回头一看,才知原来是那火车头鸣响汽笛往前开,这则"看火车"的故事,成了剧团好长一段时间的笑话。

更令人好笑的是不懂讲普通话闹出的笑话。不是曾有人提出:"泉州木偶剧团为什么演出非得用普通话,这不是有背传统吗?"殊不知我们在外省演出不用普通话,是不可能吸引来那么多观众的,我们在海报上都得注明普通话对白。为了学普通话,大家可是下了大苦功的,我们的文化水准都很低,更从来没有学过讲普通话,特别是我的师傅辈们,学起来尤其困难。经过多年的努力,大家毕竟学了一口流利的普通话,可这第一次出省演出,难免有不少话还是讲不出来,这难怪不闹笑话了。

陈荣耀负责厨房的采购,一次上街买菜,想买几副猪腰又不懂得讲,只好嘴里讲"猪"手指自己的腰部,比划了老半天,对方就是不懂只好让他到店里自己挑选。这还不算什么,在南京演出时一位老师傅的一句"我报你",引起的误会更是令人哭笑不得。

在南京演出时,一天,剧场舞台上的电线出了故障,剧场请来一位修理工是位年轻姑娘,她客气地问:"请问哪里出故障?"我们一位老师傅热情地迎上去:"来、来、来,我报你。"那修理工一怔,脸刷得红了,这位老师傅很奇怪感到这姑娘这么不懂礼貌,正说着,剧场的负责人来了,很生气地说:"你们怎么这么不懂规矩!对一个女孩子这样随便。"后来经反复解释才弄清原委,这位老师傅把泉州话的"我报(PO)你"直接翻成普通话,而"报"与"抱"恰好同音,这位修理工误解为"我抱你"当然难怪她生气了。

不过这件事还是引起了大家重视,激发了全团上下更加努力地学习普通话的热情,后来还曾专门请来专职老师教大家学拼音查字典,普通话水准有了长足进步。

学普通话,用普通话对白,让十年出省巡回演出,带来了实实在在的巨大收获。

(二)

我们演出的第一站是杭州,虽然出发前做了精心准备,但毕竟是首次出省,如何做好演出前的宣传,如何组织观众方面都还经验不足。开演后连续三天上座率都不高。团长很是着急,赶快发电报向省文化局求助。在省文化局和浙江省文化局及杭州市文化局的帮助下,采取了许多宣传措施,组织中小学生包场,情况才有所改变,到后来上座率上升至百分之九十以上,甚至有时还得临时加座。

到了上海、南京等地,我们吸收了前面的经验,上座率都保持比较稳定,情况很不错。这时我最大的想法是希望能趁机会多看多学习,因此一到上海开始正常演出后,听说"大世界"里有木偶戏演出,我顾不得上街玩,有空就到"大世界"观摩。

这一天下午,我自己一个人来到"大世界"。一进门就看傻了,里面真是热闹,有说书的,有说相声的,有京戏、有越剧。真好像刘姥姥进了大观园。我找到演木偶戏的地方，认真地观看着。奇了，哪来这么大的布袋戏呀？一个木偶足有近半人高，演得那样自如，到底是怎么操纵呢？我想还是探个究竟吧。

我来到台后，可是围得密密的，只有左侧后有个小门，又关得紧紧的，我不敢贸然敲门怕影响人家的演出，心想既然有门必然会有人出入，就站在门边等着，等了大概二三十分钟，真的有一个人开门出来，我赶紧迎上去，自我介绍并表示希望向他们学习，能到后台看看的想法。那人一听我是福建来的，很是欢迎并把我带到后台拿了块椅子让我坐着观看，这才看清楚这并非布袋戏而是另一种剧种——杖头木偶戏。演出结束，那个带我进来的人走过来热情地征求我的意见，我们相互作自我介绍。说来也是缘分，他就是后来成为全国著名的杖头木偶表演艺术家钱时信先生。从此几十年，我们成了知心朋友，我的艺术创作也得到他非常大的帮助，他又介绍了陈明兰等几位和我认识，这可以说是我此行的一大收获。

听钱时信先生介绍，他原是苏北人，也是从事提线木偶戏，后来到上海才改从事杖头木偶戏。江苏的提线木偶戏是很发达的，有人称"焦家五虎"的焦家五位弟兄，就是因为他们演出的提线木偶戏艺术水准高，人们对他的誉称，现在仍在南京一带演出，人也住在南京城里，我想到了南京一定要想办法见见他们。

到了南京我立即向剧场人员查问"焦家五虎"的住地。那天我趁空带了几张戏票来到焦家，正好老三焦奉鼎在家，经一番自我介绍后，我盛情邀请他的几位兄弟观看我们的演出。第二天，又到他们家虚心征求意见。这样一来二去，很快由同行成为朋友了。一天，我又到焦家，焦奉鼎正和一位雕刻师傅在雕木偶头，我就坐在边上那师傅熟练的运刀收刀，不时提出问题向他请教,后来焦奉鼎看到我对雕刻颇有兴趣,特地为我购买了一套雕刻刀。这套雕刻刀我一直使用到文化大革命,都舍不得丢弃。

在焦奉鼎那里我还学来了木偶表演耍棍的方法。有一天下午,我正提着嘉礼试着学习"人戏"耍棍的动作,怎么都做不来,恰好焦奉鼎到剧场找我玩,他一看说这不行,必须另外制作一只专用手,并立即带我到他家,拿出木偶装上专用手表演给我看,接着他又详细地告诉我制作方法。俗语说"说破不值钱",原来是在木偶的手腕与手臂衔接处装上一根轴插进手臂处的洞里固定好,只要操纵得法,棍就能旋转起来,回到住地我立即动手照样子做了一个试了一下还真的很不错。一段时间后我感到表演时木偶的一只手臂总是硬邦邦的很不好看,又作多次改进。回到泉州后,我用休息时间又再进行改进做了一个,试着表演给团长寅师看,并建议他写一个孙悟空戏。寅师对我的想法很感兴趣,后来真的写《火云洞》这个剧本,由我表演孙悟空,观众反应很好,后来创作《三打白骨精》和《火焰山》时,我索性装上小轴承,既操纵容易,演出效果也更好。

此后,每当我到南京演出或路过南京,都专门登门拜访焦家。一九七九年到北京参加建国三十周年献礼演出后,来到南京演出,想再次到焦家拜访,可惜被告知,"焦家五虎"有的已离开人世,有一位到文革中后期还一直住在南京城里,后来不知搬哪里去了,已不再从事木偶事业,"焦家五虎"已不复存在了。真是人去艺绝,令人惋惜!

(三)

我们离开南京后,沿铁路线在几个县城演出,于六月底或七月初到达徐州。经过上海、南京等地演出,积累了不少演出宣传经验，而且报纸上也不断出现评论文章，对《水漫金山》中的小青踢飘带、白素贞的拔剑、插剑和《水斗》的表现都给以很高的评价，对小沙弥这个人物的成功塑造更是有不少赞扬声，其他几个节目也都同样得到好评。因此到达徐州前就有不少前来包场的，一般每天都是晚上演出成人场，下午演出学生场。

一天下午，突然接到从徐州市文化局转过来的省文化局的加急电报，要我们接到电报后的第三天返回南京，为在那里召开的一个南京军区的高级会议作招待演出。我们已售完两个夜场戏票，还有好几个下午的学生包场，怎么办呢？经协商并取得徐州市文化局的帮助，只好把四天下午的包场在一天内分上下午全部演出，晚上再演出二场后立即上火车赶往南京，这算是开了一天演出五场的先例。

到达南京已是下半夜三点多钟，经过连续多场演出又赶了这么长时间火车，大家实在是太累了。一下火车都想找个地方躺下睡一觉，本想南京军区肯定会来接站的，等了好久也没见到人，有几个人已累得蹲在地上靠着行李呼呼睡着了。（后来才知道接站的人搞错了火车班次，为此被上级狠狠地批评了一顿。）等不到接站的人，只好派人在附近联系客栈先将就一下，可是派去的人很快就失望而归，据说走了几个客栈都是客满，唯有一个家有空床位，可进去一看，不仅有一股浓浓的霉味，床和被单是湿润的，而且墙上爬满了许多软软的虫子。大家只好都在候车室靠着行李将就休息。

天亮后，大家来到出站口等接站的人，恰巧正有两个解放军拿着接站牌在东张西望，我们赶快围过去作了自我介绍，自此我们成了贵宾受到非常热情的接待。

一部豪华客车，把我们带到南京军区招待所，一下客车一排带着肩章的解放军在一声洪亮的"敬礼"的指挥下,齐刷刷地向我们举手敬礼。我们这些经一夜劳顿十分疲劳的"乡巴佬"弄得举手不得,点头也不是。来到住宿的房间,简直不敢相信眼前这些是我们住宿的。洁白的床单、高级的毛毯、豪华的弹簧床加上各项齐全的设施。卫生间里的小至梳子、肥皂,大至浴巾什么的样样有。既清洁干净又有股淡淡的清香味。听说,这是专供高级干部住宿的。当然以现在的目光看,这根本不算什么!可当时是把我们当上贵宾才能入住的,是特高级的啦。可我们却不懂得享受,嫌弹簧床不好睡偏要搬到地板上,坐便盆不习惯,硬要蹲在便盆上,真个是"乡巴佬"。

当晚,南京军区设宴招待我们。站在宴会厅迎接我们的最小的官阶也是二杠四星大校,有几个还是带着将级金星肩章的,连给我们上菜的也是校级军官。真的,我们个个都浑身不自在。不过这还不打紧,餐桌上那些大小不一的酒杯还真差点让我们误事。

宴会桌上,每个位置都分别摆放大中小三个玻璃杯,中间大杯上插着由白手帕褶成的花。我好生奇怪,就问坐在我边上的一位,他显得很内行地告诉我,这叫手巾花,是专门招待贵宾才插上的,宴会后就送给客人留念,我想也是的,不然为什么褶得这么漂亮呀。本来想拿下认真看一看,这下我连动也不敢动了。一会儿宴会开始了,服务员走过来拿起"手巾花"抖开后放到我们的胸前,我这才明白,原来是怕弄脏衣裤用来遮挡的。要是真当作纪念品带着岂不是要闹出尴尬事了。

不过尴尬的事还是有,事就出在那大小不一的三个酒杯上,大家认为自己酒量差,都让收走大的酒杯,只留下最小的,哪知道这是表明要喝高度酒呀?这下可不得了啦,喝也不是,不喝也不是。那几个带着将级肩章的又特别热情,频频给大家敬酒,一次次的干杯。最会喝酒的杨度、谢祯祥凭着年青都喝了点,其他人谁都招架不住。我自从那次慰问鹰厦铁路筑路工人多喝了两口竟然晕倒后,就滴酒不敢沾,这次也是只好硬着头皮喝了几口,幸好叶飞将军特地来到宴会厅看望我们,才给我们解了围。不然真不知道要醉倒几个。

叶飞当时是我们福建省委书记又是福建军区司令员。一九五五年实验团在福州演出时,曾奉调到福建省委礼堂演出,那天叶飞将军也来了,看了一半还要他们把台前上面横幅布拉开,他说小时候在他家乡南安观看嘉礼演出都是这样,说是这样才能看到演员在表演。这次就是他指名让我们来给会议作招待演出的。

我们演出的是《解放一江山》、《弃暗投明》和《水漫金山》。演出结束,好几个领导人上台与大家见面表示谢意,并参观我们的嘉礼,记得一位将军我也叫不出他的名字,对小沙弥的表演特别兴趣,让我再表演一下,我做几个缩头提肩和晃二郎腿的动作,引得阵阵掌声,他问:"其他木偶这几个动作能表演吗?"我说:"特定动作不行。"我提了一个木偶边表演边介绍。

接着又问了小沙弥演到这样入神需要几年功夫等几个问题,我都尽我的理解给予回答。

不过,小沙弥这个人物是这次出省巡回演出人员有了大的调整,我才接演这个角色的,我认真吸取几年来演出的成功经验,按照自己对人物的理解,重新制作嘉礼,把麻瓣脚改为关节脚,把笼腹的锁骨位置加宽使表演缩头动作更生动,同时根据动作需要重新设置线位和新线规,这样大大提高了嘉礼的表现力,收到了更好的演出效果。

这天晚上的演出,当然大家特别用心,而台下阵阵热烈掌声更是一再激励我们用心演好。演出效果特别的好,总算没给我们福建丢脸,虽然出点尴尬事,成为后人们的笑谈,但是"乡巴佬"表演木偶还是行的。

(四)

南京军区招待演出后,我们沿铁路线到山东济南,在山东演出几个点后约八月中旬到达北京,对我们的到来,中国木偶剧团给予我们非常热情的接待,我们团好几位演员乐员在一九五二年来北京拍电影时,与中国木偶剧团一些从原辽西木偶(提线)剧团过来的演员,本来是要一起留在北京组建中国木偶剧团的,后来只有辽西的这几位留下,因此他们早已是老熟人老朋友了。一见面都非常高兴,马上让出他们在东四的排练场给我们作演出剧场。还给我们许多演出和生活上的帮助。我们在东四演了半个多月,才转到前门演出。对中国木偶剧团的热情,大家都十分感动。

这期间,两个团组织多次相互观摩和艺术交流,他们派了几位演员向我们学习《拔萝卜》这出儿童剧,我们让他们先学习嘉礼的基本线功,因他们原来就有一定基础,不到半个月就开始学戏了。我们团也派了我和杨度、魏啟瑞、谢祯祥利用两个中午休息时间到他们团里学《小放牛》的表演,杨度负责记录台词、台位和音乐,并和魏啟瑞兼配音,我与谢祯祥学操作,为方便我们练习,中国木偶剧团还特地把两个木偶借给我们,直到我们到达石家庄后才寄还他们。

《小放牛》的木偶寄还给中国木偶剧团后,我想如果就这样停下,那么这段时间不是白学了吗?试着自己制作木偶吧。我把这想法向团领导提出,立即得到支持。并让徐元亨、魏啟瑞帮着备料,到一个演出点布完台,我都要找个位置抓紧时间制作,这毕竟不同于我们嘉礼,又是第一次,其难度可想而知,一直到武汉才全部制作完成,开始进入排练,到黄石或九江时才开始演出。后来这个戏经常在幕前加演,回到泉州还经常参加街头宣传,演出效果很好,仗头木偶小节目《小放牛》我们一直演到文革才停演。泉州观众还给了一个新名称——托棍布袋戏。

离开北京后,我们到石家庄演出后就向南沿京汉铁路一个点一个点演出,每个点的演出同样备受欢迎。记得在驻马店市的演出,观众那争先恐后购票的情景把我们都给感动了,到了武汉市,演出的那火热场面也是有增无减。有不少单位还给我们剧团赠送纪念锦旗,这当中有面武汉市宣传部赠送的锦旗,对大家触动很大,引起大家热烈讨论。

这面锦旗写着"木偶演活了"五个字。当晚演出后的讲评会,寅师指着演活了三个字说:"这是对我们演出的最高赞赏,也是对我们木偶戏演出的基本要求。"他要求大家都认真想想,怎样才能把木偶演活起来。是呀,怎样才能让木偶活起来呢,我经常要求自己演得像,其实应该是演得活,让木偶活起来才是根本。回到泉州后,这面锦旗挂在大厅里,又引起了全团上下的热烈讨论。从此,我把"演活"作为自己的追求和衡量的标准,而不懈努力。

九、尝试编写剧本

一九五六年十一月我们从武汉乘船经江西转火车回到泉州,经过认真总结评选出了几位各方面表现好的积极分子,我是其中之一,并且还被选为泉州市出席福建省青年建设社会主义积极分子代表,于一九五七年三月参加了全市的表彰会。当我走上台领奖,一张奖状和一枚福建省青年建设社会主义积极分子证章以及二十元奖金,我心潮起伏,一个山村无知少年竟能走上领奖台,获得这么高的荣誉!我决心要做得更好更有成绩。从此后几年我为实践了自己的诺言,努力做出更多成绩,连续被评为泉州市和福建省先进工作者、劳动模范、五好标兵,成为全市文艺界的先进代表之一。

表彰会后不久,我又随剧团再次出省巡回演出。在这一年的演出中仍是经常有不少中小学生和幼儿园小朋友观众,因而一个多为少年儿童编写剧本,多演出适合少年儿童需要的剧码的想法逐渐形成,并多次向团长反映,可惜剧团没有专职编写剧本的人。一九五八年再次外出演出,感到这需求更迫切了。我想就自己动手编一个剧本试试吧。我把想法悄悄向寅师汇报,立即得到他的支持和鼓励,并要我不要怕出丑,多找几个人讨论,让我很受鼓舞。

编写什么内容呢?联想到吴兹老师编写《拔萝卜》时,是从小学语文课本找来的材料,我就到新华书店查找儿童读物想从中得到启示。在大连演出时,我又来到新华书店,在儿童读物柜有一本连环画,讲一个聪明猴子的故事,情节不复杂又很有教育意义,立即买了下来。回到剧场后我反反复复读了好几遍,然后把故事稍加改编一下讲给魏啟瑞、吴孙滚听,他们还真对这个故事很感兴趣,认为可以改编成儿童剧。

于是,经过几天的冥思苦想,按照嘉礼表演的特点,我把故事的几个人物重新进行安排,把故事分成三大段,又一次给他们详细地讲了一遍,征求他们的意见。他们两人听后很热心地提了不少意见和建议,还帮着设想人物怎样出入场,道具怎样做法。经过几次这样反复议论,一个剧本的详细轮廓就形成了,三大段也就是三场戏,大体是这样的:

第一场是开荒,大意是春天来了,小猴子、小白兔、小山羊、小黄牛在草地上尽情地嬉戏玩耍,有的荡秋千、有的捉蝴蝶,正玩着,小猴子建议大家合力开荒,种上西瓜,到了冬天就不愁吃了。于是大家找来劳动工具,开荒种上西瓜种籽。

第二场是捉坏蛋,大意是种下的西瓜种子发芽长大了,结出了大大的西瓜,一天小老鼠发现了,心里很不是滋味,跑到老虎那里挑唆老虎一同来偷小猴孩子们种的西瓜。

第三场是庆丰收,大意是小喜鹊听到小老鼠挑唆老虎的话,赶快把这阴谋告诉了小猴子们。小猴子立即和同伴商量对付的办法。最后赶走了小老鼠和老虎,迎来了西瓜大丰收,为庆祝大丰收,大家尽情地唱呀跳呀。

情节好编,可要真的写成剧本可就难了,特别是我文化低,往往都是晚上演出结束后,大家休息去了,我才自己一个人拿着稿纸和字典坐到台后临时搭成的工作台前动起笔,经常是写几个字就得查一下字典,有时坐上一两个小时写不上一页稿纸,最难的是唱词,字不能多又要达意,还得有诗意要讲究音韵。有一首看起来十分简单的小老鼠唱词我竟花了一个多小时才写出来,这首唱词至今我还记得清清楚楚:

　　天气好,天气真正好,
　　可是粮食无处找。(外面传来劳动声音)
　　外面劳动真热闹,
　　钻到那里瞧一瞧。

编写时,我往往是边思考边抽烟,特别是遇到难题时,更是一根接一根的抽。那时我抽的都是旱烟,抽烟时自己把烟丝用烟纸卷成,形如喇叭状。有时思考得入神时烟丝掉到胸前衣服上都不知道,把衣服烧得一个小洞又一个小洞的。这个思考问题时就一根烟一根烟连续抽的坏习惯,一直到很多年以后都没有改过来,结果是我好多衣服的胸前都留下很多被掉下烟丝烧的孔,引得好多人和我开玩笑,说我是"有孔人穿有孔衫",这是泉州方言,意思是有钱人(古时钱币是方孔的的)穿上特制的有孔有衣服,故意用两个"孔"字混到一起成了一句玩笑话。这一段时间我基本上是一天多就得抽完一包烟丝。如果我的文化水准高一点该多好啊!

　　大概花了十来天,终于把文学本定稿了。我复写后,先交一本给寅师。寅师看后同意立即开始嘉礼制作准备排练,另一本交给陈枚生老师准备谱曲。陈枚生老师是年初刚进剧团担任作曲的,来到剧团就和我们一起到东北演出。他毕竟是有知识的人,我请他谱曲时也帮着把一些文字修改一下,尤其唱词的音韵希望他能多注意一下是否用得正确,他非常乐意地答应我,确实有的地方经他一改真的生色不少。在此同时,我开始嘉礼和道具制作,大家也主动帮忙,特别是魏啟瑞更是我很好的助手。九月中旬排练的准务工作和请人画制的三块布景都完成了,开始正式排练。当时剧团尚无专门导演,都是编写剧本的主持排练工作,因此我也就成主导演或者说是执行导演了。

　　戏演出后反应很不错,对我们说了不少鼓励的话,戏在鞍山市演出时一位带学生来看戏的老师,特地到后台希望我们今后能为儿童编演更多的这类富有教育意义的戏。

　　《聪明的猴子》成为我们剧团好长时间的常演戏,一直到儿童剧《千桃岩》上演后才停演。戏不长只有三十多分钟,可它花了我不少精力,算是我这一生的一次成功尝试。

第三章　创业的日子
（一九五九～一九六五年）

时间很快进入一九五九年，经过六七年的创作演出实践，特别是一九五二年的上海、北京之行，一九五四年参加省戏曲会演，一九五六年对"演活了"的大讨论，给泉州提线木偶艺术的不断创新打下了坚实的思想基础，并在初步的探索中获取了有益的经验。从一九五六年开始又适逢被选参加全国艺术表演团体巡回演出更给泉州提线木偶艺术的发展提供了极好的空间，从此泉州提线木偶艺术进入了一个快速发展的大好时期。

在这样的大好时期里，剧团上下都在努力着，人人都希望能有长足进步。在这样一个不断求进的集体里，作为小字辈的我，更是不敢丝毫懈怠。我虚心求教刻苦钻研，努力探索提线木偶的特性，逐步形成了充分发挥木偶自身表现力的艺术创作风格，成为剧团重要的艺术骨干。

一、《补大缸》的创作

一九五八年从东北演出回到泉州后，立即投入《补大缸》的创作。

《补大缸》又称《观音收狐狸》，是一出神话戏，讲的是一只成精的千年狐狸，屡屡作乱为害一方，玉皇大帝先后派出雷公电母和哪吒等前往清剿，都因狐狸精有一只变化无穷的宝物——大缸，虽被雷公击成裂痕，威力有减，但还不能剿灭。观音大师知道后，派当值土地变成小炉匠，假为狐狸精修补大缸，将缸破坏，最后剿灭狐狸精。这是我们一九五六年在北京演出时，抽空到吉祥戏院观看北京京剧团演出的一个节目。

当时大家感到这个剧码很不错，可改编为嘉礼本。戏演结束，我和寅师、尤智生、谢祯祥四人一同到台上参观，尤智生向他们要了一本剧本，回到泉州后，着手改编。一九五八年最后定稿。这个戏创作时，我认为必须解决好三段戏，即土地如何变成小炉匠；小炉匠怎样补大缸；鹦鹉戏白猿能否戏得风趣，这是这出戏能否成功的关键所在。我把这个想法向寅师和尤智生提出，他们都有同感，并要我想办法解决这三段戏的嘉礼制作和表演上的问题。

经过努力，这三段戏的难题是解决得比较好的。

土地变小炉匠，在北京看京剧团演出时，这段戏是这样表演的：饰演小炉匠的演员穿上带有土地面具头套的土地服装，表演时让土地婆把土地头部夹住，用金蝉脱壳的方法，身体一缩往后一退，土地服和头套夹在土地婆腋下，小炉匠出现了。我们是用线操纵的，能用这个金蝉脱壳办法吗？我想关键是线的设置是否得法，经过实验，我专门做了一个没有后背的笼腹用稍宽大的土地服套上，装上手臂和手，并让一手拄着拐杖，连在事前雕好的土地嘉礼头，成为一个只有半个笼腹和腿脚的空"壳"，布好基本线连接在小钩牌上。再做一个稍瘦的小炉匠嘉礼。表演时，先把土地的"壳"套在小炉匠嘉礼上，在胸前用三个活扣扣好并设一条特殊控制线，这样表演土地动作时，照样可以操纵自如，一旦要表演变成小炉匠时，只要将控制三个活扣的线一拉，活扣随之解开，同时把控制土地空"壳"的小勾牌迅速移开，土地很快稳去，小炉匠马上出现。只要动作熟练，效果非常好，往往让观众大出意料之外，这个方法后来在好几个节目中应用来脱衣脱外套，都同样取得非常好的效果。

补大缸，这段戏北京京剧团的演出是模仿民间匠人补缸动作加以艺术化。以前人们一般都用陶制的缸做容器，有时不免会破损或裂缝，因为一般价格都比较高，舍不得丢弃，往往请补匠人修补，这可是件难手艺，不小心，不仅修不好，还可能把缸反而打破了。因此补缸匠人有非常严格的工艺程式和高超钻孔锯磨的手法。我们嘉礼能不能像京剧团演员模仿得那样逼真，这是有相当难度的，为了能达到模仿得尽量逼真这个要求，我从嘉礼构造、道具制作到线位线规设计进行认真研究，反复试验。首先，我做一口缸，再锯成几块，然后用活扣组合起来，用一条线控制活扣，需砸破缸时，只要控制线一拉，扣解开缸就四散裂开，再配以音响，显得很逼真，在焦作市演出时，观众疑惑："你们演一场砸破一口缸，出门演出要带多少口呀？"

其次是制作一把道具手拉钻和根据需要设计线位线规。按照我见过的补缸匠人补缸的情形和北京京剧团这段戏的表演，先照以前刻印时制作手拉钻的方法做了一把道具手拉钻，再把补缸的动作分解为：(一) 小炉匠嘉礼把缸提到两腿间用两腿夹住；(二)从工具担中取中手拉钻；(三)嘉礼一手握手拉钻杆，一手拉带动手拉钻杆旋转的弓，按照这个动作分解我设计三组线，第一组在缸沿两侧各设置一条预伏线，与嘉礼的两手连在一起，动作做完后这预伏线即可弃掉，第二组在手拉钻杆上部适当位置设置一条预伏线连接在嘉礼的左手上，在弓的一端设一个小勾，以便取手拉钻时嘉礼右手线可套上做握弓状。第三组是第二组线上增加横拉力度的线。表演嘉礼手横向用力的动作，往往难以表现出力度，为此，我在弓的一段设置一条穿过嘉礼腹部连接到拉弓手的来回线，以便使弓的左右走向不会产生晃动使之有力度感。

表演时，操纵嘉礼提起缸放好，拿好手拉钻置于缸的适当位置，再让嘉礼向前倾做用胸部压住手拉钻杆状，同时操纵拉弓线表演拉弓。这套动作只要线规熟练操纵得法，表演起来同样非常逼真，每次演出时，都博得观众热烈掌声。

鹦鹉戏白猿时观音大师出场前的一段戏，按传说的表演程式是护法、诸天先出场，然后将扮护法、诸天的嘉礼分别悬挂在台角，接着是善才、良女出场，其后同样把嘉礼分别悬挂台角，紧跟着是鹦鹉和白猿，为显示一个是会飞的鸟一个是会跳的猴，有一个小表演，但极为简单。为丰富表演，我利用木偶可塑性的优势，把这段戏重点放在嘉礼的制作上。我利用开合扇的方法，把鹦鹉的一对翅膀做得可以用线操纵使之开合。头部则相对适当放大，嘴巴做成可张可合，眼睛会转动，白猿嘉礼的做法是完全仿猴子的形状制作的。除了脸部外，全身包括头、手、脚全部裱上白丝线。当然要表现出猴态，还必须在操纵线上下一番功夫，经反复试验，设置了一条遮阳线和一组猴行线规，表演时鹦鹉可展翅满台飞舞或戏耍白猴，也可收拢翅膀与白猿对话，白猿则可尽展猴形猴态，在台上设置的景片间跳上跳下，或抓痒或翻滚。大大丰富了传统的表演手法。剧团安排我担任白猿这个角色，戏演出后，我又根据演出中发现的问题做了多次修整，嘉礼的表现力得到进一步提高，产生了很好的艺术效果。著名电影导演谢添先生拍摄儿童电影《小铃铛》时，需要一段耍猴的表演，中国木偶剧团向他推荐了我，介绍了我在《补大缸》中白猿是如何精彩，引起谢添导演的浓厚兴趣，连续给剧团拍来几封电报，要我到《小铃铛》剧组参加拍戏。可惜，我们正在巡回演出，一天经常演出三四场,我离开后一时无人替代,势必造成经济损失,谢添导演又无法给予弥补,因而没能成行。

一九五九年三月《补大缸》这出戏全部完成,四月份就开始出省演出了,观众对这出戏是很欢迎的,给以较高的评价,特别上述几段戏更是受到好评,这让我进一步认识到充分发挥木偶特点的重要性。

二、首次参加全国会演

（一）

一九五九年十月下旬我们在内蒙古演出《补大缸》,接到紧急通知,要我们立即提前结束演出,立刻赶回,准备参加十二月举行的全国木偶戏皮影戏会演。时间非常紧迫,我们立即投入紧张的准备工作中。

这次确定参加会演的节目是《水漫金山》、《拔萝卜》、《解放一江山岛》。这几个戏都已演出几十甚至数百场,是很受观众欢迎的,可这是剧团首次参加这样全国性的会演活动,是一次展示剧团艺术水准的好机会,大家都非常珍惜,全团上下全力以赴,认真总结演出实践中的不足加以改进,当时那热烈的场面是难以用几句话说得清的。

我先把自己担任的角色再次反复研究找出不足,然后动手加以改进,其中有几个人物包括《水漫金山》中的小沙弥、《拔萝卜》中的老婆婆等的嘉礼都做了更全面的改进和修整,对线规线位按照人物性格特点再次进行设置和改进。小沙弥这个人物我自一九五六年接手表演以来,经过演出实践反复做了修改,使这个人物越来越丰满,这次为参加会演我又对这个人物在剧中的地位与作用进行一次分析对一些体现其性格的动作加以深化,使这个人物的表演更恰到好处。老婆婆这个人物在剧中戏不多，但必须演出当代一位慈祥勤劳的老妈妈的形象，因此自担任这个角色后，我一直从走路、挑担舀水泼水等一些细小动作上，努力模仿农村老阿婆。记得在一次为小学生专场演出后，一位老师在肯定这个表演很性格化时说："如能真的从桶里舀出水泼出去就更好了！"这句话大大地启发了我。当晚，我一直想着让那个道具桶真的能装上水，恰好剧场的灯光室里有几个无用的小搪瓷杯，放进道具桶正合适，我添上水，操纵嘉礼试一下舀水泼水，咦，还真行，第二天演出时，不仅小学生甚至成年观众都报以热烈掌声。这一次我又把线位设置得更为合理，表演起来也更逼真了。这些工作做完之后，紧接着主动参与修整一些节目中的道具，如《水漫金山·水斗》和《解放一江山岛》中的一些水族和军舰等。使表演更具有可看性。

经过近一个月的准备，十二月下旬到达北京，我们福建省入选参加这次会演的还有龙溪专区木偶剧团（即漳州木偶剧团）和晋江县布袋戏剧团，与我们共同组成福建省木偶艺术代表团，龙溪专区木偶剧团演出的剧码有由杨胜和陈蓝田主演的《雷万春打虎》等，晋江县布袋戏剧团演出的节目是《怒海归舟》、《献宝》、《孙翠英替嫁》三个节目。三个剧团各自在三个剧场演出。

因为这次全国会演是木偶戏皮影戏的首次，各省(市)都非常的重视，派出强大的演出阵容，带来经过千锤百炼的节目。其中广东省的杖头木偶戏《三调芭蕉扇》非常有特色，受到观众的一致好评，上海木偶剧团的演出同样是技艺超群，湖南和河北唐山的皮影戏更是别具一格，而湖南皮影戏剧团表演《龟与鹤》更是令人叫绝。可以说，这是一次高水准的木偶戏皮影戏艺术展示。这给我提供了一次学习的好机会，在会演期间我除了专心演出外，总是寻找机会观看各剧团的演出或与他们交流，从中吸取有益的东西,我想俗语说得好"歹马也会一步踢"，何况参加这次会演的剧团都是一流艺术水准的，这些剧团无论是舞台气氛、人物造型还是人物性格的塑造、语言的处理都给我留下极为深刻的印象,这可是自我跨进木偶艺术殿堂以来第一接触到如此规模如此高水准的木偶艺术珍品,真让我获益匪浅。

这次会演时间较长,一九六〇年春节我们是在北京过的,除夕夜按北方的风俗给我们吃了顿饺子。当晚还在我们的住地京西宾馆礼堂举行一场春节大联欢,一些著名的艺术家都来参加了,还表演精彩节止。当中有京剧大师梅兰芳、相声大师侯宝林、电影艺术家赵丹、谢添。联欢会上,京剧大师梅兰芳清唱京剧,相声大师侯宝林也说了段十分风趣的相声,使我们大饱眼福耳福,晚会一直到午夜二时多才尽欢而散。

（二）

会演结束时,文化部通知我们因另有任务暂留北京待命,同时被留下的有我们福建的龙溪专区木偶剧团,广东省木偶剧团。那几天谁也不准外出,后来听说是要我们到中央住地中南海的怀仁堂为中央首长演出,正在等待中央领导安排时间,大家都非常兴奋,把各项道具、布景和嘉礼一遍又一遍地认真检查,一件一件整理好,第五天午饭后,文化部来人并派来专车,要我们立即出发,出发前向我们宣布纪律,要我们进到中南海不准大声喧哗,不准随意到处走动,不准在演出场地抽烟等等。

车从府佑街中南海的西大门进入中南海后,就要我们把车窗的窗帘拉上,经过几个转弯车停在一幢古色古香皇宫式建筑前，下车后，我们被告知，这怀仁堂是中央领导和中央机关工作人员看戏看电影的地方。来到休息室，怀仁堂的工作人员向我们交代了在此演出的注意事项之后，中央办公厅的一位干部给我们宣布了令大家十分振奋的消息，他说正好毛主席、刘少奇副主席和朱总司令、周总理等领导人没有别的工作，都要来观看演出，希望大家遵守纪律认真演好戏。并说，演出结束还有可能上台和大家见见面，要我们事先排好队伍。这下可把我乐坏了，能到怀仁堂演出已是无尚光荣了，还能为中央领导人演出，能见到毛泽东主席，真是太令人兴奋了，稍事休息后大家就开始布台了。

因为是三类不同的木偶戏同台演出，表演台各自不同，布台时采用台套台的办法，我们提线木偶戏台布在杖头木偶戏台中间，布袋木偶戏台布在提线木偶戏台前，由布袋木偶戏首先演出，演出后迅速拆台，再由我们提线木偶戏演出，演后也立即拆台，最后由杖头木偶戏演出。因此，布台麻烦多了，既要考虑方便拆台，又要为后面的演出留下更多空间。还好，在我们接到进中南海演出通知后，三个团曾合作操练过布台拆台，布台工作还是顺利的。

在一个小食堂吃过晚饭后，大家就来到后台开始做演出前的准备工作，七时准时开始演出，龙溪专区木偶剧团是杨胜、陈篮田演出《雷万春打虎》，我们演出的是《水漫金山》、《拔萝卜》，广东省木偶剧团演出的是《三调芭蕉扇》。大家都是憋着一股劲，全身心地投入演出，演出特别顺利，甚至幕间的拆台都非常快，比较费时的是拆卸我们的提线木偶台，大家合力抬到后台再拆，反使幕间时间变短。整台戏演出效果非常好，观众席中不时传来一阵又一阵热烈掌声。

演出结束后，我们排好队伍在台前谢幕，大家都把眼睛睁得大大的往观众席中看，想看看毛主席和其他领导人坐在哪里。不一会儿，文化部部长和中央办公厅的领导陪同时任国防委员会副主席的张治中先生和其他几位领导人到台上来，和我们一一握手后，还和大家一起合影留念。

我们都很奇怪，怎么没见到毛主席呢？中央办公厅的领导送走了张治中先生后，特地把我们集合在一起，对我们的演出充分肯定，并代表中央机关全体人员向我们表示谢意，最后他说："大家一定很奇怪怎么没见到毛主席和其他几位中央领导吧，很不巧，正好来了一个苏联军事代表团，要求一定要见毛主席，毛主席他们只好放弃休息，接见这个代表团。因此，没能前来观看你们的精彩表演。"没见到毛主席真是这次进中南海怀仁堂演出最大的遗憾，不过能到怀仁堂演出已是很高的荣誉了，当时全国进过怀仁堂演出的剧团是屈指可数的。此后，虽有不少剧团到过中南海演出，都只是在外面的大礼堂。这次在怀仁堂演出给我留下很美好的记忆。

三、首次出国演出

（一）

一九六〇年 2 月从北京回到泉州后，休息不到一个星期剧团就开始准备神话剧《火云洞》的创作和出省巡回演出。四月初省文化局通知剧团因有出访任务暂不出省，不久就转来文化部的通知，选派我们剧团和龙溪专区木偶剧团，参加在罗马尼亚首都布加勒斯特举行的第二届国际木偶联欢节，这在当时是一项特别重大的外事活动。对剧团和我来说，更是爆炸性的特大消息。这时，我才意识到原来一九五九年底举行的全国木偶戏皮影戏会演和进中南海怀仁堂演出，是为了选拔这次出国的剧团。

接到通知后,剧团开始了紧张的准备工作。为了加强创作力量还从外单位请来了林英仪、王冬青、江朝铉、吕文俊、许炳基参与准备工作。还特邀了几位工艺水准不错的画师和木工参与绘制布景,成立了编导组、制作组和后勤组。一时间全团热气腾腾,大家都是争先恐后,希望能为此次出国演出多做一些工作。

《水漫金山》是这次出国演出的首选节目,编导组对剧本和表演进行极为认真地推敲,每一句台词唱词,每一段戏都精心研究,力求增强嘉礼动作的戏剧性,减少不必要的台词。另外还须有一个二十分钟左右的儿童剧。编导组经反复讨论,认为一九五八年开始的大跃进大炼钢铁是很不错的题材,决定写一个少年儿童大炼钢铁的节目,并由王冬青执笔,定名《钢铁小英雄》。故事情节是一群少先队员看到大人们日夜奋战大炼钢铁,学着大人的样子,自己建高炉,运铁沙,捡焦炭,炼出了一炉炉的好钢。这个戏虽不长,可花大家的精力最多。

在这段时间里,我主要是参加排练,同时还被安排在制作组,有时还要我参加编导组对剧本的讨论,工作是相当忙的。小沙弥这个人物的嘉礼参加会演前才刚刚做了加工,经过演出一段时间又感到有几个地方不很满意,我想这次是出国演出,要求更高了,又再修改一次。花最大精力的是创作《钢铁小英雄》时,我除了参加一些制作工作外,还担任剧中的几段戏的表演,其中有一段拉板车运铁沙的戏,现在想起来当时还是有一定创意的。这段戏是这样的:一位少先队员拉着满载的铁矿沙进场,卸下后拉着空车返回去,又拉着满载饻矿沙上来,尽管累得满头大汗也不叫累。戏虽不多,同样是剧情的体现,也必须演得活,车要拉得像。因此,根据平时的观察,我尝试让嘉礼模仿现实生活中先把车把上的拉带放在肩上,然后两手握车把,人前倾后腿用力蹬的动作。为此,我把嘉礼的右肩制作得稍为凸起,以防拉带脱落,在嘉礼的两手各设两条来回线和辅助线,表演时操纵嘉礼先把拉带套在右肩,把阻碍拉带的操纵线放松,同时用辅助线和来回线使嘉礼两手握好车把,接着操纵预先增设的后背线和脚弯线,这样拉车的动作就模仿出来了。反之则可表演车停下,拉车人离车休息的动作。排练时大家认为拉车动作模仿得很逼真。

经过两个多月的紧张工作,七月份宣布了此次出国的人员名单,共十一人,即吕赞成、杨度、吴孙滚、谢祯祥、余炳煌、陈荣耀、陈泽鸭、蔡金闽、陈天恩、吴沛然和我。并当即重新分配角色,《水漫金山》中杨度饰许仙,谢祯祥饰小青,吕赞成饰白素贞,余炳煌协助配音,我饰小沙弥,陈荣耀负责地台工作。后台是蔡金闽司鼓,陈天恩司唢呐,陈泽鸭司钲锣,文乐部份由广东木偶剧团派出的乐队负责。

吴沛然是一九五八年调到剧团担任政治团长的,除担负领导工作外,因《水斗》一场戏所需人手较多,他还参加表演了虾将军这个小角色。正因为这样,在那种难得出国的时期,人们开玩笑地称他是"出国虾"。《钢铁小英雄》被"枪毙",重新上了《拔萝卜》修改后更名为《庆丰收》,老爷爷由吴孙滚表演,我演老婆婆,余炳煌、谢祯祥、杨度分别饰小姑娘等人物。(此事后面还会详细讲到)

(二)

出国名单宣布后,放假一个星期让我们各自准备行李,然后就到广州与广东省木偶剧团派出的人员和我们福建漳州的杨胜、陈南田以及晋江的李伯芬组建中国傀儡艺术代表团。由我们福建文化局陈虹局长任团长,文化部曲杂木皮处冯处长任副团长,我们省文化局人事处的谢处长任秘书长,广东省的林坤先生任秘书,另外广东省文化局局长担任本届木偶联欢节的评委,并参加代表团的领导工作。

广东木偶剧团派出二十名演艺员,演出的节目是到中南海怀仁堂演出的《三调芭蕉扇》,杨胜他们表演的也是到怀仁堂演出的《雷万春打虎》。后在广州排戏时增加一个节目《大名府》。

在广州排练了近两个月,有合排和分排,因为代表团来自三个剧团的三类木偶戏,表演中的辅助人员都统一做了安排,我们剧团的好几个人就负责为《三调芭蕉扇》置景跑景,我负责协助表演小妖和小猴子,广东木偶剧团的乐队则协助我们伴奏。陈虹局长对排练要求特别严格,他说,这次是我国木偶艺术首次参加大型的国际木偶艺术活动,无论如何要显示我们高超的艺术水准,每场幕间不得超过五十秒,这就要求置景要准确速度要快,特别是在没有灯光下这难度是不小的,此时又正逢酷暑,整天挥汗如雨相当劳累。

九月初代表团移师北京,接受出国前的剧目审查和外事纪律教育,学习外事礼仪。文化部审看节目后还是比较满意的,只是认为《钢铁小英雄》题材不合适,必须另选一个,这可是个不小的难题啊!离出访时间只有十来天,真是火烧眉毛的事。

当晚,陈虹局长把我们泉州的十一个人召集在一起让人家想办法出主意,他提出《拔萝卜》这个戏很不错,适当修改后是一出非常好的儿童剧。大家一致同意这个意见,而且认为有几个嘉礼和不少道具都是现成的,可以节省不少时间。当即陈局长亲自动手修改剧本。第二天下午剧本就完成了,改名《庆丰收》。紧接着陈虹局长请来一位叫陈戈的作曲家设计音乐,又请来一位漫画家设计嘉礼造型,还专门请中国木偶剧团帮助雕刻嘉礼头,并指定我与中国木偶剧团的雕刻师傅配合,一切工作都在紧锣密鼓地进行中。

我带着设计图样来到中国木偶剧团的制作室,几位雕刻师傅都已做好准备,我把图纸给他们,他们各自选了一个图样就开始工作了,余下的一个图样是最没有突出特征的。有明显特征的图样,雕起来比较容易些,他们几位都是一流的专职师傅,我不过是个演员,雕刻从来没正规学习过,他们的工具又是那样齐全,钻的、刨的、磨的全都有,我只是两把在南京时焦奉鼎给买的刻刀,真的当时我很是自卑,心里也十分紧张,如果雕不出个样子来,时间又那样紧迫,该怎么办?经过一整天紧张工作,总算把粗坯雕好了,跟图样还差不了多少,我心里一块石头才落地,再经打磨后就交给粉彩师傅上彩了。紧接着,我又在大家的帮助下赶扎一匹嘉礼马。这匹嘉礼马做得非常成功,直到排演《三打白骨精》时还经重新修整成为唐僧的坐骑白马。

从剧本改编到嘉礼和道具制作,到排练完毕,大概花了五天时间。文化部审看后认为可行,大家紧张的心情才放松下来。接下来用了整整三天时间学习外事纪律和礼仪及分发服装,早在广州时就每人各订做两套西装、两条衬衣、一套睡衣和一双皮鞋、一个皮箱。三天学习中还专门安排时间让大家试装,学习打领带,这可是我这一生第一次穿上洋装啊!心里那个滋味,现在的人是无法体味到的。

一切准备就绪后,给大家休息两天。我则乘机大睡特睡了大半天,可以说这两天是自五月份以来最放松的两天。

（三）

出发前正逢罗马尼亚国庆,罗马尼亚驻北京大使馆举行隆重的鸡尾酒会庆祝他们国家的国庆日，我们因即将前往罗马尼亚，代表团全体成员应邀参加这个酒会，应邀参加这个酒会的还有我们国家的领导人朱德、周恩来和陈毅等。

那天晚上，我们大概是六时半到达罗马尼亚驻华大使馆的，酒会设在使馆内的草坪上，正中的桌子上摆满了各种吃食。两边各有许多座椅。我们被引导到右边的座椅就坐。七时正，朱德、周恩来、陈毅等由罗马尼亚大使陪同到左边的座椅就坐，大使讲话后酒会开始，大家就各自端着盘子拿着刀叉挑选食物，服务员端着配好的香槟和各类酒让大家选择，酒会显得非常热烈又十分轻松。

我们的座位是在周总理他们几位领导人的对面，距离又近，对他们的活动看得很清楚，虽然一九五九年曾在泉州为朱德演出过，演出后他就离开了，没有上台和大家见面，所以这几位领导人，我都是第一次见到，总理那翩翩风度和谈笑风生的神态，老外频频向他敬酒的情形，一直吸引着我的目光。

酒会的吃食太丰富了，可惜由于口味不合也由于太拘谨了，好多人都说没吃饱，酒会后的第三天我们就启程了。

我们是下午三时许从北京出发的，我们泉州这十一人，包括见多识广的吴沛然，都是第一次乘上这样的飞机，真叫做新娘子坐花轿——人生头一遭。什么都新鲜，不记得是谁，手无意中触动到扶手控制椅背升降的按钮，椅背一下子向后靠去，被吓得"哇——"一声跳起好高，还以为是不小心把坐椅搞坏了呢。脸都变青了。飞机飞了三个多小时来到苏联的阿拉木图停机休息。走下飞机我一看天上太阳，与我们离开北京时一样高，奇怪！经过几个小时的飞行，该是太阳快下山的时候了，怎么还高高挂在天上呢？我开玩笑地指给余炳煌看："看，番仔的太阳跟我们中国的就是不一样，是不会走的。"大家本来并不注意，经我这一说，抬头一看都跟着议论起来。听见大家议论，陈局长笑了笑："这是时差的问题，等一下到莫斯科，太阳还是没下山哩，可你们的手表都会指到九时多，因为那是北京时间。"后来，那位翻译又给我们简要地介绍什么是时差，什么是北京时间，大家才大体知道个中缘由。

飞机来到莫斯科，真的已是晚上九点多，陈局长和冯处长随我国驻莫斯科大使馆来接机的人到大使馆办事去了，我们在机杨等了好长时间，肚子饿得咕咕叫，尽管候机厅就有各类服务部，可是一没钱二语言不通，都不敢随意走动，后来来了一位大使馆的工作人员知道我们没吃晚饭，才把我们带到一个有中国菜的服务部，大家点了盘煎鸡蛋算是晚餐了。

到达罗马尼亚的布加勒斯特已是北京时间晚上十一点多了，调整了时差后就开始紧张的工作了。

(四)

参加这届联欢节演出的有二十四个国家的木偶艺术团，还有一些国家派出的观察员。联欢节的规模相当大。由于当时世界上存在着社会主义和资本主义两大对立的阵营，斗争非常激烈，连木偶艺术也不幸免。据说评奖委员会的评委，每个阵营各派出八个，以示对等。这给艺术交流带来许多不和谐，不过整个联欢节的气氛还是显得很热烈友好。

参加联欢节的各国代表团的节目一般都在四十分钟到一个小时左右，唯独我们是综合三类木偶节目长达两个小时，显然我们吃亏了，陈局长发现这个情况后，迅即与我驻罗马尼亚大使馆联系并直接请示文化部，决定把三类木偶各自分开表演，把布袋戏原来准备只作展示的《大名府》正式报为参演节目，并报名参加小剧场演出评比。原来联欢会只安排我们中国代表团演出六场,经多方交涉,也多亏这次主办国罗马尼亚与我国的友好关系,给以大力支持,同意我们每类木偶表演三场。

后来的演出实践,证明这个决定真是无比正确。一台戏变成三台戏,又避免了同台演出给人以同时进行比较的机会,演出取得特别好的效果,吸引了不少同行和记者的注意。派来参加联欢节的一位美国观察员,也是一位记者,看了我们的演出后,一再提出要到台上参观,当然是被我们所拒绝了,又提出要求采访表演小沙弥和老婆婆的演员,同样我们也不同意,也亏得这位记者很会磨,整天跟着我们,还转向联欢会的接待人员提出申请,不得已只好同意其采访,只是时间不得超过五十分钟,为此,我紧张了一整天。被采访时,为避免被对方抓住把柄,特地告诉采访者,我只会讲泉州方言,不会讲普通话,这样受采访时我只用泉州方言回答采访的问题,由吴沛然翻成普通话,再由英语翻译翻成英语。一句话经过三个人即使有毛病也会及时纠正,而且也把被采访的时间很自然地压缩下来。其实,这位美国记者也没提出什么特殊问题或有意刁难,都是一般的问题,如"在中国你们的观众多吗?""有没有培养接班人的学校?""你从艺多久?""你的收入高吗?"等等。最后,他一再要求我表演了几个动作,我坚决拒绝了。采访结束时,他竖着大拇指说了句:"中国人 OK"。此时,我真为自己是中国人而骄傲。

在等待评委会正式公布获奖情况的几天里,特别是从此次评委之一的广东省文化局局长那里得知我们已获奖的消息后,可以说是自来到布加勒斯特以来思想上最为轻松的。这期间主办方组织我们游览了好几个地方。我们还应邀到我国驻罗马尼亚大使馆做客。那天大使馆按照我们的要求,煮了一大锅地瓜稀饭，蒸了一大笼白馒头宴请我们，自离开北京后，天天吃的是面食和大大不同于我们家乡菜的所谓中国菜（其实是变样的中国菜）又甜又腻，这下吃上这白米稀饭配馒头真的是享福了，个个都放开肚皮大吃一顿。

三十日晚餐时，陈虹局长备了两瓶酒提议大家为庆祝国庆干杯，我们心里都清楚，这不仅为国庆干杯，也为获奖干杯，只是未正式公布只好暂时不说而已，大家都热烈响应，互相敬起酒。这热闹场面把邻桌的保加利亚代表团惊动了，误认为我们是得到获奖消息而庆贺呢，都围到我们这边来，向我们祝贺，也向我们打探消息，陈虹局长赶紧向其说明，因明天是我们的国庆，大家为国庆干杯。没想到这下更引来不少国家的代表团，争相向我们敬酒祝贺。

最后一天，举行了颁奖和闭幕式，我们三类木偶参加的节目都得了高奖，杨胜等表演的节目获小剧场类金奖，我们和广东的节目均获集体银奖即集体二等奖，据说，评委会规定，平均分达到九十八分以上方能给一等奖，所有参赛节目没有达到这个高分，因此集体一等奖只好空缺。

在联欢节期间，观看了十几个国家的演出，这是我第一次接触到我国以外的木偶艺术，什么都异常新鲜，真真正正感受到世界真奇妙，大大开了眼界。苏联木偶艺术代表团表演的《小灰象历险记》中的小灰象，是那样的天真可爱，英国木偶艺术代表团的提线木偶表演，模仿人的行走是那样逼真，腿脚可向前跨出，且灵活自如，所有这些都给我留下很深印象。罗马尼亚提线木偶剧团表演时，所使用的天桥式舞台，更让我羡慕不已。可当时相互都封锁得厉害，看到值得仿效的地方想到台上看看或问问都没有可能。如果能开放一点，多交流交流，该多好啊。

（五）

第二届国际艺术联欢节结束后，应苏联的邀请，我们代表团到达莫斯科，计划在莫斯科演出几场，并与苏联国家木偶剧院进行联欢和艺术交流。

在莫斯科住了七天，迟迟没接到演出通知，也没见到苏联国家木偶剧院的同行们，大家都很奇怪，问陈虹局长，他说正在联系，具体情况也不清楚，要我们好好休息，等待我国驻莫斯科大使馆的通知。大家闲着没事，由于语言不通也不敢随便外出，整天就是吃、睡或到宾馆门口走一走，后来发给每人几个卢布零钱，才几个人相伴着乘公共汽车兜兜风，可又不敢走多远，走了几站就赶快下车，在附近转一转就乘车回来，走得最远的是一次到红场参观游览。当时我们对苏联老大哥还是无比的崇拜，红场可是我们心中的圣地，大家尽情地游览广阔的红场，观看克里姆林宫尖塔顶上的红星，还怀着十分崇敬的心情，瞻仰列宁墓，接着翻译又带我们下到地铁里参观，大家乘上地铁走了几站，让我们体验一下地下的生活。地下还可开火车，以前听都没听过，这次亲身体验一下，真被那伟大的地下工程给吓呆了，让我们对"老大哥"更是佩服得五体投地。

另一次是到一个大百货店参观，顺便买点东西作为纪念品带回国，那是莫斯科很有名的大商场，犹如我们北京的第百货商店，大家买了些塑胶桶、塑胶饮水杯，最高档的就算是钢精锅和铝制品之类了，这些虽是一些小工业品，可是对我们来说可是稀罕物哦！

第六天得到通知，一切计划全部取消。后来才知道，"老大哥"已对"大老弟"变脸了，我们在莫斯科的演出愿望落空了。就这样我们在莫斯科待了七天，把几个月来的劳累都消除了。

算是一次实实在在的休息，而火车上的七天七夜更是吃了睡、睡了吃，大家体重一下子都增加了。火车进入蒙古国后，大家借着停站时间较长走下车在月台溜跶，冯处长开玩笑地说："出国以来，大家掉了不少肉，这下一路行来，好吃好睡，肉都捡回来啦！"是呀，自五月份接到通知以来，四五个月时间还没真正休息过，近半个月来什么也不干，什么也不想，只管吃和睡，难怪大家都胖起来了。

  回到北京，汇报演出后，代表团的任务就完成了。十月末我们回到泉州，受到极为隆重的欢迎，简直就像迎接远方归来的英雄一样，那场面之热烈，真是令人激动不已。我们的车驶入车站就看到写着"热烈欢迎出国归来的泉州木偶剧院代表"的大红布条，两旁挤满了欢迎人群。一下车一队盛装的少先队员就跑过来向我们献花，晋江专署和泉州市的有关领导也都向我们走过来，和我们一一握手，祝贺我们凯旋归来。接着就在写着"热烈欢迎出国归来的泉州木偶剧院代表"大横牌为前导，由我们剧团学员班和全体人员组成的欢迎队伍，陪同我们十一人沿着中山路步行回到剧团，晋江专区和泉州市兄弟剧团也派出代表迎接我们，沿途燃放鞭炮乐队演奏"得胜令"，有的剧团还带了节目进行表演引得路人纷纷驻足观看。我们这十一人一式的西装领带手捧鲜花更显突出，此情此景，我真是压抑不住内心的激动，一个山村穷孩子，竟有这一天，心里暗下决心今后我一定要为木偶艺术更加勤奋地耕耘。

  剧团给了一个星期假，我回到溪西，成为人们关注的新闻人物，儿时的伙伴们都围着我问这问那，七十多岁的拱南叔也特地来到我家看望我，他高兴地不断向人们说："当初我确没看错，确没看错，今天真的为我们这族争光了！"我把从莫斯科带回来的一个塑胶水壶送给他，他高兴的嘴都合拢。

这次出国到罗马尼亚参加第二届国际木偶联欢节，可说是最风光的了，我的感受也是最多的。在一次座谈会上，一位领导问我这次观看了那么多国家的木偶戏感受最多的是什么，我想了想回答说："各个国家尽管演出的风格很不一样，但是有一条是共同的，就是尽量发挥木偶特点，通过木偶自身动作来表演故事。"我想这大概就是这次出国我的最大收获吧。

四、试制高台

（一）

回国后休息不到一个星期，我就主动参加《火云洞》的制作，这个戏一九五六年出省巡回演出回来后，我向寅师提议演一个《西游记》中的戏，寅师经反复修改于一九五八年就写成剧本，后来因会演、出国才拖到这个时候，我在剧中担任孙悟空这个角色，把一九五六年在南京向焦奉鼎学来的旋棒应用上去，又吸收《补大缸》中白猿的猴形猴态表演再加以改进，使孙悟空的表演更为丰富。这个戏排练好后，作为备用节目。我们四月份又开始出省巡回演出了。

出省前，酝酿已久的泉州木偶剧院正式成立。这之前的一九五九年春，曾把晋江专区所属各县的木偶剧团统统归划泉州市，组成泉州木偶剧院，实行统一管理统一指挥，我们的住地一下子热闹非凡，天天是来请示汇报的，来要求报销经费的，人来人往的，真是车水马龙。摊子大，仅各类印章就有一大袋，看似轰轰烈烈，实际无头无绪。几个月时间什么工作也没真正干起来，只好宣布权力下放，实际就恢复原来的样子，只有一个剧院的名称遗留着，不过历来我们都因为习惯只叫剧团不称剧院。

这次可就不同了，是经省文化厅批准，由泉州市政府正式发文任命剧院和各分团的领导班子。

市政府任命的领导班子是：

院　　　长：张秀寅

政治院长：吴沛然

副　院　长：吕赞成

第一团团长：谢祯祥

第二团团长：李文泽

第三团团长：黄奕缺

办公室主任：尤智生

副　团　长：杨　度

副　团　长：蔡金闽

第一团人员以原来两个演出队的人员为主，是艺术创作和演出的主要力量；第二团是布袋戏团，这个团一九六四年解散，多数人员转到提线木偶剧团工作；第三团的人员以学员为主，一九五八年和一九五九年连续招收两个提线木偶学员班都已经过一定时间学习，可以参加演出了，组团后让他们通过演出实践得到更好锻炼。

由于演出的实际需要，我基本都在一团工作，三团则由谢祯祥和蔡金闽负责。

剧院成立后，在一次院务会上，大家又一次提起在布加勒斯看到的罗马尼亚提线木偶剧团演出的天桥式舞台，一致同意根据我们自己的情况开始筹办天桥式舞台。过后，政治院长吴沛然又专门要我认真设计，尽快拿出个图样。

这时我还兼任剧院艺术委员会主任，虽然每年大部份时间都在外面演出，平时很多艺术活动和艺术研究没能参加，但是大的活动我都参与了。此时准备对嘉礼表演台再进行改革，可以说是关系到嘉礼表演的重大艺术课题，院长交给这个任务,我当然是义不容辞的,对嘉礼表演台的改革也是我出国回来后所一直期望的。罗马尼亚提线木偶戏的表演台,给木偶表演带来了很多很多新的东西,给我留下太深的印象了。当然,那个舞台是固定的,无需不断搬动的,我们要做出这样一个适合嘉礼表演又能搬动的表演台难度就更大了。

因此,在出省演出期间,只要有空我就拿着稿纸,扒在临时搭成的案台上描呀画呀,不过大家对舞台的进一步改革积极性都很高,当把院务会议的意见传达之后,大家都积极行动起来,有的对现有舞台的各种资料认真测量,有的认真计算前后桥的距离。可以说,在整个巡回演出期间,很多时间大家都是在议论天桥式舞台怎样设计。经反复考虑,我想首先必须解决几个难点,一是舞台"桥"的跨度、高度和承受力;二是"桥柱"的牢固性,如何防止前后左右晃动;三是装卸时间问题。经反复考虑我先画了几个草图让大家提意见。

十一月初我们回到泉州,剧院已准备了大量木材,我把想法和草图向领导汇报后,得到了领导的支持,并让我与木工师傅配合具体负责这舞台的施工。

施工中每一道工序都先进行试验。"桥"的高度关乎嘉礼线的长短,为找到一个适宜的资料,我自己反复试验多次,并请一九五九年招进的新学员做试验后才确定下来。横梁的承受力,也是多次进行了试验,特别是如何保证衔接处的牢固,更是试验了不下几十次。经过一个来月时间日夜奋战,一座天桥式舞台搭起来了,为保证安全,又专门让十个人在天桥上走动,对承受力再一次进行试验,再进行了必要的加固。

高台做成后,我又和舞美灯光研究灯光景片和幕廉的设置,在全团上下全体人员的努力下,一个木制的天桥式舞台终于制作完成了。在这个舞台试制过程中,吕文俊老师给予很大帮助，我利用同宿舍的方便，经常把天桥式舞台施工中碰到的问题向他请教，他毕竟是有文化的人，给我出了不少点子，解决了不少问题。什么受力面啦，重臂，力臂，给我讲了不少原理，让我增长了不少知识，在这期间，他开始创作《八女跨海》剧本，创作中有关舞台上嘉礼表演一些问题，他也主动征求我的意见，希望在这新舞台上演出一个好戏。天桥式舞台基本做完后，吕文俊的剧本也创作完成了。

（二）

《八女跨海》是发生在惠安县的一个真实故事，讲的是海边的一个小村落八位女青年冒着各种风险，跨海到一个荒岛开荒种地，经过艰苦奋斗，把荒岛建成富饶海岛的动人事迹，故称《八女跨海》。当时正是三年困难时期，提倡艰苦奋斗，这个戏就是为这政治中心服务的，有的剧团也曾编演成现代戏，演出效果一般，提线木偶戏要演好这个戏，又是使用高台表演的第一个戏，其难度是可想而知的。

为了搞好这个戏，可以说全团绝大多数人都在想办法出主意，我提出在人物造型上一定要突出惠安女的特色，得到吕文俊老师的支持，我还经过反复实验，改变了嘉礼腿与躯干的连接法，在嘉礼的臀部内加上一小块长木块，嘉礼两腿用铁丝与这小木块连接，在铁丝的上端做成一定角度卡在小木块上，以限制嘉礼腿的转动角度。这样嘉礼前行、侧走、前跨和侧跨就更像人的动作了。后来就把这小木块称作嘉礼"脚桥"。吕文俊非常高兴，他说，这不仅给这个戏的嘉礼表演生色不少，而且会让今后嘉礼艺术的提高以很大促进。后来的艺术实践，证明他的这个估计是正确的。

在《八女跨海》创作的同时，吕文俊又写了《闹龙宫》这个剧本，是取自《西游记》中孙猴子到龙宫向龙王借兵器的故事，又称《龙宫借宝》。这个戏我提议打破纯提线木偶表演区的界限，借用杖头木偶和布袋木偶表演的辅助，使舞台空间加大，增强立体感，这个提议得到吕文俊老师和领导以及大多数人的支持。因此这个戏首次拓展了杖头木偶和布袋木偶或小提线木偶表演区，使一些戏的处理更合理更具可看性。龙宫中孙猴子与众水族的嬉戏和与虾兵蟹将的大开打，分别用杖头木偶和布袋木偶辅助表演，艺术效果非常好。

  这个戏我担任孙悟空这个角色，这是我第二次表演孙悟空这个人物。《火云洞》虽刚创作演出也不多，但也提供不了创作经验，在这基础上我从线位到线规都作了改进，把猴子特点表现得更突出，且采用"天地配"的办法，即提线演员在上面操纵嘉礼，地台演员在下面借用杖头木偶手的操纵办法相配合，克服提线木偶武打力度差的弱点。同时，为了表演金箍棒大变小，我用大棒套小棒的办法，表演时孙悟空一声"变"，大棒活扣松开往下掉，变成中棒，再操纵中棒扣让棒往下降成为大棒，这让观众大出意外。

  《八女跨海》和《龙宫借宝》两出戏，正好是一个晚上的戏，在泉州试演后观众反应还可以，但上座率比较一般。吕文俊老师又立即动手创作了另一个新剧本《郑成功》。这是一出大戏，有的场面相当大，人物中有汉人有荷兰人，用高台演出还是比较适合的。我在这个戏中担任苗术宝丁这个荷兰军官，为表现其奸诈和凶狠又有洋人的特色，我自己动手雕了个眉毛和胡须会动的嘉礼头，同时改进笼腹上下的连接，给嘉礼的腰部增加柔软度，使之能很好地表演前俯后仰和左旋右转的夸张动作。同时，我还设计制作了一个荷兰兵的特殊嘉礼，按剧本的描述，这个荷兰兵专欺诈百姓，吃的滚瓜流油，最后被高山族同胞用弓箭射死,这个人物出场有一段唱,唱词是这样的:"清乡好,清乡好。和尚跑了就把菩萨找。酒呀肉呀吃个饱,可是讨税还要靠腰刀,管他大哭又大闹。"为表现好人物性格我特地雕了个满脸横肉的嘉礼头,配上加胖的笼腹,还特地设计一个能高高隆起的腹部,在臀部横挎一把刀,唱到第四句时,操纵腹线让其一鼓一鼓地凸起;唱到第五句,则操纵嘉礼右手后转握住刀柄,以表现他的作恶成性和贪婪。而被弓箭射杀的一段戏,我是把一枝特制的箭截为两段,隐蔽在嘉礼笼腹中一个竹管里,在适当位置系好线,分别从竹管两端的一个小孔穿出,再向上引到勾牌,表演被箭穿透腹部时,只要把这两条线向上一拉再配以相应动作就可以了。这段表演往往是大出观众的意外,很受欢迎。此外我还设计制作了用杖头木偶表演的特殊快速传令船。那是用六个嘉礼分两排置于船上表演划桨,船头船尾各设一个嘉礼,船头嘉礼表演指挥,船尾嘉礼表演掌舵。手的动作都用铁丝巧妙地连系到通过活眼控制的操纵棍,嘉礼身体动作也用铁丝连系到另一个活眼,由另一操纵棍操纵,表演起来难度不大,却是非常好看。

《郑成功》这个戏,比前两个戏,从舞台调度到发挥木偶特点以及灯光舞美处理等方面都有较大提高,可以说是成功的戏。

(三)

这段期间正值三年困难时期,到处在闹饥荒,我们的粮食定量每天不到八两,副食品奇缺,难得闻到肉味。有一段时间每到上午十时,我就心发慌手发抖,刚开始喝点开水也就过去,后来就不起作用了,甚至有时眼也发花了。一次无意中与吴沛然书记谈起这事,他马上和院长副院长研究,决定特别补助我三斤粮票,他对我说,心慌手抖是饿的,让我每到心慌手抖时,到通政巷口小点心店买二两吃的作点心。真的,有这二两食物下肚,人舒服多了。这段时间为了度过难关,剧团还组织全团人员到东岳山一带开荒种地瓜和蔬菜,大家轮流从剧团运粪肥到山上给蔬菜地瓜施肥。我们还分组到农民的地瓜田里捡拾掉落的干地瓜叶加工成代烟丝。可以说这一段的"瓜菜代"生活,天天都在半饥半饱中。

就在这种情况下,大家的工作劲头不减。有的人因高台嘉礼线加长怕不适应,经常利用时间抓紧练功,有的人主动多承担工作。林春晴老师是泉州二中调来剧团担任音乐设计的,从没学过布袋戏表演,此次也临时学了几个基本动作,上台参加表演布袋木偶。在大家的努力下,用了不太长的时间,试制的高台搭建起来,三个节目的排练也按期完成了。

三个节目排练结束,在剧团彩排和汇报演出后,我们就先后到群众戏院、浮桥那边的大华戏院和南安的洪濑戏院演出,后来因备战我们又临时与浙江文化厅联系,到温州及附近的几个县城演出,观众反应很好,可是上座率不高。究其原因,很重要的一条是向观众的舞台面缩小了,这是因高台前后"桥"两侧的立柱排成直线垂直于观众座位,把两侧观众的视线挡住了,因此使剧场总座位的三分之一多成为无效区。另外,灯光等设备也没能跟上,直接影响了演出效果。

后来,考虑到上座率既然不高,而且舞台相当笨重体积又大,仅运输就得用一辆解放牌汽车,这个高台,搭建拆卸非常费时,仅各种螺丝就有一百多个,因而决定暂停使用。

我们六月份从温州回来后,立即加班加点把《郑成功》改用原来舞台(因此时有了高台,就把原来的舞台叫做中台或一字形平面舞台）表演，于六月底再度出发，到江苏、安徽、湖南演出，一直到十一月下旬才回到泉州。

对高台之所以没能坚持下去，我和吕文俊先生的看法是一致的，认为其原因不在高台自身的问题，而是设备和技术条件差，可以想像，搭建高台时，得用上一百多个螺丝该花多少时间呀，台的梁柱多达几十根硬质木材，每根长的有两米多，短的也有几十厘米，而且截面都是8×15平方厘米。使用的灯光器材既笨重又不适宜这样的舞台装置，这样对增加经济效益当然是不利的。吕文俊老师认为这是时机还不成熟，只要时机成熟，再加以改进后，高台的运用肯定可以推动泉州木偶艺术再上一个新的高度。我非常同意这个看法。心想就等待时机成熟吧！

五、象鼻与金箍棒

一九六二年十一月，从湖南回到泉州的第二天，吕文俊专门向我介绍他新创作的儿童剧《千桃岩》的情况，并说了其中一个人物小灰象，嘉礼制作起来很不合要求，建议我动手制作一个试一试，我认真读了剧本后又与老吕交换看法，就动手了。

这个剧本大意是讲小猴子和小白兔在老山羊爷爷的指点下，和小灰象等小伙伴到山上开荒种下千株桃树。大灰狼和小老鼠不安好心蓄意破坏，伙伴们团结一致战胜了大灰狼和小老鼠，经辛勤劳动获得大丰收。为了写好这个剧本，吕文俊反复向大家征求意见，演出后，又听取各方面的反应，做了多次修改，最后一次甚至从故事情节到人物都做了很大改动。剧中的少先队员改为小猴子和小白兔，老山猪改为大灰狼，把一些稍长的台词都加删减，增加不少动作性的情节。这个戏先后在各省演出几百场，无论是成人观众还是小朋友都给予很高的评价。一九七九年重新恢复演出后，还参加国庆三十周年献礼演出，荣获演出三等奖。

剧本中小灰象这个角色很有特色，自恃身高体胖力气大，又不爱动脑筋，显得既天真又神奇，因此在嘉礼造型上，我除把嘉礼制作得稍胖点外，更多的精力则是用在象鼻上。为了让这长鼻又能弯曲又能任意转动，有人建议我先试着用细弹簧丝卷成一个圆管，试后虽也能任意弯曲，可是弯曲后，马上又弹回。我只好用个笨办法，把铁丝卷成一个一个圆圈，用线均匀连接后，再用纱布包好，试了一下效果倒还可以。

在操纵线的设置上，我先设想几个更能体现小灰象性格的动作，征求老吕的意见，然后认真研究线位，为表现小灰象自恃力大的神气，我在小灰象嘉礼的两侧腰部各设置一条经过前脚的操纵线。表演时只要让小灰象直立操纵好这两条线，配以手肘和肚线，再让头部上仰把鼻子慢慢向上伸直，这样小灰象两手叉腰、挺肚、仰头的神气就表现出来了。剧中还有一段用鼻子打蚂蚁的表演，为表现力度和实感，我在长鼻子末端有意增加重量，并设置一条操纵线通过鼻管连接到鼻端，只要操纵好，鼻子更显得很灵活，打蚂蚁也显得力度大。

嘉礼做完后，我特地表演一下让吕文俊看，他十分满意地说："像，像！这个小灰象就由你来表演了。"就这样，我担任了这角色演出好儿百场，受到观众的普遍好评，当然好评的还好多，如剧中的黑熊是谢祯祥表演的，他也把小黑熊的天真和憨态表演得栩栩如生，每次都把观众逗乐了

《千桃岩》戏排完后，紧接着又重新修改完善《火云洞》。这次由吕文俊接手导演，从剧本结构到舞台表演都作了较大改动，我仍是担任孙悟空这一角色。这个戏创作后虽演出不多，但我总感到有许多不满意的地方，特别是看了京戏的《闹天

宫》和打城戏的《三探无底洞》中李少春、曾火成表演的孙悟空之后，更感到问题存在不少。李少春和曾火成的表演最大特点是模仿猴子眨眼、转头、抓痒等动作非常逼真，还有那滚翻、腾跃确实表现出猴子的特性。这次我结合《龙宫借宝》表演孙悟空的经验，努力模仿他们两人的表演，着手从嘉礼结构和线位上加以改进，重新设置手线使嘉礼能正手反手举到眉间做正反手遮阳的动作，增加了转头线等新线规，使嘉礼的神态表现得更加准确。

另外这次我还创造了让观众感觉金箍棒仿佛是从嘉礼的耳朵里取出来的表演方法。这是受时任文化局局长许谷芬启发的。一次许局长来到剧团观看我们排练后，回去的路上一时心血来潮，立即返回剧团对我说："孙悟空的金箍棒平时是存放在耳朵里的，要用时从耳朵取来并立即变大，你能不能想个办法把这个变化表演出来。"这真是给我出了个好题目，我花了不少时间，做了多种试验，最后从收音机上那可伸缩的天线得到启发，用薄锌铁片做成三段与嘉礼笼腹一样长的圆管，套在一起，在内外圆管各一端系好控制线，联结到嘉礼的右手，预伏在嘉礼右耳下的背部，表演时，只要操纵嘉礼右手弯向右耳的位置，迅速操纵预伏的圆管控制线，一根长与嘉礼的高度差不多的金箍棒就出现了，这一表演往往是大出观众的意外，很吸引观众。

《千桃岩》和《火云洞》经三四个月的排练修改，四月初我们一团就带这两个节目到福州演出，轰动了福州观众，先后在天华等两个剧场演出近半个月，然后取道闽北几个县到江西转往山东、河北、山西等省演出，平均每天演出都在二场三场，在山西的一个县城演出时，由于观众太多，最后一场只好移动该县的一个大体育场内，观众竟多达八千多人，创造了一场观众数的最高纪录。

六、现代戏的成功之作

一九六三年在巡回演出期间，吕文俊老师根据发生在我们福建寿宁县的一位少年，为保卫集体财产与坏人英勇搏斗，最后英勇牺牲的故事，创作了现代儿童剧《张高谦》，并让我们利用演出之余开始嘉礼的制作。在这同时，他又开始《东海哨兵》剧本的创作。因此，回到泉州后，我们就又投入紧张的制作和排练。

《东海哨兵》讲的是沿海军民团结合作保卫海防，消灭来犯武装敌特的故事，和《张高谦》同是现代剧。在创作中吕文俊一再提出嘉礼的造型和动作，一定要想尽办法尽量向现代人靠拢，他说这样才会让人有演活的感受，他还自己动手改革嘉礼手腕与手臂的连接法。传统的连接法是在嘉礼手腕的根部钉一个圆钩，用绳子与手臂结在一起，表演时往往有手断的感觉，吕文俊把嘉礼手腕根部向里适当掏出一个圆洞，把嘉礼手臂连接手腕的一端削圆，让其正好能伸到手腕的圆洞中用铁丝连接好，这样表演起来断手的感觉就没有了。

这两个戏有很多表演的动作，需要显出手臂伸直的力度和手掌向上翻转，《张高谦》中陈先旺拿刀前劈表现凶狠和《东海哨兵》陈耀祖的一段贼心不死的唱段表演，如果按照原来的嘉礼结构，这样的表演是做不出的，为此，我把嘉礼的上下手臂衔接的截面分别适当斜削，使其衔接起来成"八字形"，在嘉礼的下臂适当位置锯为两段，用一枚铁钉作为转动轴将两段连接，然后装上吕文俊改进的嘉礼手，这样只要把原来手臂的操纵线线位作适当调整，操纵起来非常像真人的动作。用这样的嘉礼手臂表演的陈先旺和陈耀祖这两人物，艺术效果都很不错。《东海哨兵》中的女民兵队长张凡有一段在海边边补渔网边唱表现内心活动的戏,为此我采用新改进的嘉礼,并适当调整线位,结果这段戏的表演也非常成功。

《东海哨兵》还有一段民兵训练刺枪的表演,也让我费尽思量。当时全国开展大练兵,正好经常有这样的训练,我抽出时间到军分区参观一次训练后,选择了其中适合嘉礼表演的刺枪动作:前刺、后收,还原再加上列队上下场的枪放下和起枪。与吕文俊研究,得到他肯定后,经反复研究试验,创造了一套刺枪的线规,在嘉礼枪的两端和中间位置各设一条操纵线,中间的操纵线连接到嘉礼两手,并设置两条经过嘉礼手掌到嘉礼枪适当位置的来去线。这样线不多操纵也不复杂,只要多加练习表演起来还很像那么回事。另外我还改进嘉礼的"脚桥",使表演前刺动作时嘉礼的弓箭步动作做得更逼真。后来我们几次到部队演出,这一套刺枪的表演,战士们都认为演得像。

《东海哨兵》还首次表演嘉礼骑自行车。也不知怎的,一九六三年到一九六四年不少木偶剧团都在表演骑自行车。一天晚上排练结束,老吕提出,最后一场追击敌人的戏可不可以也让嘉礼骑自行车表演一段,我说试试吧!我们两个就当即研究了起来,我用铁丝简略扎了个自行车骨架模型试了试,看来没什么大难度。第二天量好尺寸就派人到铁器铺做了几辆仿真自行车道具。排练时大家把嘉礼的两手两脚分别固定在车把和脚踏板上,左手操纵勾牌向前推,右手操纵脚线让其做出用力踩车的样子。这样嘉礼就真的骑上自行车了,只是操纵脚线不够方便,有时还会被缠住,所以后来我另做了一个十二厘米长的小木板,把两条脚线移到小木板的两端,摆动这小木板就可把踩车动作模仿得更像了。

两个戏排练结束,已是一九六四年三月底了,这一年福建省又举行了一次戏曲会演,参加的剧码要求以现代戏为主,我们剧院由第三团带着《东海哨兵》等节目参加,我们一团照样于四月份开始到省外巡回演出,会演结束,党支部书记吴沛然来到河北我们的演出地,给我们介绍会演的情况,并特地介绍了闽西有个木偶剧团不仅能表演木偶骑自行车,还能表演木偶骑车载人的情况。据说观众效果非常好,我详细询问了被载的木偶是怎么上车的以后,心想这好办,只要配合得好,被载的嘉礼上车时跳得准就可以了,当即叫来魏啟端,让他操纵骑车的嘉礼,我操纵另一嘉礼从车后跳上车,在场的人都认为很不错,当晚演出就把这段表演增加了。

不过,我想如果能把现实生活中被载者先坐到后座,骑车者推车向前再上车的动作模仿好,肯定会取得更好的观众效果。我把这想法告诉一直随我们外出演出的吕文俊,他非常支持,还帮着出点子。经反复研究,我把骑车嘉礼的两手仍旧固定握住车把,在嘉礼右脚设置一条线通过车的脚踏板接到勾牌上,这线适当加长,同时调整原来设置在腿部的线位,又用同样方法设置左脚与脚踏板的操纵线。表演时,演员操纵嘉礼骑车出场后,松开嘉礼右脚与脚踏板的连接线,同时操纵脚线让右脚提起跨过车架横杆站到地上,再用类似线规让嘉礼左脚也放到地上,待操纵被载嘉礼的演员操纵嘉礼坐到车后座后,再操纵嘉礼边推车向前边按上述操纵的相反顺序操纵嘉礼上车,一套表演上下车和载人的动作就完成了,操纵的难度不大。这一段表演的成功设计,给《东海哨兵》增色不少,被人们称为又是泉州木偶戏一绝。

一九六五年原计划是把新创作的《土地闹天宫》和《夜航》带出省巡回演出的,因上级领导不同意《土地闹天宫》公演,《夜航》在泉州试演了几场,观众反应很一般,就又带着《张高谦》和《东海哨兵》、《千桃岩》两个晚上的戏出门,在演出中经不断完善,更为观众所叫好,尤其是《东海哨兵》更认为是嘉礼演现代戏最为成功的一个作品。

这一年我们巡演到河北靠近北京的地方恰逢国庆,为丰富国庆期间首都的文艺活动,北京文化局邀请我们,先后在前门和西单演出了半个月,正因为这样,我有幸应邀到天安门观礼台参加国庆庆祝活动。

国庆这天天一亮我就赶紧起床,匆匆吃了早餐,出发来到天安门广场,经过严格的验票检查来到观礼台,找到我的位置已是八时多了,站在观礼台上往前看,只见远处的人民英雄纪念碑下,矗立着一个巨大的孙中心头像,两侧分别是马克思、恩格斯、列宁、斯大林像,此外,就是人的海洋,旗的海洋,一个广场挤得满满的都是前来参加庆祝活动的队伍。过后看了报纸的报导,说是有十万人参加这次庆祝活动。

我的位置是在西观礼台,十时正,扩音喇叭里传来彭真宣布庆祝大会开始的声音,我跟着大家赶紧站起来,紧瞪着天安门城楼上看,希望能看到毛主席,可是什么也看不清楚,后来有一群人从城楼中间向我们这边走过来,引得大家争着踮起脚尖往上看,议论着哪个是毛主席,有的说是走在最前面的,有的说是走在中间的,各说各的,其实谁也看不清。广场上的游行持续好长时间,走在最前面的是首都民兵师,接着是少年儿童的队伍,然后是工人、农民和学生。当晚,我又凭观礼券在观礼台上观看广场联欢和燃放烟火。这一次上观礼台参加国庆观礼也算是我这一生的一大幸事。

创作《张高谦》和《东海哨兵》两个现代戏时,吕文俊老师提出现代戏就应有现代戏的表演法,必须从嘉礼造型和表演动作上很好地模仿现代人,这让我受到很大触动,曾多次与吕文俊老师一起探讨研究，几年来剧团是演了不少现代戏，嘉礼造型、嘉礼操纵方法也随着有不少创新，但仍有许多不足，按照老吕的说法，是意识化不强。我们共同认为有必要认真探索好好研究一下，找出其中带规律性的东西我对他说，《东海哨兵》对现代人的塑造是比较成功的，而且男女老少人物较为齐全，是很值得总结的，他很同意我的这个看法。这期间他经过与老师傅反复研究，把嘉礼表演的传统线规进行整理归类，并详细记录下最基本的线规。他说这可以作为研究的比较和借鉴，认为以后有机会应该组织更多人一起共同探讨。总不能让现代老人走传统的"白阔"（白鬓老者）步，那就不伦不类了。可惜这件事才刚刚提出，就被轰轰烈烈的文化大革命冲掉了。

第四章 迷茫的十年

(一九六六～一九七六年)

一九六六年一场史无前例的文化大革命烈火，在破"四旧"、横扫一切牛鬼蛇神和打倒"封资修"的口号声中，如火如荼地在全国各地迅速燃烧起来了，这烈火烧倒了不少领导干部；烧出许多死不改悔的走资派；烧垮了不少文化人，使许多人成了"封资修"的孝子贤孙，而这当中有不少人是为人们所崇敬的和信赖的。还有很多备受人们喜爱的文艺作品，也成了反党反社会主义的大毒草。这期间我们剧团多年积累下来，赖以生存的嘉礼、道具、剧本，也成为"四旧"被毁于一旦。

这场烈火一烧就烧了十年，真是烧了个天翻地覆。我不解，我迷茫，不知路在何方？我又不敢有任何怀疑……直到后期，剧团开始了一些演出，我才得到些许安慰，才在艺术创作中暂时忘却那还在燃烧的烈火。

十年的文革，我十年的迷茫。

一、出省演出的路断了

一九六五年十一月从省外演出回来后，又立即投入紧张的现代戏排练。一九六二年以来全国都在推行现代戏，一九六四年还举行现代戏会演，推出了不少很不错的现代戏。同时大力宣传乌兰牧骑式演出小队，提倡下农村为农民演好戏。几年来我们剧团也创作演出了《东海哨兵》、《张高谦》等现代戏。这次侧重排练的是新移植和改编的，如《一袋麦种》、《借牛》、《箭杆河边》，后来又排了《红灯记》和《智取威虎山》的选场，并组织演出队下农村为农民演出。按剧团的安排，由我负责这个演出队，因此一九六六年这年我没有出省参加巡回演出。

我们这个演出队共十五人，为了能深入山区农村和减少开支，剧团为我们置办了五辆铁架手推车，用来搬运演出道具。第一次演出路线是从泉州城东开始，然后到双阳、河市，再从马甲到罗溪。这些当时都属晋江县管辖，都是山区，交通很不方便，剧团很少到这些地方演出。我们三人一组，一个推车两个拉车，自运道具。往往是吃过早饭后出发，到中午或下午才能到达下一个演出点。有时连休息一下都没可能，马上就得投入演出前的准备工作，人是相当累的。我们从马甲走到罗溪，因沿途都是山路上坡下坡推车更是十分辛苦，走了好几个小时，不少人脚起泡，有的脚肿了，当晚坚持演出后，都顾不得收拾车辆，个个倒头大睡。

后来，我们感到一些更偏远的山村，道路崎岖，铁架手推车难以到达，而且演出的地方比较小，一般都只能在小厅堂或小会议室演出，因此决定再分成两个队，道具改用大家挑，七八个人每人挑一担。为减轻重量，我们还特地到百货公司购买已废弃的装商品用的硬纸板箱，自己上油漆后代替原来的大木箱，这样每人一担即使是羊肠小径都能通过了。我们曾到过连电影放映队都没到过的一些小村落，尽管我们的演出比进正规剧场简陋得多，毕竟是送戏上门，村民们平时又难得看到一场戏，因此，我们的演出还是非常受欢迎的。当时粮食副食品都是比较缺乏的，可是每到一地，公社或生产大队都会特地供应我们一些猪肉、鸡蛋、花生油之类的食品，有时一个地方多演出一两天，还引得不少村民到我们住地玩，大家相处得非常融洽。这段时间苦是苦，可大家心里还是非常高兴的。

这期间,我们还接受泉州上山下乡办公室的任务,到安溪福前农场等几个地方慰问早期上山下乡的知识青年,让这些知识青年招待了半个月的萝卜丝饭。

不过好景不长,我们这如处于世外桃源的演出,很快就被迅猛燃烧的革命烈火烧掉了。

其实,早在我们从省外回到泉州时,批判《海瑞罢官》的长文就出来,过了不久,当时的《福建日报》又刊登出批判被誉为"东海明珠"的高甲戏《连升三级》的文章,接着又是大鸣大放大字报,紧跟着又是学生停课闹革命,上街破四旧,我们当然不可能如局外人似的继续我们的演出了。

六月下旬,上级派来了工作组取代了剧团的领导,同时成立了文革小组,我因出身贫农,是劳动模范又是共产党员,被选为组长,其实,什么是文化大革命我可是一窍不通,好长一段时间,我还以为是如一九五八年的鸣放和后来的"双反双比"一样,大家相互揭短,再开展批评自我批评,哪知根本不是一同回事呀!这还当什么组长呀!我只是想革命要抓,生产一定要促,我反复提出组织演出,可是当时的情况下根本是不可能的,有时虽然勉强组织几场演出,但大家心思都不可能集中,演出效果也不太好。

到了七八月份,一些破"四旧"的红卫兵,开始不断光顾剧团,有几起红卫兵很可能是得到剧团内部的人通风报信,来到剧团直指存放嘉礼的库房,一些多年积累的嘉礼、嘉礼头,包括服装、道具通通被抄出,有的全新服装被一套一套地用剪刀剪破。还有那一九六二年专门请人花了好几个月时间,一字一字抄写的四十二本落笼簿和笼外簿,在我们多次请求下虽免去一炬,却躲不开打成纸浆的后果。这都是先辈们给我们留下的财富呀!都是我们多年奋斗得来的心血呀!我曾偷着将几个较好点的嘉礼头藏到不用的窑洞里,也不知怎的被发现,红卫兵把我好一顿训斥。后来有人提议,我们也可组织红卫兵,什么是"四旧"我们更清楚,可以自己动手破嘛,就这样我们这些年轻一些的,也戴起红袖章,挡回好几批外来的红卫兵,总算能保留下一些嘉礼头和道具,也才有八十年代搬移仓库时,还有那么多的旧嘉礼和旧嘉礼头。

不久破"四旧"就被满街的大辩论替代了,紧接着是批判工作组及其组织起来的文革小组,开始了全面的揭批斗。后来又是什么革命大串联,一切正常的工作都停下了。我原来以为通过鸣放再开展批评自我批评,就可以照常排戏演出的想法真是太天真太无知了。可以说,自从第三团从省外被轰回来,就宣告出省巡回演出的路断了,剧团开始进入动荡不安时期了。回顾自一九五六年开始参加全国文艺团体巡回演出以来的十年,真是成绩斐然。人们常说"长城内外大江南北,处处留下泉州嘉礼的足迹。"十年间演出不下四五千场,观众高达几百万人次,泉州木偶艺术给人们留下了美好的印象。十年的演出更给剧团带来了相当可观的经济效益,十年间不仅没向政府要过一分钱,而且盖了排练场,开办四届学员班培养木偶艺术接班人,甚至还为陕西、黑龙江两省免费培训学员,而且还成了好几个剧团的债主。十年间艺术上更是取得长足进步。这十年真该大书特书!相信如再有一个十年,剧团的艺术成就将是难以估量的。

可惜随着文革烈火越烧越旺,我的天真想法是越来越渺茫了,甚至想组织几场较像样的演出都越来越困难了,大家已很难全身心投入到艺术活动中去了。因为革命才是第一位的。

我只盼着赶快真正做到既抓革命,又是促生产呀!

二、坐吃山空的日子

一九六七年一月从上海掀起一股夺权风暴，迅猛刮向全国。泉州也很快掀起抢印高潮，所有机关及各单位的全部瘫痪，各派之间的斗争更加激烈，不久就升级为武斗了。各派之间大打出手了，又是南北分区，又是抢解放军的枪，武斗迅猛升级，从木棒上升为真刀真枪。泉州市区上空硝烟弥漫。在这种情况下，只好派部队进驻实行军管，组织大联合。这总算让大型武斗停下来了，可是有意煽起的这把派仗烈火哪有可能立即熄灭呀！正常秩序根本不可能很快恢复。

这段时间我时时都处在迷茫之中，好好的一个社会为什么要把人分成这个派那个派，再来你英雄我好汉的争个不休？为什么一些在人们心中很是不错的领导干部一夜之间竟成反党反社会主义的走资派？为什么一些很有名望很有成就的艺术家一下子都成为反革命？为什么一些踏实工作埋头苦干的劳动模范先进工作者竟是刘少奇的孝子贤孙而受批判受冷落……一个又一个"为什么"，让我百思不得其解，我索性是什么也不想倒头大睡或上街看看大字报消磨时光。据说这是逍遥派不革命派了，这还了得，我得赶紧加进"革命行列"。可是这场命真难革呀！我总念念不忘那段四月出门，十一月回泉州的日子。天天是演出得那样红火，回到泉州就开始排戏是那样热闹。……为什么要发动这场革命呢？一次我向一位十分要好的朋友流露出这情绪，他十分严肃地告诉我，千万不能向任何人表露，否则可真要成现行反革命了。听他这话再仔细一想，我真吓出了一身冷汗，我只能静静地期待着正常演出的日子能早日到来。

随着军管和提出大联合，学校的学生也提出"杀回学校复课闹革命"。这让我依稀感到离可以出演的时间不长了。后来剧团却也曾在工人文化宫演了十几场《智取威虎山》和《红灯记》选场。虽然大家各自参加社会上这个派那个派，但演出时还是能以艺术为重，尽管远比不上以前的演出质量，在那无戏可看的日子里，观众还是比较踊跃的。

可是即使是这样的演出，也是太少了，一晃两三年过去了，多年演出收入的积累大概也用得差不多了，好多堆积的木材也被变卖了。一天，当时剧团的领导小组把大家集合起来，正式宣布因经费不足自即日起所有人员不管原来工资多少，高的只发三十五元，中的三十元，不足三十元的按原工资发放。我算是高的一档，每月三十五元，一下子减少了六七十元，虽然早有预感，听后还是引来一阵透骨凉。我一家七八口，老的老小的小，除我有工资收入外，都是农业人员，而且没有一位够得上真正的劳动力，况且当时人民公社生产队因文化大革命，生产也是很不正常，一年种的粮食远远不够吃，更别说能有多少工分可以分红，我家每年年终还得上交生产队好几百元呢。这一下子可惨了，从此，我家以举债度日，且债滚债，一直到八十年代才从困境中挣脱出来。当然，像这种情况何止我一个呀！我的师弟余炳煌，那段时间同样陷入困境，一家全靠他一个人工资收入，现在一下子降到三十元，平均每人不到六七元，怎能打发一个月的吃用开销呢？革命，总还得吃饭吧！这样坐吃山空何时才能了啊。这"命"咋越"革"越穷呀！太难理解啦！

闲来没事，恰好这一段处在风行"三忠于"、"早请示、晚汇报"，我突发奇想雕个毛主席像表表自己对毛主席"三忠于"，也可消磨时光。我找了块木头，花了近半个月时间，一口气雕了三尊毛主席全身立像。曾和我们一起慰问知青的随队医生陈荣坤见了很兴趣，认为把毛主席那英武伟岸的风采表现得很好,向我索要一尊,我很高兴地选了一尊刻上自己的名字赠送给他,没想到他竟细心地保存到现在,他说,这也算是历史的见证吧!不过当时是出于一时冲动,后来还真有点后怕,假如雕得不像,那是会被扣上污辱伟大领袖毛主席的罪名的。这算是这段坐吃山空的日子里的一段小插曲。

三、当了三天副排长

时间进入一九七〇年,军管会决定给专区所属和市剧团开办毛泽东思想文艺学习班。我们市属的木偶剧团、泉州高甲剧团、打城戏剧团和南音乐团一二百人为一个学习班,地点设在泉州幼师学校里,集体膳宿,并学解放军编成班、排、连,由军管会派出的解放军担任领导。接到通知时,我非常高兴,心想这下好了,坐吃山空的日子该结束了,可能一切都要恢复正常,可以正常艺术生产,正常演出了。我满怀希望到了学习班参加学习。可不久我就感到,要一切恢复正常真不是容易的事。我对政治真是太幼稚太天真了!

这个学习班大概办了一年多,曾有人开玩笑称,这是一个马拉松学习班。

学习班里先组织我们学习毛泽东论文艺,批判十七年的文艺黑线,批判《海瑞罢官》、《连升三级》。并结合实际对剧团以前演出过的剧码进行清理批判,包括对一些被确认为基调好的剧码中的个别台词唱词进行批判,例如儿童剧《张高谦》中那位杀害张高谦的反面人物陈先旺有句唱词:"你说好,我说糟,再改造也是好不了。"硬是说成该剧本作者发泄的不满,是对社会主义社会的仇视,真令人莫名其妙。

经过这样一段学习后,开始进行"新三反"和清理阶级队伍,一些历史上有些污点或家庭出身不好的人,开始受到冲击,特别是吕文俊等几位,更成为重点对象,一再受到批判,甚至被强迫做打扫卫生等体力劳动。后来就不准吕文俊参加艺术活动了,每天限定必须雕刻多少双嘉礼手,背念多少条毛主席语录。当时有人为了刁难他,故意随便指定《毛主席语录》本第几页第几条让他背,老吕真是有本事,竟每次都能流利背出,从没因没能背出而被罚过。

我因出身好,虽不懂得怎样"革命",有很多不理解,老是处在迷迷茫茫之中,但也总算能跟上潮流,没有成为落后份子或批判对象。

到了一九七一年上半年,学习班进到"斗、批、改"的改造阶段,开始对泉州市的表演团体进行重组。解散了剧团,统一组成一个"毛泽东思想宣传队"。大部分人员重新安置,多数人到德化或安溪农村插队劳动,部份人转到其他行业。剧团只留下二十人,年龄限定在三十岁以下。谢祯祥、杨度这时就被分配到商业部门的废品收购站和第二食品门市部,吴孙滚、黄景春被分配泉州糖厂。这时我已是四十三岁整了,听了这个决定后,我全身都发软,倒不是怕安排到其他不熟的行业。而是想到从小与嘉礼结下这难解之缘,现在就要被无情的撕断,从心的深处升起一股酸酸的滋味。没想到满怀希望来到学习班,到头来却只能了断这嘉礼缘。后来听说,因为木偶艺术的特殊性,年龄放宽,老艺人吕赞成、李文泽、余炳煌都留了下来,同时在好多人的请求和推荐下,我也幸运地被特批留了下来,真感谢这些好人的好意!

宣传队开始活动后,由于木偶戏自身的特点,又另把木偶戏组改为排,允许单独活动。木偶戏排成立那天,学习班班部派人宣布排的领导班子,吕赞成被任命为排长,我被任命为副排长,并要我带人回原驻地打扫卫生,以便木偶戏排进驻。我带了十几个人,用了一天多,把剧团里里外外扫得干干净净。

军宣队派人检查后非常满意,当众把我和大家大大地表扬了一通,第三天,被留下的全体人员搬回来了,下午,待大家各自安置好后,突然通知召开紧急会议,宣布新的领导,我的副排长被免掉了,也不知什么原因,不是刚刚才大大表扬了我吗?这当然引起很多人的不少意见,有人准备找军宣队理论理论,但我把他们挡住了。认真想一想,按规定三十岁才能留下,我已大大超龄了,让我留下已是开恩了,只要能让我继续从事木偶艺术事业我就心满意足了,况且在这极不稳定的情况下,当什么副排长有什么用啊,倒不如先做一个"闲仙"好!

　　但是要做"闲仙"也是难啊。从学习班搬回家,家在市区的都回家住,我们几位家在外县或远郊的,挤在最后面那排一九六四年因人员太多,为解决住宿不足,大家自己动手盖的小土房里,又用几块废旧布景片靠在排练场墙上搭成个小厨房。白天不时有人到剧团上班或是没事随意到剧团走一走,都会来这里坐一坐,谈谈天,日子还算好过,一到晚上整个剧团静得出奇,就不那么好过了。这让我常常回想起几年前剧团天天是成百号人,不是排戏就是演出,不是制作嘉礼就是讨论艺术创作的情景。不免引得心里阵阵作痛,真是心难闲呀!

　　更让我心难闲的,还有我们住的这个小房间不知怎的引起了特别的关注。凡是经常到这里的人,慢慢地就像被入了另册。原打城戏剧团党支部书记也是学习班的领导之一的杨致贵调来剧团后,剧团工作开始有了起色,后因工作上需要和其他原因只好于一九七五年调离了。接替他工作的吴裕挺,来剧团第三天,出于为了了解熟悉情况,也来到我们这小房间,当时由于心情不好我就很不客气地冲他说:"请你别进这个门,否则不出三个月到半年就得垮台。"他非常难堪,硬着头皮只坐了一会儿,过后也不过又来了两三次。就这样,不知是巧合还是怎的,不到半年就被宣布免职了。这样的处境我哪能真成闲仙啊？每每从家里回到剧团,一到大门口,一颗心就像被大石头压着,直往下沉。跨进门的那一步真如千斤重。

四、剧团恢复了

陈伯达垮台后紧接一年左右时间,林彪又摔死在蒙古的温都尔汗,这给整个国家不小震动,社会上开始有些变化。学习班结束后组织的文艺宣传队随着各剧团恢复建制（除打城戏外）也解体了。

我们剧团恢复后,正式划入国营编制,由原副院长吕赞成出任团长,还把处理学习班扫尾工作的原打城戏年青编导黄锡钧调来担任编导。黄锡钧年轻气盛,一到剧团立即以越南人民争取民族独立英勇斗争的故事为题材,编导了现代戏《椰林春晓》。这个戏可以说是一炮打响,在群众戏院爆满了一个月,还未能满足观众要求,后奉调慰问解放军和驻泉国家重点建设工程的建设者。接着又参加春节慰问到漳州空军部队、福州空军部队慰问演出历时两个多月,受到高度好评。我在这个戏中被安排出演戏中一个重要人物——老游击队员黎洪大叔。为这我真有点受宠若惊,也为编导敢把这个角色让我担任捏了把汗,看来我真得下点功夫了,况且是文革以来剧团第一个创作的新戏,我认真阅读剧本,主动与编导配合,在人物动作设计、嘉礼结构上都根据剧情需要进行改进,戏演出后,这个人物得到了观众的很高评价。

紧接着,黄锡钧又准备恢复《张高谦》这个现代儿童剧,可是由于当时不能写真人真事,他干脆改编为《放羊歌》。这时为加强领导原打城戏党支部书记杨致贵调到剧团来,担任政治指导员、支部书记。他是一位工作责任心很强会团结人的领导,来到剧团就很想把艺术搞上去,在他的努力下谢祯祥、杨度也先后调回团。剧团开始有了促生产的景象,使我看到了一线希望,在《放羊歌》的创作中,我又把心思都用在工作上,剧中我只担任陈汪这个角色,工作量并不大,可我用大量时间帮助两位新来的学员,为她们设计少先队员推车、铲土、运肥的动作,帮助她们解决挎篮采摘金银花的动作,使她们的表演能达到边劳动边唱歌载歌载舞表现少年儿童热爱劳动活泼天真性格的要求。排演《张高谦》时,记不清是看过那部电影受到启发,向编导吕文俊建议加进地主分子陈先旺爬墙逃跑时,一脚踩空掉到水桶里,水桶被砸破水流一地的一段戏,演出效果很不错。这个情节在《放羊歌》中不仅保留下来,而且有新的发展,如陈旺爬上墙头,孩子们抓不着,就用红缨枪打陈旺的屁股,逼他脚空摔下,更体现少年儿童的特点,演出时特别是少年儿童专场反响都非常强烈。

《放羊歌》演出后,观众反映很是不错,有人说仅改换了一个名,是换汤不换药,刚调回剧团的杨度看后肯定地说,换了不少,新的大概占了三分之二。一九七三年参加省的会演,在福州天华剧场演出,观众购票排起了长队,且每人只能限购五张。这引起当时省文化组负责人的重视,特地跑到剧场看望我们,并特批每晚补贴演职员每人贰角钱餐费,因不断延长演出日期,冬季到了,又特别派专车让大家回泉州换冬衣,这的确让我受到很大鼓舞,心想木偶艺术该是又有奔头了。

《放羊歌》继《椰林春晓》的又一次成功,也让杨致贵很受鼓舞,他接受大家的意见,先后又领导恢复了《东海哨兵》、《庆丰收》,并组织多次外出演出。一九七三年五六月间,他还带着我和吴仕博、林聪权到广州、长沙、上海等好几个地方参观学习,这可让我增长了不少见识。七八年啦,各地变化可真大呀!许多剧团都经过了解散再重组,同样受到很大冲击。一些艺术上有名望的演艺人员都被打成黑线人物,有的还被关进了"牛棚"。近一两年来不少剧团开始有些起色,一些老艺术家也纷纷被起用,几位老相识见了面都非常激动。在上海,钱时信和陈明兰紧紧握住我的手连声说:"活着就好!活着就好!真没想到还能再见面。"我也激动地说不出话。看到各地的木偶剧团显出生气,我很受鼓舞。特别是钱时信的几句话,更是让我信心倍增。趁大家都不在时,钱时信附在我耳边悄悄说:"不管怎样,情况多么复杂都一定要坚持下去。二号回中央工作,风向在转,气候要变了,吕后的日子不好过了。"我知道二号人物所指当然是邓小平,而用吕后这汉高祖身边的人,影射谁那时也是心照不宣的。后来我特别留意一下,果然报纸上邓小平的名字渐渐多了,且在名字前都冠以党政军等重要职务。慢慢地一些被打倒或被靠边站的老干部也纷纷恢复工作了,真的气候是有些变了。看来剧团是会跟着有所作为了。对,一定坚持下去,为艺术再显身手的时候看来很快就会到了。这,大概可算是这次外出参观学习的意外收获吧!

　　在上海参观学习时,我们观看了上海木偶剧团表演的《钢琴伴唱〈红灯记〉》选段,受到很大启发,我想如果能把这个节目学过来用提线木偶表演,观众效果肯定会更好。上海木偶剧团的弹钢琴表演,因是仗头木偶,他们由一个演员操纵木偶做出弹琴的姿态,另一个演员两手直接套在特制的木偶两手手套里做着弹琴的动作。这样只要配合默契,表演就非常逼真。表演打击乐,是演员用两条铁棍操纵木偶两手表演的,相对于我们提线木偶是直接得多了。由于构思的巧妙,模仿的逼真,艺术效果特好。我们如果要学习表演这个节目,关键是能否把弹钢琴和打击乐的表演动作模仿得像又有一定力度,再一个就是音乐取之原创表演的录音,表演时能否适应。经反复思考,我想只要在嘉礼结构和操纵方法上做一些改进,看来是可行的。至于用录音演出以前曾表演过《红灯记》和《智取威虎山》的选段,是不会有问题的。

回到泉州后,我大着胆子向杨致贵书记提出学演《钢琴伴唱〈红灯记〉》选段的建议,立即得到他的同意,并让吴仕博、林聪权与我合作。之后,在他们的大力协助下,经过一段时间的努力,所需的嘉礼基本构件和道具以及服装,除个别特殊构件外基本都制作完成了。开始组装嘉礼,不过本来是演员各自表演的嘉礼各自组装,可是在这特殊时期,节目又是由我提议而决定排练的,因此我只好按设计要求组装全部嘉礼。

为让嘉礼的弹琴动作表演得像,我特制了一双十个手指都能动的嘉礼手,每个指头设置一条线,连接到一双手套上,表演时一个演员操纵嘉礼,另一个演员两手套上手套做弹琴状,两人一配合,弹琴动作就表演得很逼真。

组装表演打击乐的嘉礼就比较复杂了,共有四个嘉礼,分别表演司鼓、大钹、小钹和碗锣,其动作要求要快还要有力度,有的动作又是横向的。我们知道,嘉礼表演要求有力度的横向动作是比较困难的。为解决这个难题,我在表演敲锣打鼓的嘉礼两手装上两根辅助棍,表演时提线演员在上面操纵嘉礼,地台演员在下面操纵辅助棍表演击打动作,司鼓的表演,按做法,必须既打击扁鼓又要一手兼拍板子。需拍板子时,先把鼓槌夹在手指间,再把挂在鼓架上的板子拿起,不拍板子又要把板子挂回原处,为让这套动作表演得像,我在嘉礼的结构和线的设置上是颇费思量的。我特制了一双击鼓的特殊嘉礼手,又把板子这个道具的挂扣适当加大,并根据动作需要设置了击鼓线,及取板子和打板子的来回线,设计了击鼓打板子线规。经实地操纵还真不错。而且操纵难度不大,只稍加练习就可以了。

记得这个戏是在福州天华戏院演出时,利用演出之余制作和排练的,嘉礼服装还是带着嘉礼到裁缝店由裁缝师傅量嘉礼身缝制的,每套工本费伍角钱。演出时,虽只十几分钟,但热烈的掌声却不下十几次。有的观众还认为嘉礼是用特殊机关操纵的哩。这让我大大兴奋了一阵子,把那"鼓槌风波"全都忘到脑后了。

所谓"鼓槌风波",其实也没什么!只不过是这出《钢琴伴唱〈红灯记〉》的嘉礼组装后,我想本应由担任角色的演员自己组装嘉礼,已由我全替代了,一些小道具也就留给个人自己解决,因此司鼓的嘉礼用的鼓槌,我只给准备了一根长竹条,让担任这角色的演员根据所需自己动手削制。这下可像是被抓了什么大把柄,担任这个角色的演员看了看嘉礼,手一甩转身就走,口里还说什么:"哼!连一双鼓槌都不会削!"我简直气炸了,但我忍了下来,默默地把那根长竹条削好。只是没切为两根,因为所需长短得根据演员自己表演的需要。这下话又来了,什么"鼓槌是一双怎么变成一根呀!连这个都不懂还拿一百多块工资!"并表示不愿意担任这个角色,后来竟有人附和说:"一百多块就只会'花草步',其实肚里空空。"这下我真有点忍不住了,一段时间来,为了制作、组装这些嘉礼和道具,演出之余大家可以玩扑克,可能去逛街,我却在忙着,我图什么?我多要过一分钱补贴吗?说我肚里空空,这些你们做得出来吗?这种人太没良心了!我知道这是有意挑起事端,我再次忍了下来,我找到团长吕赞成,他也给气得脸色发青,一手搔着头发一句话都说不出,过了好久,突然用力嘣出一句:他不演我演。我这位师兄就是这样,好多话都往肚里吞,我清楚他的处境,当即表示:"好!你演我给你当配手!"这可是二十多年来我俩第一次合演一个角色,也是最成功的一次。这件事引得好多人为我抱不平,也引发一场不小的议论。有人就称其为"鼓槌风波"了。这只有在那不正常的年代才会发生的不正常事。

五、参加北京调演

一九七五年全国木偶戏皮影戏调演在北京举行。据说这是全国性的重大文艺活动之一,各地都很重视。福建省由我们泉州木偶剧团和漳州木偶剧团参加这次调演。省文化局派出艺术处的负责人于江和曾金铮、张泉娣三个为代表团负责人,并专门从省立医院选派了一个医生为随团医生。

我们剧团参加调演的节目是《东海哨兵》、《赴宴斗鸠山》、《放羊歌》。这三个节目都是老节目,都在演出实践中反复得到磨练。这次为参加调演又再次集中时间进行加工排练,使演出水准达到了文革以来的最好水准。

这次我的任务不重,担任的角色是《东海哨兵》中的派遣特务陈耀祖和表演骑自行车载人,《放羊歌》中的二流子杀人凶手陈旺和《赴宴斗鸠山》与黄振发合演的李玉和。除认真做好自己这些份内事外,我吸取"鼓槌风波"的教训,严格划痕走路,再也不敢"鸟牙"(泉州方言多嘴之意)了。当然,从大局出发,每当有人需要我帮助我会毫不保留地给以帮助,演出中需要我做的事我都会努力去做好。

在这次集中排练中,我花的精力最多的是《赴宴斗鸠山》李玉和这个人物。《赴宴斗鸠山》是八个样板戏中《红灯记》的选场。按那时的规矩,学样板戏一句台词一个动作是不能随意改动的,饰演李玉和的京剧演员浩亮,那纯熟的表演已为广大观众十分熟悉。因此要演好这个人物是有相当难度的,当然在嘉礼的造型上,可以充分发挥我们的优势,制作一个酷似浩亮的嘉礼头。再配上仿浩亮身材的笼腹,穿上一套铁路工人服,这个嘉礼活脱脱就是《红灯记》中的李玉和,但动作要模仿得像这就难了,我和黄振发反复分析,认为要模仿所有动作是不可能的,只能以我们嘉礼的特殊性为由选其最能表现此时人物性格体现故事情节的动作仿效,才会得到好的效果。经分析我们认为以下三个动作如果能表演得好就可达到这个要求。

一是李玉和出场的亮相,样板戏的这个动作显得洒脱大方,显示出人物的威武不屈从容大度。

二是李玉和走进鸠山办公室,慢慢脱下大盖帽,轻轻放在桌子上,离开时很从容拿起帽子两手同时放在后背转身挺胸离开,显得从容不迫,真理在胸。

三是李玉和受刑后返回,尽管步履艰难,但仍扶着椅背,先把椅子一推一转再靠着桌子又把桌子向前一推,把威武不屈的英雄气概表演得淋漓尽致。

为表演好这三个动作,不知经过几十次的试验,不断对嘉礼结构线位以及线规进行调整。往往是嘉礼装了拆,拆了又装,也不知花了多少不眠之夜,好几次为了一个动作一直反覆拆装到深夜,还是达不到要求,有一次为让嘉礼的走路步伐更符合要求,反覆一二十次的拆装还是不理想,我和黄振发都急得上火,一气之下把嘉礼摔出好远,可刚躺到床上想休息一会儿就又爬起来,捡起嘉礼继续试验。这就样没日没夜的努力,改进了脚关节的衔接,把一些线位的设置调整到更佳位置,增设脱帽、扶椅等一些动作的五条操纵线和辅助线,以及一条特殊的隐伏拳头拇线。再认真对照样板戏的表演认真练习。最后总算是皇天不负苦心人,嘉礼达到了表演需要,能按要求比较好的模仿出表现人物特点的三个动作。

我们是十二月初到北京的,演出的地点在王府井的东风戏院也就是原来的吉祥戏院。首场演出的隔天上午，著名电影艺术家谢添先生在老朋友中国木偶剧团的关剑青陪同下，特地来到西苑大旅社探望一九五二年拍摄《闽南傀儡戏》电影时的老朋友，我在一九五九年会演时与他有过接触，又为拍摄《小铃铛》电影的事也成为朋友，因此我和吕赞成、谢祯祥一起和他聊了一会儿，并乘机请他给提提意见，表示希望得到他的指导，他却很诚恳地说："几天前听老关说，这次调演你们也来了，还给了我一张节目单，我想是该找个时间看看老朋友，可看了节目单后，发现你们有一出《赴宴斗鸠山》，这可是样板戏中的一个选段呀！胆子够大的，死木头还敢学演样板戏，别的不说，只说李玉和那出场看你怎么演。"说到这他转向关剑青："老关你说，我可没少为他们捏把汗呀！"关剑青说："谢老真为你们担心呀！样板戏哪能随便学演的？"谢添先生接着说："所以我向老关说，一定得去看看演出，到底有什么绝活让你们有这个胆量。"关剑青接过话："昨天晚上看你们演出，李玉和一出场，那步伐那亮相的表演实在够招的"，谢老高兴地喊了声'好'！转过头向我说："行了，过关了！"听到谢老和关剑青这席话，我既高兴也还真有点后怕，要是把李玉和演砸了，后果不知会怎样？最后谢添先生说："真为你们高兴，你们把这么个古老的艺术保存下来，又让她得到大发展，你们有功啊！"谢添先生这些话让我很受鼓舞，这是内行人的最高评价！

　　参加调演的好多剧团的老相识都来了，他们剧团也都同样遭遇解散再恢复的命运，不少还是调演前不久才恢复起来，这些老相识们很多也是才返回剧团不久，大家又在北京见面真是激动万分。那天我们到达北京，中国木偶剧团的几位老朋友李乾元、关剑青、周荻等冒着严寒到火车站接我们，大家紧紧拉着我的手高兴地不断重复着："又见面了,又见面了!"李乾元更是拉着我动情地悄声说："活着就好,就有希望。"是呀!快十年了,这段经历不寻常啊!不过因情况特殊,大家不敢太多的接触,包括艺术交流也只是按照大会的安排互相观摩演出而已。

我这一生中参加的会演调演中,可能这次是最特殊的一次,在整个调演期间,除演出和观摩外,就是政治学习。这个学习还非常正规,学习完还要做小结,最后还得人人做鉴定,据说这才是突出政治。因此很多人想趁到北京的机会,上街购买点我们泉州稀缺的东西都不可能。只好利用东风戏院就在东风商场边的方便,利用开演前或演出后的一小段时间,跑到商场里转转,顺便买点所需。另外,就是生活上给我们很好的照顾。我们住的是西苑大旅社,出门有专车,吃的是高规格。在当时全国样样物资奇缺的情况下,食物是那样丰盛,每晚演出后还有很不错的夜点和水果免费供应。难怪调演结束,仅仅二十来天大家都长胖了不少,我的体重也增加了近十斤。

这次调演让大家不仅长胖了,而且还从北京带回不少肥皂和"八达岭"牌的香烟,成为当时的一条趣闻。当时物资缺,样样东西都要要限量凭票供应,北京是首都物资相对丰富一些,但也只有持北京居民的特供票证才能买得到,西苑大旅社因是高级旅社,特别给住客每天每人免票供应肥皂半块,八达岭香烟一包,所需者可直接到小卖部购买。虽然小卖部只在用餐时间开放一个半小时,大家却正好利用餐后时间去排队购买。这样一天只要不被售货员认出来,就能买到三包香烟,一块半的肥皂,二十天下来所购到肥皂还比在泉州一年供应的多。说来好笑,调演完回到泉州给亲友送上一包八达岭香烟、半块肥皂就算是大礼了。

六、欢呼"四人帮"垮台

调演结束回到福州已是十二月底,省革委会特地把我们留下,让我们在省府礼堂汇报演出,当时的福州军区司令、福建革委会主任韩先楚上将观看了演出,应邀出席的还有一位坐轮椅的神秘人物,因为演出严禁偷窥观众席,过后我们才知道那是来福州就医的大将罗瑞卿。并于一九七六年的元旦到工业学大庆先进单位——福州化工厂等慰问演出。后又通知我们,到被评为农业学大寨先进县的同安、顺昌、沙县、长汀等县慰问演出。因此,我们随即开赴同安在县剧场慰问演出五场后才回到泉州,准备过完春节后再继续其他各县的慰问演出。

一月八日突然传来周总理去世的噩耗,人们都非常悲痛。过了几天满街都在传说,有人不准人们为周总理开追悼会。因此一下子人们都自发地臂缠黑纱以示对总理的悼念。在我的心目中总理是太好了,这几天,往事历历在目,一九六〇年,罗马尼亚驻北京大使馆为庆祝他们国庆而举行的鸡尾酒会上,见到总理时,总理那音容笑貌总时时浮现在我的眼前,我也跟着戴上黑纱寄托对总理的哀思。也就在这时我感到社会上有些异样。离开北京前,碰到一位至好朋友就悄悄告诉我:"气候又要变了,千万少说话。"看来是真的啦。

过了春节,我们开始顺昌等三个县的慰问演出,每到一地都受到当地党政领导热情接待,我们的演出更是吸引了成千上万观众。在顺昌的郑坊公社,露天演出的那晚,不少远在四十里、三十里外的人都举着火把前来观看。演出时很不巧,不时下着雨,但这仍没减少观众的热情,演出结束那满山的火把队,犹如火之长龙,此情此景,真是令人感动万分。

这期间,我们还在沙县接待由著名导演章超群带队的上海美术电影制片厂摄影组,他们确定要拍摄《放羊歌》。

后来，我们到漳州木偶剧团，上海美影厂在此拍摄《放羊歌》，漳州木偶剧团也有节目入选，任务完成后，在回泉州的车上，听到高音喇叭在奏哀乐，原来是伟大领袖毛主席逝世了！接着，中国历史发生了天翻覆地的变化，《放羊歌》就没有下文。此后，由于受社会的影响，剧团的工作又难以正常了，特别是"四五"天安门事件后，一些七四、七五这两年任命的干部都属右倾翻案的产物成为清算对象。一九七五年奉调来剧团的吴裕挺理所当然被撤了职务，还好吕赞成团长这次特别有胆量，担起了责任，经常组织大家政治学习，读读报纸上有关反击右倾案风的文章。后来毛主席去世各单位都布置追悼的场所，他也全力以赴组织大家参加追悼活动。这一段他可是大忙人，剧团总算不至于完全瘫痪。

十月初由团长带队，我们开赴江西的景德镇和上饶地区巡回演出，尽管上座率并不很理想，但是总算天天能有演出活动，剧团的运转能够正常，也省却不少不必要的烦恼。

一天晚上刚演出结束，准备开始扑克战，忽有人悄声议论，说是北京出了爆炸性新闻，"吕后"和她的同伙被抓起来了。我赶紧制止："这可不能乱讲，弄不好成为现行革命都来不及。"他说："几天前泉州涂山街就刷出'打倒王洪文、江青、张春桥、姚文元！'的大标语了"。另一位说："这几天许多外国电台都在反复广播'四人帮'被抓起来的消息。"我将信将疑。第二天早上我特意到街上转了转，没发现有什么异样？隔了几天我们转到另一个县城演出，情况就大不一样了。街上出现许多欢呼"打倒'四人帮'""拥护党中央的英明决策！"的大标语。而且有的还是以县委县革委会的名义贴出的。"四人帮垮了"！这消息是千真万确，我心里一热，吕后这乱根除了，看来又有希望了。我当即建议以剧团的名义写几张标语表态，这时大家也都从惊奇转而非常地高兴,当晚演出也都特别起劲。

隔天早上吕赞成团长召集大家开会,传达当地县委准备召开万人欢庆"打倒四人帮"大会,建议我们参加的通知。这算是我们从正式途径得到"四人帮"垮台的消息,大家都非常兴奋,纷纷建议一定得参加这个大会,立即动手制作大横牌和大幅标语。

那天早上,我们是八点准时到达会场的,整个会场真是万头攒动,人情激奋,那场面真的是太激动人心啦!我跟着大家呼喊口号把嗓子都喊哑了。肆虐这么长时间的当代吕后和她的忠实伙伴们,终究逃不脱人民的惩罚。

真是"金猴奋起千钧棒,玉宇澄清万里埃。"

第五章　迎来新曙光
（一九七七～一九八七年）

寒冬过去,春天来了,新的曙光温暖着大地,新的时期扒开始了。我怀着一种解放感和迫切感,和剧团的全体同仁在把"四人帮耽误的时间抢回来"和"思想更解放一点、步伐更快一点"的激励下,全身心投入剧团的工作中去。剧团又开始笼罩在一片艺术创新氛围之中。

正是在这氛围中, 创作了在海内外产生强烈影响久演不衰的《火焰山》和一批颇具影响的好剧目,完成了天桥式立体舞台的试验,把泉州提线木偶艺术推向一个新的高度,为推动泉州提线木偶艺术走向世界做了扎扎实实的工作,在泉州、大阪,在阿姆斯特丹的国际木偶艺术节上的成功演出,打出了泉州木偶剧团在国际上的品牌, 打下了泉州提线木偶艺术走上世界的坚实基础。完全可以说,一九七七~一九八七这十年,是我们泉州木偶艺术硕果累累的十年。

这十年里我作为剧团的一分子,一个分管艺术工作的副团长,是竭尽全力的,我为有这丰硕成果而感到无比自豪。

一、痛批"白骨精"

一九七六年的十一月下旬开始了全面揭批"四人帮"的罪行。为配合揭批"四人帮",更为解郁积在心头的对"四人帮"一腔愤恨,我和黄锡钧编导几次策划研究,拟创作一台批判"四人帮"罪行的节目。团领导老吴非常支持,要求立即动手。黄锡钧出手非常快，大概不到三四天就写出一个叫《女皇梦》的剧本，这是一部漫画式的活报剧，剧本虽不长，可是却把江青想当女皇的狂妄梦想，及其爪牙们的种种鬼态以予充分揭露，很能配合揭批"四人帮"活动。老吴立即组织全体人员投入制作嘉礼和排练。粉碎了"四人帮"，大家都有一种解放感，工作积极性非常高，两三星期就完成了创作任务，一九七七年元旦后就作为参加市总工会组织的慰问演出的节目之一，受到观众的好评。

这个剧在创作中，我和黄锡钧及制作室的吴仕博、林聪权一致认为既然是漫画式的活报剧，因而人物造型和舞台表演都应采用漫画式的夸张手法。因此，嘉礼头和嘉礼躯干结构的制作，甚至舞台调度都运用了不少新的手法。虽然《女皇梦》这节目，受特定情况限制，演出场次不多，可是这些手法，特别是女记者与江青两个人物嘉礼的制作给以后的艺术创作起了很好的借鉴作用。女记者嘉礼造型是紧身衣、喇叭裤，宽臀突胸再加上蓝眼睛棕色长卷发，简直就是一位正宗西方摩登女郎。制作这个嘉礼时，在笼腹扎制上是颇费思量的，为突出宽臀效果，臀部笼腹改用泡沫塑料做材料，效果相当不错。江青这个人物的嘉礼则设计成突胸细腰头戴女皇盔，身穿黑色连衣裳裙，脚蹬高跟鞋，为达到细腰又能表演出忸怩作态的效果，把笼腹分为胸、腹、臀三段，腹部这段只做成一个小圈，把这三段按适当方法连接起来，再配以特制的服装。这样嘉礼组装时，只要巧妙地设置线位，表演起来就能表现出女记者摩登女郎和女皇傲气妖气的特点。这些在后来借鉴在几个剧码创作中都取得很好的艺术效果。

《女皇梦》演出后，就不断从北京、上海传来一些原被禁演的戏剧、电影重新上演的消息，上海的老朋友钱时信也给我来信说,他们上海木偶剧团正赶排《三打白骨精》。这让我十分兴奋,是呀,"金猴奋起千钧棒"嘛,我把这消息告诉了粉碎"四人帮"后恢复职务的老吴,他也非常高兴。但十年的思想禁锢,要上演这个戏思想还是顾虑重重。春节前,我们从上海《文汇报》上刊登的上海春节文艺活动栏中发现上海市木偶剧团演出《三打白骨精》的海报,总算找到创作演出《三打白骨精》的依据了,经市文化局的默许,老吴当即决定春节后开始《三打白骨精》的制作,争取在五月二十三日正式演出。

这年春节是十年来最为宽松的春节,可是细算下时间,春节过后已是二月下旬。离五月二十三日不到三个月,剧本改编、配曲、舞美设计、嘉礼制作一大堆事,都需要相当多时间。这下我坐不住了,在家住不到三天就赶回剧团找到老吴,他也正为这事急等我回来呢。当天下午立即召开党支部会议进行研究,决定按当时的习惯做法,成立《三打白骨精》剧组,支部书记老吴为组长,我为副组长和艺术指导,黄少龙负责剧本改编和导演。(黄少龙是一九六三年到剧团学习编导,文革时剧团解散被分流到食品公司卖猪肉,临近春节时刚调回剧团。)同时把剧团全体人员按各自特点分成几个组,协助制作室参加道具、服装等的制作。剧本改编只用十天时间就定稿了,全面工作也就迅速铺开了。当时全团那个工作劲头,真是没话说的,大家白天黑夜连续干,工作进展相当快,到四月份各项工作都已基本完成,中旬就进入排练场了。

在制作和排练中,大家积极出点子想办法,对提高这个戏的艺术水准帮助很大。美丽少女只是在水袖一甩的一刹那时,变成面目可怖的骷髅,过后又能迅速恢复原样,这个构思巧妙的嘉礼是听取大家意见后,由林聪权为主设计制作的。白骨精为诱骗唐僧师徒,幻化出一座天王殿的那段戏,更是集思广益的结果,尽管这些表演不算长,却起了点睛的作用,观众效果特好,至今二三十年了,还有观众对这些表演说得有滋有味。

我在戏中担任了孙悟空这一角色,经过十年的压抑,如同创作《女皇梦》一样,时时都有一种强烈地创作冲动。孙悟空这个人物十年前在《火云洞》中我就表演过,现在再演这个人物总觉得应该有所提高有所创新。在嘉礼造型上,我提出学习京戏和绍剧的手法,这得到吴仕博和林聪权的大力支持。孙悟空的嘉礼头雕刻,林聪权是颇费功夫的,让眼睛和嘴巴都雕成能活动的,而且为表现孙悟空的火眼金睛,还特别制作了两个能装灯泡的眼球,装上亮度很强的灯泡,让其通电后射出两道亮光。而为了制作孙悟空嘉礼服装,吴仕博也是颇费思量的,仅服装面料他就不知和我跑了多少个商店,后来才在石狮的自由市场选购到。

在表演上,我吸取以前的经验,在线位线规上做了不少新的尝试。如猴行这个动作,我设计一些新的线规让嘉礼做出拱背收腹半蹲,时而转头四处瞧瞧,时而眨眨眼抓抓痒的动作,使猴态更为明显。戏中还有不少表现内心活动的,如"驱逐悟空"那段戏,唐僧误解悟空,绝情地欲将其驱逐,悟空多次求情,唐僧仍坚持己见且一遍又一遍地念紧箍咒将其驱逐。此时悟空的心情是很复杂的,既恨唐僧人妖不分又难舍师徒情。这是一段内心的情感戏,嘉礼表演这样的戏难度是比较大的,既不可能有面部的表情又不能借大段台词来表白内心的活动。经反复推敲,我让孙悟空当唐僧念起咒语时,两手抱头全身抖动,而后以头着地全身反复翻滚,接着用金箍棒着地全身倒立反复摔打,来表现被唐僧念紧箍咒处罚时的痛苦,当唐僧咒语一停,我又让悟空艰难地站起,再次请求师父相信自己打死的是妖怪,来再现其坚持真理和对师傅的真情。当唐僧认为悟空坚持错误又再对其念咒语惩罚时，我让悟空浑身发抖双腿跪下，再双膝行近唐僧，忍着痛，一手扶棒，一手牵着唐僧的衣角，连续"师——父！师——父！师——父——呀！"一声比一声动情，来表现其被误解时内心的痛苦和舍不得离去的师徒情。当唐僧毫无回心转意，坚决将悟空驱逐时，我让悟空扶着金箍棒缓缓站起，脸向唐僧深情地望着，见唐僧仍无动于衷头也不回后，深深一声长叹，慢慢把头低下，再把金棒缓缓举起轻轻放在肩上，向唐僧深深一个鞠躬，然后脚轻轻一蹬离开地面，准备飞回花果山。在嘉礼即将离开表演区时，我又让嘉礼一个回转，向唐僧招了招手，见唐僧那么冷酷才转向八戒、沙僧轻轻一点头，最后一个急转身离开表演区。这一段表演在表演唐僧、八戒、沙僧几位演员的配合下，完全把此时悟空内心活动表现出来，加上林春晴老师给这段戏配的音乐是那样的凄婉动人，每次戏演到这段，台下观众都特别的安静，好像每个观众的情感都融进戏里了。可以说，这段表演完全达到了剧情和导演的要求。

在做好自己所担任角色工作的同时，我还协助扎制特殊笼腹。为表现村姑是白骨精所变，我把村姑嘉礼的笼腹扎成骷髅形，并在里面装上灯泡，表演时，当孙悟空用火眼金睛注视村姑时，即点亮灯泡让其显出骷髅状，艺术效果还是很不错，不过更多地是协助导演黄少龙处理排练中的一些艺术问题，尽职尽责地做好艺术指导工作。

在大家的努力下，工作进展非常顺利。排练后期就吸引来剧团住地不少邻居前来观看，连排时，我们干脆敞开大门，让更多的人观看连排，鉴定戏的好坏。这不仅加速了排练进度，且促进了艺术水准的提高。这个戏参加晋江地区戏曲会演时一炮打响。

晋江地区这次戏曲会演,是粉碎"四人帮"后的第一次,吸引了万千观众,十年来人们只能是"八亿人民八出戏",一下子面对丰富多彩的演出,真有点应接不暇。高甲戏团的《小刀会》,歌剧团的《洪湖赤卫队》,一个比一个精彩。尤其是德化县高甲剧团的舞剧《沂蒙颂》,更是引起人们的注目,反应异常强烈,我们这出《三打白骨精》则是成为这次会演时,人们关注的焦点,很多观众为取得这出戏的戏票都费尽了九牛二虎之力。

会演结束后,我们先后在市群众戏院,市工人文化宫和晋江、石狮一带演出,所到之处,无论城市乡村,都非常的火爆。表演白骨精的演员魏萍华也随戏成为一时的名人。在晋江的龙湖戏院演出时,票价是两角钱,被炒到二元,炒了十倍,我这才懂得什么叫高价票!当然,这出《三打白骨精》之所以能如此火爆,是全体演职人员努力的结果,但也不可否认有一个重要原因是,"四人帮"捣乱十年,文艺百花受尽摧残,使人们对艺术观赏产生了强烈的渴望,这更加激发我和剧团全体同仁创作更多更好剧码的强烈欲望,这算是"粉碎四人帮"后的一个好开头吧!

二、创演《火焰山》

(一)

一九七八年初,我们带着《三打白骨精》到福州演出,这出在泉州城乡火爆的戏,在福州还是强势不衰,在南门兜的一个工人俱乐部连演近两个月,但是随着时间的推移,观众那长期被禁锢释放出来的热度是难以长久保持的。况且许多被批判禁演的"坏戏",开始得到解禁,观众可选择的戏多了,该上新剧目了,因而我想该恢复一九六〇年到罗马尼亚参加木偶艺术联欢节获奖的《水漫金山》、《庆丰收》和很受各地欢迎的《千桃岩》三个节目了,意见一经提出立即成为大家的共识。确实这三个节目在文革前,在长城内外和长江南北是很有影响的,艺术水准是一流的。大家都信心十足,认为一旦演出肯定又是火爆。虽然由于文革的破坏,三个节目的所有演出道具都得重新做。还好大家对恢复这三个节目信心足劲头大,工作进展非常快,经过不长时间就正式外出演出了。

演出第一天,票房情况还是很不错,可是第二天、第三天上座率没能上升,反而明显下降了,到第四天上座率竟没达到百分之七十,第五天、第六天又是往下降。回到泉州后,我们到市工人文化宫演出,同样上座率也是上不去。后来我们又到南安、同安一些乡镇影剧院演出,情况也是差不多。

这台由三个节目组成的戏,是剧团的上乘之作,文化大革命前的上座率是特好特好的,为什么现在上座率这样差呢?老吴多次召集一些主创人员分析原因,老吴提出是否由于停演时间长,恢复时有所欠缺或遗漏影响艺术质量,为此特地请来几位老师傅和老观众来看我们的演出,大家也说不出具体东西来。过后又召开几次分析会,大家一致认为影响上座率的原因不外有两个,一是三个节目中有两个是以儿童观众为主的节目,引不起成人观众的兴趣;另一个也是最主要的,观众已不再如一九七七年那样"饥不择食",且观众的观剧水准对艺术的要求已大大高于文革前,我们只能尽快推出更符合观众需求的作品,绝不能仅满足于过去某作品是如何好,如何受观众所欢迎。

正好这时到处都在宣传"思想要更解放一点,胆子要更大一点,步伐要更快一点"我想,为什么我们不来个三个"一点",把舞台的改革借此时机重新搞起呢?搞一个高台,创作一个合适的剧码不是更好吗?经反复考虑后,一天晚饭后,我特意到老吴家,向他再次详细介绍以前试验高台的经过,建议立即重新开始试验,老吴非常支持,并提出组成一个专门小组,由我负责,进行研究。

隔天恰好从广东五华县传来该县木偶剧团用高台演出《三调芭蕉扇》,观众效果很不错的消息,据说舞台的灯光还采用新技术,给演出增色不少。这让我受到很大触动,人家都已走在我们前面了,我们却还在想着胆子要大一点。我当即提出尽快到五华县木偶剧团参观学习的要求。老吴说舞台改革关乎剧团今后的艺术方向,当即决定召开领导组会研究,那天下午就请团长吕赞成和我,对是否进行高台试验和要不要到五华县参观学习进行讨论。经过认真研讨决定,同意立即进行舞台改革,鉴于以前以木头为材料带来的不少问题,决定改用钢铁为材料,分工以我为主负责,并拟聘请一位技术员协助设计,同意派我和负责灯光的黄成聪到五华县木偶团参观学习。第二天也就是七月十日我和黄成聪离开泉州前往五华县。

广东五华县是一个木偶艺术之乡,由于文化大革命破坏,剧团解散艺人流失,一九七五回到家乡的叶剑英元帅,一时勾起儿时观看提线木偶剧的回忆,提出想观看木偶剧的表演,使得当地政府十分为难,并引起广东省政府的重视,责令当地政府立即采取了一些抢救措施,不久恰逢"四人帮"垮台,五华县政府为了后继有人,立即与我们剧团取得联系,提出派人为其教授学员的请求。经市文化局同意,我们泉州木偶剧团派出了功底深厚具有丰富演艺经验的谢祯祥,前往五华县任教一年,我们剧团也计划谢祯祥一年任教期满回泉后,招收一批学员,由其出任班主任,负责全面教学工作。很不幸,谢祯祥只在五华县半年多,就因突发心肌梗塞医治无效在五华去世了。这是泉州木偶剧团的重大损失,是泉州木偶艺术的重大损失。泉州市和五华县两地政府都非常重视,除分别举行隆重的追悼会,沉痛悼念这为泉州木偶艺术献身的著名艺师外,五华县政府还特别派副县长专程护送谢祯祥的骨灰来泉州,并参加泉州市政府组织的追悼会。一九七八年春,我们剧团学员班按计划开班,五华县就把谢祯祥去世而中断学业的学员送到泉州来。正因为这样,两地两个剧团关系很是密切,像走亲戚似的常有来往。

我和黄成聪在五华县木偶剧团受到贵宾式地接待,他们毫无保留地向我们详细介绍并带我们实地参观他们改革的高台——单桥式立体舞台和灯光设备。我们还观看了多场他们用这高台演出的《三调芭蕉扇》,整台戏的艺术效果很好,大大增强了我对舞台改革的信心。

参观五华县木偶剧团的高台时,我详细地了解他们应用的钢材规格、装卸的难度等。认真察看高台"桥"的跨度、"桥梁"与立柱的衔接,记录了不少数据,这给后来的设计与制作帮助非常大。黄成聪则向灯光师请教灯光设备的制作方法,五华的同仁对我们真的是毫无保留。

离开五华时,五华县木偶剧团的同仁们还把他们演出的《三调芭蕉扇》剧本送给我们,并说如果需要,准备派一位灯光师帮助我们制作新的灯光控制设备。这趟五华县之行,让我对舞台改革信心更足,心中更加有数了。

(二)

从广东五华回来后,我立即组织人员,把一九六一年制作的以木材为材料的高台架起来,请大家再次对这个高台的利弊进行分析,找出应该改进的地方,接着就着手新高台的设计了。不过我一不懂绘图纸,二不懂钢材的型号及其承受力,只能把原来那个用小木架架成的高台模型按新的想法重新架设，这就亟需有一个技术水准高又愿意承接这项业务的工厂来帮助设计和制作。当时在泉州是有几家搞机械制造的工厂，经了解泉州农械厂规模大，技术和工艺水准以及各项设备据说是最好的。说来也巧，这个厂的党委书记是老吴的好朋友。

老吴和我来到泉州农械厂党委办公室，书记很热情地接待了我们，并把厂长也请来了。我把意图向他们详细说明后，书记当即表示支持，并立即请来一位工人出身的工程师，指派由这位工程师，负责这项工作。说来又是一个巧，这位工程师名叫张桐，文革前也是多年的劳动模范，我们曾在几次劳模会上相遇见面，这次要共同为木偶演出高台的设计和施工，也算是一种缘份吧！

为了让张桐工程师对我们试制高台意图有更多了解，我几次和老吴找到他，向他非常详细地介绍我们对高台的要求和我多年来的设想，并带他到剧团实地察看原来的木制高台，还把我用小木条设计的模型给他作设计参考。他很有把握地说，设计制作这样一个舞台，对他们农械厂来说只是小工艺，要我放心，没过两天，就要我和老吴到他的设计室，审看他的一大堆设计图纸，他向我详细地介绍设计方案和各部受力情况，并提出一些问题与我研究，我也就"桥梁"的衔接，受力和装卸的速度及安全等问题提出我的疑问和看法。这之后，他对图纸作了一些修改，且为了慎重起见，还特地先让铸造车间按设计先行地浇铸一对衔接头，再焊接到所需规格的方钢管上，让两根钢管对接架空后，请十五位年青人站到上面不停跳动，经这样反复十几次试验衔接处和整条钢管毫不损坏，完全消除了我的担心，接着就正式投入生产了。至十月中旬全部完工，经认真测试完全符合要求，装卸时间都在一小时以内。不过因一味考虑安全问题，用的是大型号的钢管，显得比较笨重，所以这个舞台使用了一段时间后，又做了第二个，轻便很多，可是演出时有时会产生晃动。接着又吸取前两次的经验和教训的基础上再做第三个，既牢固又轻便且便于外出演出。从此后，第一个高台就只固定在剧团排练场，作为接待演出和排戏之用。

这个高台因有前后"桥"，演出的立体感强，所以称为桥式立体舞台，大体结构是这样的：八根方钢立柱分两边插在同是用方钢做成的一个梯形底座上，作为前后"桥"的"桥柱"；各由三根方钢连接的四条横梁分别在桥柱上作为"桥梁"，再在前两条横梁和后两条横梁上铺上木板并围上栏杆，作为演员操作嘉礼的站台，两"桥"面的两侧各设置一个活动盖板作为演员演出时需要前后"桥"走动的临时通道；前后桥间的两边立柱距地面约九十厘米处用两个制成N字形的方钢管连接起来，再在两个N字形方钢间装上铁架铺上薄木板，作为提线木偶表演台。这个舞台提供给木偶的表演空间大大加大了，前后桥间是提线木偶表演区，演员可在后桥也可在前桥操纵木偶，克服了表演时木偶只能站成一条直线的弱点，后桥下可作为杖头木偶表演区和置景区，后桥后还可作布袋木偶或小提线木偶表演区。这个高台也给灯光舞美提供了发挥作用的很好条件。后"桥"后是天幕区，"桥"的两侧以及前"桥"前设置为灯光区。可以说，高台的应用为木偶表演，舞台布景及舞台灯光发挥各自创造性提供了极好的条件，从而把泉州木偶艺术推到了一个新的高度。

至于有人认为高台的使用是"违背传统"，那么请问上世纪五十年代成功改革的中台，使表演格式和规制完全不同于传统低屏仔，这难道是违背还是前进？至于说使用高台会降低木偶表演水平，那就去听听观众或行家们对使用高台演出的《火焰山》、《馋猫》、《太极图》等的反映吧！用高台演出的《火焰山》已于一九九六年和梨园戏的《陈三五娘》，高甲戏的《连升三级》作为泉州戏曲经典将其剧照铭刻在泉州文化艺术中心正面大梁上，算是竖碑立传吧！

（三）

在设计制作高台的同时，我用了很多精力考虑剧目生产。我一直认为，改革舞台的目的是为增强木偶的表现力，是为调动各种艺术手段以达到增加艺术魅力的目的，因而选择一个适合高台表演的好剧目，是至关重要的。五华县之行，观看五华县木偶剧团表演的《三调芭蕉扇》，让我深受启发。这是一个人们熟悉的题材，是很适合运用有更大表演空间的高台表演的。我的这个想法，得到全体主创人员的支持，征得老吴同意后，决定用我从五华县木偶剧团带回来的《三调芭蕉扇》剧本，由黄锡钧负责改编，然后由黄少龙担任导演。

为了集思广益，也为了让全体主创人员更加熟悉剧本，更为了让创作思路完全适应高台特点和需要，剧团专门召开了剧本改编讨论会，参加的有编导，有木偶和舞美设计制作人员，有作曲和部分演员，会议由老吴主持，负责剧本改编的黄锡钧提出了一个改编的详细提纲让大家讨论。讨论中大家表现得极其认真负责，对提纲一场一场的讨论，甚至每场中的每段戏每组戏的安排都反复讨论，各抒己见，包括有的台词人物调度以及在舞台空间的运用上怎样加强立体感，大家都非常认真地提出各自想法。孙悟空被铁扇公主用芭蕉扇扇到海外仙山，巧遇灵吉仙翁，获赠定风珠，马上又返回原地欲再向铁扇公主借芭蕉扇这段戏，要演出最好效果，在表现手法和舞台调度上是有一定难度的。大家七嘴八舌想了不少办法，最后是吴仕博建议，孙悟空被铁扇公主芭蕉扇的风刮到海外最后抱住一块大石头时，让大石头突然变成一位仙翁，这一建议得到大家的认可，后来实际排练时在大家的建议下，又大胆把大石头改为真人表演，取得了更好的艺术效果。李文泽建议第三场孙悟空钻进铁扇公主腹中，铁扇公主腹痛难忍的唱段，曲牌要用《四边静》，第四场孙悟空、猪八戒到火焰山灭火，满台要全是火焰加浓烟……一个又一个好主意，真令人无比兴奋。

就这样经过四天四夜的连续讨论，大家对整出戏故事的发展，小至一个情节的设置，甚至表演上前后桥的安排，布袋木偶、杖头木偶与提线木偶的有机结合等等都提出很好的意见。在情节的安排上大家还一致同意黄锡钧提出的保留《西游记》为民除害情节，去掉牛魔王与玉面狐狸的一段戏，突出唐僧师徒不怕艰难，勇敢、机智扇灭火焰重上征途的故事，使得情节更集中，更适合木偶戏的表演。后来的演出实践，说明这样处理是完全正确的。

座谈会后，黄锡钧很快就拿出完整的剧本，又经过一次座谈做了些小修改就定稿了，因剧本已是重新创作，老吴建议干脆把剧名改为《火焰山》，这个戏在排练和演出实践中又不断作了一些必要的建议与补充，例如第二场铁扇公主与丫环的戏，排练中显得一般化，我向编导提出应当适当加强，黄锡钧提议可以添加上丫环在花丛中扑蝶嬉戏，铁扇公主触景生情的戏，后来这段戏就采纳这个意见，经许炳基的指导，使第二场戏生色不少。

（四）

剧本改编完成后，紧接着就开始嘉礼的形象和舞台美术的设计与制作，这对木偶戏来说是至关重要的一个环节。在这个环节中，由于有前段的剧本改编讨论会，大家对故事情节、人物特点包括表演上的一些具体要求都比较熟悉，因此对导演提出的导演设想，很容易理解，工作起来都比较得心应手，各部门的配合十分默契，工作进展非常顺利。嘉礼头设计与雕刻，舞美设计与绘制分别由林聪权和吴仕博两人为主负责，在其他一些人的配合协助下，他们这部分工作进度很快，工艺水准也很不错。

林聪权和吴仕博在剧团工作都有二十年左右时间。对制作室中的各项工作都非常在行，林聪权十一二岁来剧团当学员学习木偶制作，曾派到泉州市工艺美术厂向厂里的雕刻师傅学习。由于他聪明勤奋，学习进步非常快，经不长时间的学习后，就能独当一面了，在工作中还能不断探索新方法，改进了传统嘉礼头的制作方法。他还有一手好书法，尤其是国画更是具有较高造诣。八十年代初，就曾与老艺术家李硕卿先生一同到香港办个人画展，一九八三年调福建省书画院任专职画师。吴仕博则是一九五八年到剧团担任专职美工的，原来他的美术水平就较高，加上自己的钻研精神，对嘉礼形象和舞台美术的设计与制作都有相当水准，对嘉礼和舞美的制作如何突出偶性，更好服务于表演也有一定研究。

嘉礼头戴和鞋靴仍是老团长吕赞成负责。吕团长对制作头戴很在行，工艺水准在他这一辈人中是屈指可数的，剧团党支部担心后继无人，特在一九七八年入学的学员中挑选了几位学员跟着他学，服装部分则是把乐队中会做些裁缝工作的洪承加临时调到制作室负责服装缝制。此后剧团生产的几个新戏的服装缝制都交由洪承加负责，渐渐地他倒成为剧团最熟悉服装制作者之一。

其他工作也都有明确分工，大家各司其职，个别没有领到具体任务或工作提前完成的，都积极主动请求再安排工作，全团上下都处在一个极为良好的工作氛围之中。

我在这出戏中还是担任艺术指导，并和林文荣合作演出孙悟空。工作中我一方面协助导演把握全剧的创作思路，帮助解决一些艺术上的具体问题，一方面十分注意协调各部门的工作，以保证艺术风格的完全一致。同时按剧本和导演的要求精心制作孙悟空这个人物形象，并负责扎制笼腹和研制剧中所需的新嘉礼。往往感到一天二十四小时都不够用，不过心情是十分愉快的，对所完成工作是满意的，尤其有几件事做得更为满意。

其一，改动杖头木偶结构，使其与提线木偶在舞台表演上能较为和谐统一。杖头木偶一般是没有装设下肢的，如表演需要，就临时装上由另一位演员协助表演。采用高台表演时杖头木偶作为提线木偶的补充，其造型就必须能与提线木偶相一致或接近。经反复研究后，我借鉴提线木偶的结构，在笼腹里装上"脚桥"，把下肢连接在"脚桥"上，在下肢的适当位置穿上操纵线，向上穿过笼腹中特设的孔眼后向上连接到操纵杆上一个专门安装的小活动板上，这样只要用两个指头轮流按动活动板，在连接线的带动下，杖头木偶就能做出提线木偶走动的动作，用这个手法，我又让杖头木偶的眼、口能用线操纵让其开合，手能较快的抓牢东西。

其二，创造了能按需要更换的嘉礼手，这出戏中同一个人物，因表演需要，要有好几个不同功能的嘉礼，有时仅是手的功能不同就需要多制作好几个。为减少工作量节约成本和表演上的方便，受雨伞开合时用一个弹簧卡住的启发，我把嘉礼的下手臂截开，带手掌的一段模仿如雨伞柄一样装上一个小弹簧,另一段装上带凹孔的薄铁圈,使用手掌的一段可插进正好让小弹簧卡卡住,更换时只要压下小弹簧卡即可拔下。这样,就可以根据需要,制作不同功能的嘉礼手,随时更换,既省时省工又方便。

其三,扎制了不少很能突出偶性的嘉礼笼腹,鱼美人嘉礼笼腹是在《女皇梦》江青这个人物的嘉礼基础上加以改造的。武士的嘉礼则仿照《水漫金山》乌龟的嘉礼做法,先扎制一个龟壳,再做一稍大的笼腹,让嘉礼的头和四肢能缩进去,后把龟壳覆盖住笼腹即可以,只要线位设置得好,操纵得法,就能表演出所需动作,演出时观众往往给予热烈的掌声。而更受观众欢迎的一段表演,则是与嘉礼结构的改造和巧妙扎制直接相关,如孙悟空和牛魔王斗法这一段戏,牛魔王变成老水牛,被孙悟空变成的小猴子戏弄,一会儿老水牛被拉得又瘦又长,又一会儿老水牛用力一缩又恢复原样。这老水牛的嘉礼制作我是颇费心思的。我把牛脖子和躯干的胸部至腹部处做成与手风琴箱相似的新笼腹,又把尾巴做成两节,使其中一节可套进另一节并适当加长,这样只要向两边一拉,老水牛就可变得又瘦又长,犹如变戏法,产生很好的艺术效果。

其四,设计制作了一些特殊道具。作为木偶戏的道具都是直接间接参与表演的,必须精心设计和制作,有时为设计一件道具花费时间和精力不会少于制作一个嘉礼。人们都知道孙悟空的金箍棒可变成如绣花针一样塞在耳朵里,需要时从耳朵里取出,一晃即可变成百多斤重一丈多长的大金箍棒。在《火云洞》中虽也用过收音机伸缩天线的方法做过这个表演,但很容易出故障。一九七七年剧团组织部分人到上海市木偶剧团参观学习,上海的同行们演出的《三打白骨精》

中,孙悟空从耳中取出金箍棒的表演很有真实感。我当即向他们请教,并通过老朋友钱时信的帮助,采购到不少特殊的材料滁纶纸。回到泉州后我立即进行试验,并在《三打白骨精》中应用。这一次,我根据演出实践,又做了较大改进,并请林聪权雕刻孙悟空嘉礼头时,先行在嘉礼耳中设置一个可让其伸出缩进的小棒,后把经特殊加工的滁纶纸做成金箍棒再反向卷成一个小棒,隐伏在嘉礼肩后,表演时,操纵耳中小棒伸出,接着让嘉礼做从耳中取出小棒的动作,迅速取出肩后滁纶纸小棒向上一甩,被卷成小棒的滁纶纸立即反弹恢复原样,成为一根又长又大的金箍棒,让人有以假乱真的感觉。

当时剧团那种良好的艺术氛围,给大家产生一种强烈的创作欲望,各部门都有不少新的探索,创造了不少新的东西,这就给下一步进入排练场打下了良好的基础。

(五)

进入排练场前,演员必须把制作好的零部件组装成嘉礼,再按剧本和导演的要求认真设计动作,并根据动作要求设置线位装上操纵线。这是一道很重要的工序,从一定意义上说,嘉礼组装的好坏,可以看出一个演员功底如何,是一个演员能否塑造好所担任角色的重要环节。因此,历来我对这一工序都是特别重视特别认真的。虽然出演孙悟空已经不是第一次,我还是费尽心思。

孙悟空这个人物经过许多著名艺术家的塑造,虽各有特色,却有一套约定俗成的表演程式,不管是京剧的李少春,绍剧的六龄童,或是我们泉州打城剧的曾火成,都是猴姿猴态上模仿得非常成功的,被称为"一代猴王"。在排演《三打白骨精》时,我也曾着力分析他们表演的特色,试着运用到我的表演中,我认真总结《三打白骨精》孙悟空表演中存在的问题和经验,又认真分析"一代猴王"们表演的猴姿猴态,组装嘉礼时,抓住其最具代表性的动作,重新设计线位线规。

首先,是猴行,我在嘉礼下腿设一个线位,向上通过上腿,经髋部从背部引向勾牌。只要操纵得好,就可以模仿猴行动作了。

其次,是反手遮阳,这个动作以前曾表演过,可是都不很理想,这次我把线位设在嘉礼的手腕处,让线穿过肘部经胸部连接到勾牌,表演时,操纵好这条线,加上手线的配合,就可以做出反手遮阳动作,不过线的长度一定得适中,否则不是手不在双眼之上就是手腕形成不了反手遮阳的姿态。

再次,是抓痒和眨眼。抓痒这个动作只要操纵好手线和手肘线即可,眨眼则是制作嘉礼头时预先安装可眨眼的双眼,接上线即可做到,只是这两个动作经常与其他动作同时出现,因而我在勾牌上特设一个活动卡操纵眨眼这个动作。这样通过这些新线位线规的运用,表现出的猴姿猴态就更能逼真了。

随着操纵传统的十几条线增加到三十几条线和操纵上的幅度加大,必然要求勾牌也要随之改变,这次除以前新增的新型勾牌外,又根据表演需要又增加了好几种,使得勾牌更适应表演需要。如表演金睛兽和白马的组合式勾牌,如因动作大幅特殊线多而设计的单翼形和双翼形勾牌,虽然这给演员增加了不少难度,可是对提高嘉礼的表现力是很有帮助的。

在组装嘉礼时,作为艺术指导,我还用很多精力帮助或指导其他演员。如老水牛、龟武士等的嘉礼都是以我为主组装的。特别是杖头木偶几乎都是以我为主组装的。工作量非常大,在组装过程中往往为了找准一个线位得反复十次八次,甚至几十次的试验,所以有人半开玩笑说:"新新嘉礼服,让黄奕缺钻得百孔千疮。"可是没有更好的办法,要达到最理想的效果也只能这样,这是我长期养成的一种工作习惯。这出戏我给自己定的标准比起以前任何一出戏都要高,因而花的精力和时间就更是多得多。正好,我出演孙悟空还是由林文荣当助手,协助我做了不少工作,从中他也学了不少东西,他是一九六一年招收的学员,人较聪明好学,艺术功底也不错,一九七七年创作《三打白骨精》时,为让他有更多学习机会,多学一些东西,剧团领导安排他协助我扎制笼腹,当我出演孙悟空时的助手,恢复《水漫金山》、《千桃岩》,也让他和我担任同一角色——小沙弥和小灰象。这次创作《火焰山》又和我分在一起,做我的助手。经一段时间的工作实践,他确实有不少进步,比较好地掌握了嘉礼组装中,动作设计与线位的设置等一些重要技艺和基本要领,人们常说他是我的没有正式拜师又从我身上学得最多的徒弟。

（六）

嘉礼组装基本完成后,就进入排练场开始排练了,由于采用的是高台,提供给表演利用的空间大大多于中台,具有很多优势,如何充分利用高台提供的优势,排出高水平的戏,成了导演和全体演职人员必须认真对待的新课题,面对这一新课题,全团人员真是各尽所能又齐心合力呀。虽然多数人都没有参加过一九六一年试制高台的演出实践,但由于前期准备工作很充分,大家对剧本情节、导演设想心中比较有数,排练时大家是有备而来,排练中还能积极提意见出点子,因而充分运用高台的优势和发挥木偶自身表现力上都做得不错,显现出别具一格的艺术特色。

开场那段戏,充分运用高台提供的前中后三个表演区,即提线木偶表演区、杖头木偶表演区和小提线木偶及布袋木偶表演区的优势,让扮演唐僧师徒的小提线木偶、杖头木偶、提线木偶相继在后、中、前三个表演区表演,通过巧妙的手法把三者很好的衔接起来,并运用灯光布景的变化,把时间地点和当时的意境演绎得恰到好处,立体感很强,演出时的这一开场往往都能把入场不久的观众情绪一下子吸引到戏中。

"巧盗金睛兽"这场戏,地点是在碧波潭中。为表现水中的情景,舞美设计得非常巧,不仅天幕上显出微波荡漾,台前临时拉上的纱布上也是波光粼粼。台中鱼儿嬉戏,水晶宫前的灯柱银光闪闪。每次演出当大幕徐徐拉开时,真让人感到宛如真的置身于水晶宫中,观众席中都会发出阵阵感叹声。

在发挥木偶自身优势上,以前的艺术创作中已积累了很多好做法好经验。此次排练中都认真加以运用,同时还创造不少新手法,如孙悟空向观众席上空飞去,猪八戒被烈火烧得一口一口的吐出浓烟,牛魔王变成老水牛被小猴子一次一次拔河似的拉长……都是木偶自身优势的很好运用。

另外,利用木偶自身优势来掩盖自身劣势方面,这出戏中更有不少地方处理得非常好。铁扇公主思念红孩儿一段内心戏,木偶是不可能用面部表情来表现内心活动的,这是表演木偶的劣势。为了表现好这场戏,编导和我以及特地请来帮助导演的许炳基先生研究了多次,按照编剧的想法采纳了许炳基先生的意见,增添了一段丫环扑蝶的表演,既让铁扇公主触景生情又能烘托气氛。表现铁扇公主内心的苦闷和气愤,则模仿梨园戏中旦角表现郁闷心情的劲、肩、手的动作。经过大家的努力,这段木偶不好表演的内心戏,完全达到预期的效果,观众评价很好。诸如上述运用高台优势,运用木偶自身特点,获得很好艺术效果的地方,真是比比皆是,不胜枚举,因此一直是连演不衰。有时我想,如果能对这个戏的创作进行认真研讨总结,或许对新剧目的创作会有所帮助的。

这里我想顺带谈谈许炳基先生,以表示对这位为泉州木偶剧团创作的"两山",做出重要贡献的艺术家深深地敬意。许炳基是一位"大杂家",梨园戏、高甲戏、话剧、歌舞、木偶戏都很有一手,出国得奖的《水漫金山》是他导演的,这次排《火焰山》,为加强导演力量,又特地请他当艺术指导。在排练中他每天上午、下午和晚上三节都和我们在排练场,提出了很多很有见地的导演设想,特别是一些舞台处理难度大的场面,经他指点都解决得很好,可以说《火焰山》能得到如此的成功,从导演角度讲,许炳基先生是功不可没的。有人说:泉州木偶剧团建团后,造了两座大山,而扬名海内外。确实是这样。而《水漫金山》、《火焰山》这两座"山"都注入许炳基先生的心血,难怪人们经常在深深地怀念他。

除许炳基先生外,这个《火焰山》还得到文艺界许多行家如吕文俊、王爱群等等的很多帮助,当戏进入细排后,他们就先后来到剧团观看排练,提出不少修改的意见,特别是吕文俊先生,第一次高台试验他就是积极参与者,又多年担任过剧团编导,更是提出不少很中肯的意见,对整个戏的艺术提高有相当大的促进作用。

就这样,《火焰山》在全团上下的努力以及各方的关心下,排练既顺利,进度又快,至十一月下旬已可正式演出了。后来市里一位领导到剧团观看我们的彩排,知道我们准备十二月一日开始演出,当即表示:戏要细磨,要精益求精,不要急于演出,如果经费有困难,市里可帮助解决。这话很是鼓舞人。因此,我们又细磨了一个月,直到一九七九年元旦才正式上演。

三、晋京参加献礼演出

（一）

《火焰山》演出是在泉州市群众戏院开场的，演出的火爆情况，真是难以用几句话说清楚，戏院的演出海报一出，连续好几天的戏票就被抢购一空，连爆了一个多月。过了大年除夕大概是正月初一或初二，我们转到晋江、南安的乡村剧场演出，那火爆场面更是难以形容。虽然此时的观众，已不似一九七七年那样如饥似渴，表现得相当理智有很强的选择性，但《火焰山》每到一地都是火爆一地，特别是在永宁镇的梅林剧场演出时，更是出了亘古未有的奇闻——观众凭户口簿购票。

事情是这样的，我们在梅林剧场演出时，永宁一带的三乡五里的人，天天三五成群争相来到梅林购票或预定票，每天戏票都早早被抢购一空，这倒使梅林村人买不到票看不到戏不说，连不少亲戚朋友希望代为购票都不可能。这真有点让梅林人既失面子又失人情，村里人很是不满，引起村里领导的重视，召开了紧急会议，出了一条规定：戏票凭本村户口供应，每人每天限购一票，允许相互调济。对我们剧团的演职员特别放宽，每天每人可购二张票，这才算平息梅林本村人对购不到戏票的不满情绪。这件事，一九八二年在北京筹备成立中国木偶皮影艺术学会时，我无意中讲出来，与会者都万分羡慕，认为可能是世界仅有，也可能是空前绝后的。

这年元宵节，福建省文化局（这时，尚未改成文化厅）在我们晋江地区召开社会文化工作会议，趁文化局万里云局长来泉州参加会议的机会，我们剧团书记老吴专门向他汇报剧团舞台改革和创作大型神话剧《火焰山》的情况，特别向他汇报了演出的火爆情况，也讲到凭户口供应戏票的事，引得万局长十分感兴趣,表示要直接到剧团下乡演出的地方实地看看,顺带了解观众反映。会议结束的当天晚饭后,万局长等几位省文化局的领导由老吴带路,驱车两个小时来到渔村——永宁梅林,和一千多当地观众一起在梅林剧场观看我们演出的《火焰山》。演出结束后,万局长走到台上,显得非常高兴,和全体演出人员紧紧握手,又到休息室和大家谈了不少话,最后他说:"这个戏很好,很有特色,真是意料之外。今天直接到乡下和这一千多观众一起观看你们的演出,亲身感受到观众对这出戏的高度肯定,观众情绪非常高,只有戏好才能吸引观众。我向你们表示祝贺。"接着他又对我和老吴说:"今年在北京将有一个全国性的重大文艺活动,希望你们继续努力,精益求精,争取能被选上参加这次大型的重大文艺活动。"万局长一直和我们谈到近十一点才驱车回泉州。

送走了万局长大家都非常兴奋,感到一位省文化局长深入到乡村与一千多观众一同观看我们的演出真是难得,有人说,这可能是剧团的一个好兆头。这话竟真的言中了,不久就传来消息说,为庆祝中华人民共和国建国三十周年,文化部和解放军总政治部联合举办建国三十周年献礼演出活动,精选全国所有文艺表演团体三十年来涌现出来的戏曲、音乐、歌舞、杂技等的优秀剧(节)目到北京演出。全国几千个艺术表演团体,三十年中创作出的优秀作品不是一个小数目。希望能被选上到北京演出,其难度可想而知,肯定非精品中的精品不可。听说万局长回到福州后,在不少场合介绍我们的《火焰山》,也向有关部门作过推荐。因而,当中央献礼演出办公室派员来福建遴选献礼演出节目时,就从福州直接到泉州来,指名要观看《火焰山》。

到福建遴选节目的是献礼演出办公室主任吕朋,到泉州时晋江地区文化局还特地请他观看梨园戏《燕南飞》和歌剧团演出的《台湾海难》两戏。因他在泉州的时间太短了，我们只好安排在第二天的上午演出。吕主任看我们的演出后，很是满意，在充分肯定的同时，也明确指出，第四场的灯光可以加强，还应多一些变化，最后一场的打斗应该注意层次更加清楚，他希望我们不要满足，要争取达到更高水平，离开剧团时他说"希望在北京再去看你们的演出。"

这让我们剧团全体人员深受鼓舞，大家想《火焰山》晋京参加献演大概不成问题了。我立即和两位编导根据这一段来演出中发现的问题和吕朋主任的意见认真研究，提出一个修改意见，再次精心排练。过了大概两星期吧，我们正在南安丰州边演出边修改，省文化局艺术处直接来电话要老吴立即赶到省里领受任务。我想，这下肯定是通知《火焰山》晋京献演的具体事宜了。赶紧加大改进步伐，一时间全团一下群情激奋。

没想到第二天晚饭后，老吴从福州打来电话，却像一盆冷水从大家头上浇下去。说是省文化局艺术处领导不同意《火焰山》晋京，坚持要由《水漫金山》、《千桃岩》、《庆丰收》这台戏晋京。消息汇报到市政府、市文化局，他们也都感到意外，还误会老吴没能据理力争，待老吴从福州回来后，大家才明白个中原因。原来是省文化局多数人没看过《火焰山》，对《火焰山》心中无底，认为《水漫金山》、《庆丰收》是国际上得过奖，经千场百场演出的老节目，《千桃岩》也是经过观众考验过的成熟节目，这样一台戏晋京比较有把握。老吴把《火焰山》的情况详细介绍后，认真比较两台戏在观众中的反映，反复要求改为《火焰山》这台戏晋京参加献演。但最后艺术处领导仍是坚持原来的决定，还说如果不服从这个决定，只好另派别的剧团晋京献演。在此情况下，当然是下级服从上级了。我们只好拆掉高台重新搭建中台,赶快投入到紧张的准备工作。不过正因有这波折,才会有除北京部属和市属的几个院(团)外,在参加建国三十周年献礼演出的各省(市)剧团中,只有我们参加了两台献礼节目,真的是"塞翁失马"啊!

(二)

这次献礼演出规模相当大,从三月份开始到年底,一轮接一轮进行,献礼演出办公室还专门从全国调集不少行家专家组成评论组,负责评戏出版评论文章,参加献礼演出的剧(节)目有数百之多,都是从三十年来出现的最优秀的剧(节)目中挑选出来的,真的是一次全国最优秀剧(节)目的大展示。

我们是四月中旬到达北京的,和参加献演的其他剧团一样住在毛主席纪念堂招待所,也就是后来的崇文门酒店。我们被安排在离招待所不远的正义路剧场演出,是同北京人民艺术剧院的《茶馆》、北方昆剧团的《李慧娘》等同一轮演出的,首演是四月二十日。

首场演出来了很多专家行家和献演办公室的领导和工作人员,中国木偶剧团的全体人员也都来为我们捧场。演出过程中我一直感到观众反映不强烈,心想可能是专家行家多,第二场演出可能会好一些。可是第二场演出观众席的情况还是没有什么变化,仍是淡淡的。第三场起上座率明显下降,最后一场演出上座率大概只有百分之七十,这给我们产生了很大压力。

调演办公室规定,为总结经验推动艺术事业的健康发展,每个演出团演出后,都得召开一次艺术座谈会。我们这台戏的座谈会是由时任艺术局长的华君武画家主持的,中国木偶剧团、中国儿童艺术剧院、《人民戏剧》编辑部和中央戏剧学院等都派人参加,还有一些省(市)来京观摩的代表也应邀出席。座谈会的发言很是热烈,有不少客气话套话,我是一句也没记住,可是中国木偶剧团的一位代表的发言,却让我至今记忆犹新,他是这样说的:"泉州木偶剧团是我们的老大哥,艺术根底相当深厚,即使睡上十年二十年,还不会落伍。《水漫金山》这出戏一九六〇年出国前,我就有幸看过,这次再看,虽已过去一二十年啦,仍是风采依旧,不减当年。"多么顺耳的一段话呀!可一细想,却是话中有话,我越想心里越不是滋味,这岂不是在表扬的背后,批评我们躺在深厚的艺术根底上,享受着以前的艺术成果,只能"风采依旧,不减当年"没有前进,没有新意吗?真诚感谢这位中国木偶艺术团同行的真诚与直率,给我们提了这个醒。社会在前进,观众的要求在提高,我们的艺术也得跟着前进,如果老是冷饭热炒,或者几种冷饭掺和在一起,没有创新,没有前进,或可图一时之虚名,久而久之只会把艺术毁掉,最终被历史所淘汰。当天晚上我又过了个不眠之夜,真的是思绪万千。此后,这段发言一直伴随着我,激励着我。

座谈会后的第二天晚饭后,我和老吴与这次我们晋京献演的领队之一市文化局吴荣州局长从餐厅出来,正巧碰到来泉州选戏的献演办公室吕朋副主任,他带着责备的口气说:"我正要找你们呢。要你们的《火焰山》来京,怎么改成《水漫金山》这台戏呢?"老吴向他简要解释后,他说:"这样吧!给你三天时间,如能把《火焰山》的道具送到北京,可以安排你们再参加演出。"我们几个人交换了一下眼色,当即表示完全可以办到。

说虽这样说,要实际办到可是困难重重哦!福州到北京火车运行就得四十三小时,还不算泉州到福州的时间,况且得一切顺利不得半点差错。尤其是《火焰山》的道具,高台的零部件不少,不能有任何遗漏。也不知是上天的有意暗示还怎么的,来京前我好像有预感,心想即使不能让《火焰山》参加献演,也得争取到北京演出,再不然,就趁回程时沿着铁路线从天津济南,再到南京上海演出,既可节省一趟路费又可增加一点收入,还可听听省外观众的意见。我和全体人员把《火焰山》的道具清点装箱做好记号,把高台的所有构件分门别类捆扎好和《火焰山》道具堆放在排练场的西南角,这下可真派上用场了。

我们把吕朋副主任的意见向我们的领队省文化局卢副局长作了汇报,卢副局长非常重视,当即指示,马上分头行动,尽快与福州和泉州取得联系,要按时把演出所需物资运到北京。当晚我们就分头用电话与省文化局值班室、泉州市政府办公室和剧团留守人员取得联系,这样在省文化局和泉州市政府的关心下,由当时留守在剧团的余炳煌等,把全部演出物资于第二天上午运到福州火车站,顺利托运,准时到达北京。当我们几位到吕朋办公室向汇报时,他高兴说:"不错,不错,再给你们一天布台走台时间,希望你们一定要演出水准。"

演出地点还是在正义路剧场,第一场演出仍是来了不少专家行家,演出时,观众席中不断发出惊叹声和掌声,说明行家们和首都观众认可了这个戏,我悬着的心也放下了。第二场开始,票窗口一改以往冷清的局面,热闹起来了,场场是座无虚席,很多知名的艺术家,好比北京人民艺术剧院的英若诚、于是之及中国儿童艺术剧院的方鞠芬等等都来,华君武局长还特邀了画家黄永玉、吴作人等前来观看。每场演出结束,后台总是挤满了首都文化界的名人,他们一再给我们充分肯定,祝贺我们演出成功。此时,我激动的心情,真的是难以用言语来表达的,苍天不负有心人哪!

《火焰山》演出后的座谈会，由时任文化部副部长的吴雪主持，参加座谈会的除上次参加的专家外，还增加一些省(市)木偶艺术界来京的代表，会上，主持人还特意让老吴和我简要介绍《火焰山》的创作情况。整个座谈会发言非常热烈，客气话、套话很少。中国木偶剧团的一位代表说，可以说这个戏是三十年来出现的最好的一个木偶戏，这种不断创新的精神很值得学习。陕西的一位代表说，看了《火焰山》，更证明木偶艺术是很有前途的，让我们更有信心了。华君武局长更是非常高兴地说："我说这台戏就是好，我特地请来吴作人夫妇和黄永玉来看戏，他们也都一致说好，今天的发言比上次热烈多了，真心话也多了。"最后吴雪副部长做了简要总结，他高度评价《火焰山》的创作，认为演出非常成功。他说："《火焰山》的成功创作，代表了今后中国艺术发展的道路。"希望我们继续努力，为中国木偶艺术的发展作出新的贡献。这样高的评价，是对我们最大的鼓励和奖赏。

《火焰山》得大奖后，全体赴京人员高兴地在天安门前照像留念。

献礼演出结束后,我光荣地作为剧团代表和我们省的省话剧团、仙游鲤声剧团的代表一起再次到北京领奖,在北京又见到吕朋主任,他开玩笑地说:"你们真幸运,竟然参加了两台戏,而且都得了奖,不过《火焰山》能进京又得奖得感谢我哦!因为是我慧眼识英雄呀!"我心想能够被选参加建国三十年献礼演出已是莫大光荣,竟然还得了高奖,真得多多感谢各方的关心和支持。一起得高奖的我省还有省话剧团的《泪血樱花》、仙游鲤声剧团的《春草闯堂》。从北京回来时,万里云局长接见我们高兴地说:一"花"一"草"一"木"为福建争了光也把福建文艺园地打扮得更加绚丽多姿。"

建国三十周年献礼演出,我们剧团得的奖是:

《火焰山》演出一等奖,

《千桃岩》创作演出三等奖。

(三)

在北京参加献演期间,还有几件事给我留下很深的记忆。

《火焰山》开始演出后,献演办公室来了通知,应比利时国家电视台的请求,同意让其在献演期间摄制《火焰山》片段三十分钟,作为向该国介绍的资料,要我们予以接待。当时电视为何物,我是不甚了了,我想不外乎是如同拍电影一样吗!一九七五年到北京参加调演,曾奉调到北京广播大楼拍摄电影记录片,这次大概也是这样吧,不过,既是献演办公室交给的任务,又是同外国人打交道,这任务肯定有其特别的重要性。这次领队之一市文化局吴荣州局长,老吴和我以及黄少龙专门做了研究,选择出比较有代表性的片段让其拍摄,拍摄那天来了三个比利时人和一个翻译,带着一架摄像机和一台电视机,就开始录制了。比起以前的拍电影实在太简单了,我们都羡慕得不得了。经过紧张的三个上午才录制结束。据说，比利时国家电视台曾经多次播放过这段录像，对我们的木偶艺术作了介绍。后来我到北京领奖时，吕朋主任见到我还说："你们给比利时电视台的半小时录像，还给献演办挣了点外汇，真是得谢谢你们。"我才知道，比利时录了我们的片段，还得给钱，不过因为我们晋京献演是公费的，这钱当然是献演办所有。此外，外文版的《人民中国》专门登了图文并茂的报道，介绍了《火焰山》和剧团，这在当时也是很了不起的一件大事。另外两件事也给我留下了难以忘却的记忆。

一是参加在人民大会堂举行的首都各界庆祝"五一"国际劳动节文艺晚会。我是和吴荣洲局长及老吴一起作为参加献演的文艺团体代表参加的。五月一日晚，我们早早就来到人民大会堂，七时正，中央大厅所有的灯光骤亮了起来，同时响起了暴风雨般的掌声。我仔细一看，走进一群人，走在最前面的那位高个子是时任党中央主席的华国锋，一九七五年七月曾到过泉州，在我们剧团的排练场看过我们的演出，我一下子就认出来了，紧跟着后面的是柬埔寨的西哈努克亲王、叶剑英、李先念、邓小平，他们经常在报纸上或电视的新闻报道中出现，都能认得出来，后面还有几个就认不出了。晚会由中国京剧院演出传统戏《白蛇传》，这是我第一次到人民大会堂参加节日庆祝活动，见到了许多国家领导人。

二是到毛主席纪念堂瞻仰毛主席遗容。毛主席纪念堂自一九七六年十二月关闭以来，有两年多了。五月四日重新开放，首先接待的第一位客人据说是西哈努克亲王，我们是重新开放的第二天获准进纪念堂瞻仰毛主席遗容的。这天人很多，我们在广场上排队等候了好长时间，天又下着毛毛雨，气温明显下降，真的有点冷。不过，说句心里话，因长期来对毛主席的敬仰，他的形象在我们这代人的心目中实在是太高大了，因此,心里是暖呼呼的。

我跟着队伍走进纪念堂大门，迎面是一座巨大的毛泽东雕塑坐像,随即升起一股肃然起敬的心情,脚步自然放缓。绕过塑像便进入停放毛泽东遗体的大厅，只见在鲜花从中停放着一个大玻璃灵柩,毛泽东安详地平躺在灵柩里,身上覆盖着一面中国共产党党旗，两手自然地平放在两侧，脚穿圆口布鞋,脸色在灯光的映照下显得很红润,仿佛是睡着一样,是那样的安详,那样的平和，又是那样慈祥。我们分成左右两行从灵柩边慢慢地走过,听见的只有人们急促的呼吸声,整个大厅是那样的肃穆,那样的宁静。

这也算是对我错过两次见过毛主席机会的弥补吧！

四、《火焰山》的一次大修

《火焰山》演出后,观众反应之强烈,晋京献演评价之高,可以说是我从事这个职业以来，参与制作演出的剧目中最好的一个,也是我最满意的剧目之一。不过自演出以来,慢慢地也感到有些不足,有些地方戏显得有点拖,有的段落还可以让木偶自身特点表现得更突出,晋京前就曾想利用一段时间,组织全团主创人员对一段来的演出实践和观众反应进行分析，进行必要的修改。

这次到北京参加献演，给我们提供一个更多听取行家里手意见的好机会。献演结束,我们顺道到天津、南京、上海演出，每到一个地方我们都尽可能邀请一些专家和同行前来观看,听取他们的意见。我们这想法在天津和上海得到两地文化局很大支援,专门为我们召开座谈会。我和老吴以及编导还分别专门拜访过北京的关剑青、周荻和上海的钱时信等一些老朋友,还到上海美术电影制片厂拜访卢哲光先生,听取他们的意见。可惜的是,在南京没能再见到当年的"焦家五虎",我们只请来虞哲光老先生的学生李振基,这是一位木偶艺术痴迷者,上大学时学的是机械制造,一生却不与机械制造沾边,只与木偶艺术作伴。这些专家们由于我们的真诚,在充分肯定《火焰山》是三十年来,我国木偶艺术界涌现出的最优秀剧目之一的同时,也毫不客气向我们提出不少宝贵的意见。

回到福州,又借在福州汇报演出的机会,省文化局艺术处应我们的要求,用了一整天,召开有关省属艺术团体代表和戏研所专家参加的座谈会,老吴和我汇报此次晋京献演的情况后,表示主要是听听各位专家意见,准备对《火焰山》再次进行修改的想法,专家对此十分赞赏,会上发言很是踊跃,真诚地帮助总结《火焰山》的成功经验,指出不足,给后来《火焰山》的修改帮助不少。

可以说,这一路行来,我们向天(津)南(京)上(海)北(京)的观众展示新改革的高台演出的《火焰山》,在获得高度评价的同时,也得到好意见好想法,为《火焰山》的修改打了一个很好的基础,真可谓是获得了双丰收。

回到泉州已是七月初,稍事休息几天后,就召开艺术分析会,大家就自己的演出实践,结合在北京和沿途征求的意见,认真就《火焰山》的创作演出进行全方位分析。不管是导演还是舞美音乐,都以不同角度作了比较详细剖析,找出不足,提出修改意见,甚至对某一段戏或某一个人物应怎样改都反复讨论,提出具体办法。这分析会前前后后开了近一个星期时间,最后由两位编导和我把分析会提出的意见进行归纳,提出了一个具体修改方案,就开始紧张的工作了。

我们首先逐场把那些在演出实践中显得拖沓的地方,或删除或重新安排情节,其次是把一些不能很好发挥木偶自身特点的情节进行删减或重编。其三,突出虚实相结合的手法对舞台美术进行修改,删去一些可有可无的景片设置。此外一些不够理想的嘉礼和道具也重新制作,力求更具艺术性。这就使每场戏或多或少都作了修改,从而艺术质量都有不同程度地提高,其中最具代表性的可能是第五场戏的修改了。

第五场巧盗金睛兽中盗兽一段戏原来是这样编排的:孙悟空进入碧波潭,被龙宫中的丫环发现,变成大螃蟹,用大夹脚把丫环夹住,另一位丫环发现时,孙悟空又用定身法把丫环定住,然后变成假牛魔王盗走金睛兽。演出时效果也还可以,可是木偶特点没能最大限度地表现出来。两个丫环一个被大螃蟹夹住,一个用定身法定住,都没戏可做了,成了真正的死木偶,可看性显得比较差。在艺术分析会上大家也对这段戏提出了很多修改意见。我也一直认为这段戏一定得改,要想办法让木偶活起来,才能提高可看性。

在上海演出时,上海市演出公司为我们召开的一个座谈会上,上海市木偶剧团一位代表发言时,很风趣地说,这个戏通过"两真两假"两个人物和"一真一假"两件道具,把情节安排得很妙,不断有令人意料之外的感觉,很是值得一看。他解释说,"两真两假"两个人物指真假牛魔王和真假猪八戒,"一真一假"两件道具是指真假芭蕉扇。受这启发,我想何不再来个"一真一假"——真假龟丞相,让孙悟空变成龟丞相混进龙宫。我把这想法向大家一说,包括两位编导都十分赞同,大家还在情节编排上提出很多建议,不过在谈到假龟丞相如何把真龟丞相镇住时,却碰到与用定身法定住丫环同样的问题,真龟丞相成了死木偶了。对此议论纷纷,有的建议让孙悟空变个小房子把龟丞相关进去,有的建议变个鱼网把龟丞相吊起来,有的建议用捆仙绳把龟丞相绑在灯柱上。我和李文泽把大家的建议做了一些实验,我们用剪接手法,把龟丞相捆在灯柱上,又用剪接手法把大喊大叫的龟丞相嘴巴堵住,大家一看认为这样的效果好,两位编导更是满意。

就这样"盗兽"这段戏修改为:悟空进入碧波潭,水族发现后纷纷追逐引起喧哗,龟丞相出场制止,发现孙悟空欲报告龙王,孙悟空遂变成假龟丞相戏耍龟丞相。最后孙悟空用毫毛变成长长的捆仙绳,把龟丞相绑在灯柱上,龟丞相高声喊叫,孙悟空又拔毫毛变成布团塞进龟丞相口中,然后变回孙悟空,开始盗兽。可金睛兽只认牛魔王,孙悟空又变成假牛魔王盗走金睛兽。捆仙绳则用细长白绸做成,由一位地台演员操纵,将龟丞相逼在灯柱上后,迅速隐去,由预设在灯柱后的细白长绸接上,在龟丞相身上一绕。同样,堵龟丞相的口也是先舞动布团,再让预设的布圈补上。这样一绑一堵既风趣又能很好的显示木偶的特点。"盗兽"经过这样一改,戏比以前紧凑多了,艺术水准提高了一大步。后来的演出中经常有想探究"绑"和"堵"的秘密机关,特地看了多场演出仍没看出个究竟的观众跑上台向我们探求秘密。日本的木偶戏同仁宫原大刀夫先生就曾很风趣地说:"我从台下看到台上,连续看了三遍,还看不出其中的奥妙,这演出真比魔术还神。"

随着拖沓的地方的删减和一些情节重新编排表演上的变化,音乐也必须作适当的修改,这个任务交给林春晴老师。原来的音乐是由龚天锡和苏齐两人合作的。龚天锡是剧团乐队的司鼓,从小来剧团学艺又受其家庭的影响对传统音乐颇为熟悉,各种传统乐器如二弦、三弦、唢呐都有一定的演奏水平。刚来剧团时,人长得瘦小,大家用日本倭奴与他开玩笑,没想到他还真的是日本人。八十年代初回到日本去了。

说到龚天锡是日本人,还真的是无巧不成书。那一年,剧团到福清县城关演出，冥冥中似有老天的安排，一天午饭时，剧场一位工作人员与我们闲聊时，无意中谈起他们这一带以前有些人家里苦，把孩子卖到泉州晋江一带，现在不少人正在查找的事。我们几位年纪大点的都知道龚天锡不是亲生的，而是从人贩子手里买来的，就半开玩笑地说，说不定龚天锡就是从这里贩过去晋江的。说者无意听者有心，这个剧场工作人员回到村里一讲，第二天，就带了几个人来到剧团辨认，虽失望而归，这事却传到另一个村子里去。隔了几天，又来一些人，一看到龚天锡，眼睛都瞪大了，口里也不住地说："像、像"。之后，连续两三天都不断有人来，有的还提议要天锡跟着回去看看。我们也怂恿他跟着去看看，说不定认出个亲生父母亲呢。就这样，一天早上他跟着来人，去到那个村子。当年贩卖时，因长得瘦小，瞒骗了三岁，对他出生的村子里依稀还有些印象，一进村口，他就认出来，竟然不用指点就来到他亲生父母的家，一家人坐在一起高兴地直掉眼泪。从此，亲生父母一家和养父母一家像亲戚一样有来有往，龚天锡也经常回到亲生父母家，看望亲生父母和兄弟姐妹。一次无意的谈话竟让龚天锡找到自己的亲生父母，真是意想不到，而更让人意想不到的是龚天锡的亲生父亲是因种种原因留在中国的日本人，他日本的姑姑通过大使馆寻找多年，终于在福建找到了，按照当时日本政府的政策，可以举家迁回日本。就这样，龚天锡一家就随着其亲生父亲回到日本，被安置在横滨市，成了真正的日本人，改名叫高谷板优。我曾想如有一个剧作家把这件事写成剧本再搬上舞台，说不定会很受观众欢迎。

　　由于龚天锡对传统音乐比较熟悉，我和黄少龙向老吴提议，《火焰山》音乐创作由龚天锡和苏齐负责。老吴经与吕赞成研究后，同意我们的意见。

两人的分工是龚天锡为唱词配曲和编配部分场景音乐。苏齐负责为全剧音乐润色和多数场景音乐的创作。因为为大型剧目配曲,龚天锡是第一次。为让其专心创作。老吴特批他半个月的创作假。苏齐当时只有二十出头年纪。为人聪明好学,来剧团曾在梨园剧团工作过。大提琴拉得很不错,学过作曲也曾为个别小戏配过曲。这次为《火焰山》配曲十分努力,写作的音乐不仅颇具传统韵味,还能有所创新。如鱼美人舞的音乐既大胆借用圆舞曲的样式,又保留了传统音乐味,旋律很是优美动听,对表演起了很好的辅助作用,是一位很有前途的年青人,一九七九年参加高考,就读于福建中医大学,转行成为一名医生。他与龚天锡配合十分默契,龚天锡是司鼓负责设计鼓点,两人合作得十分愉快。人们对《火焰山》的音乐评价是相当高的。这次修改由老作曲林春晴老师担任。又有明显的提高。可以说《火焰山》的音乐是成功之作。

经过两个月的集中修改,几乎所有拖沓的地方都删去了,整台戏显得非常紧凑,把原来演出二小时近十分压到一小时四十五分。木偶特点显得更加突出,舞台也更净化了,整台戏的艺术水平在原来基础上进了一大步。

这是一次较为集中的大修,至于小修小改自演出后就没间断过,有故事情节的小修小改,有布景和嘉礼构造的改动。原来"土地"的出场是从石头景片后的台下升起,后改成把石头景片做成能裂开又能迅速合上,让"土地"恰似从裂开的石缝中出来,既合理又更具可看性。第六场当孙悟空变成假牛魔王骗走真芭蕉扇,铁扇公主伸手抓起案桌上的宝剑射去,碰巧插在山石上火花四溅的这段表演,是在宁德地区演出时加上的。那是一天晚饭后,大家闲谈中,感到第六场结尾不是很理想,就你一言我一句的提出了不少想法。黄锡钧说,这好办,只要让铁扇公主挥剑射出就可以，随后他把设想详细地给大家一说，大家也感到很有新意，立即和李文泽动手制作所需道具，当晚演出结束后就让黄成聪试验电火花。隔天早上，由黄锡钧组织排练，当晚就按修改的演出了。移点到福安县演出时，曾有多个观众一再称赞："这剑射得真准。场场都正中在那山石布景上。"老吴故弄玄虚，告诉观众说："那是苦练的！"观众还信以为真，表示佩服呢！

像这样小修小改，直到把唱念道白音乐用录音替代以后，才告一段落。

正因为这样，《火焰山》尽管起点高，一开始就深受观众欢迎仍不断改进提高，使得这个戏越来越成熟，深得广大观众所喜爱，短短几年就演出了二千场，市政府特地发来贺信，剧团还出版了纪念专刊。为此，原省文化局副局长朱展华先生曾高兴地赋诗一首表示祝贺，借此抄录于下："火焰今朝映天长"——为市木偶剧团《火焰山》演出二千场而作：

　　八闽剧苑破天荒，
　　木偶桐城谱乐章。
　　昔日京华欣载誉，
　　今朝"火焰"映天长。
　　精湛技艺竿头进，
　　绮丽风光丝路扬。
　　文化交流夸古国，
　　神州遍演二千场。

一九八五年省委宣传部属下的福建长龙影视公司看好《火焰山》，决定与我们合作，拍成木偶电视剧，我认为这也是提高木偶艺术进军影视界的大好机会，我全力以赴和大家忙了两三个月拍成了上下两集的电视片《火焰山》，尽管因经验不足,有些戏拍得不很理想,总体艺术水平还是不错的。

五、当了一年专职教师

一九八〇年剧团带着《火焰山》经江西到四川演出,我经团部研究决定留下教授一九七八年入学的学员。

这班学员除个别几个是一九七九年补招外,都经过了两年正正规规的学习,他们的老师多数都是有深厚艺术功底的知名老艺人,有我的启蒙老师陈天恩,有洪清廉、吴孙滚、陈荣跃等,由曾在中学任过教职的陈德馨和我的师兄杨度任正副班主任。在这些老师的调教下,学完传统基本线功,掌握了多出传统剧目,可以开始边学边演了。为了适应新的要求,掌握更多技能和表演艺术,团部决定采用以戏教戏的方法,让学员全面掌握新戏的生产过程、基本知识及基本技能。指定由我和黄锡钧为主担负这项工作,并决定以《宝莲灯》为教材。

《宝莲灯》是黄锡钧一九七九年下半年创编的,经多次反复征求意见多次修改,可以说本子是比较成熟的,剧中人物行当也比较全,剧本的文学性也不错,用作教材还是比较合适的。此剧后来在一九八三年文革后首次出国时,由中年演员重排,有较大的提高,被评为此次出国多个剧目中仅次于《火焰山》的优秀剧目。

根据团部要求,我们拟定这一年的学习内容大体是这样:舞台表演的简要知识;高台表演特点和适应高台表演所需的一些常识;笼腹和脚节手节的制作,以及如何塑造人物的一些最基本的常识。

具体教学是根据戏的生产程式安排的,首先由黄锡钧结合剧本分析讲授一些有关的基本知识,由吴仕博讲授嘉礼制作的有关常识,接着由我组织学员学习笼腹和脚节手节制作。为了让学员学得快,我把笼腹划分为男女老幼和兽类几种,每种各扎一个笼腹示范。因兽类种类繁多,我则重点给学员讲解和示范如何把头、颈、躯干进行分开和组合。学做脚节手节时,我同样按不同类别先示范,然后让学员动手制作,在他们实际制作中,我再给以一个一个辅导。戏中还有一些特殊结构的嘉礼,包括杖头木偶、布袋木偶的笼腹和脚节手节,则是待一般嘉礼的笼腹和脚节手节制作完成之后,我则边制作边给学员讲解,有几个学员悟性比较高,很快掌握了要领,也动手帮着制作。嘉礼各部件做完后,就得组装嘉礼了,这是进入排练场前一个很重要的工序。做好这个工序,可以说是一个合格的提线演员所必须具备的重要条件。

因此,组装嘉礼时,黄锡钧又给学员分析戏中几个主要人物特点和表演要求,我则先认真地指导每位学员把各零部件组合并穿上服装,按传统线位装上操纵线,然后按照各人担负的角色,帮他们设计动作,让他们和我一起设置这些动作的线位线规。几个主要角色和杖头木偶,我更是一个一个认真讲解仔细地给以示范。这段组装嘉礼花的时间特别多,我花的精力更是比平时不知多多少倍,不过排练时却省心多了,学员也学了更多的知识和技能。由于有这么一段的实践,这批学员毕业汇报时,每个学表演的学员,都展示出自己制作的笼腹脚节手节,受到各方的好评。

嘉礼组装基本完成后,就正式进入排练场开始排练了。开排前黄锡钧又专门先给学员上了剧本分析和导演设想课,然后由我和几位参加辅导的演员组织学员练功,教授布袋木偶和杖头木偶操纵基本功。

《劈山救母》这个戏是用高台表演的,我让全体学员先练习高台嘉礼操纵,毕竟高台的嘉礼操纵线比他们学习过的中台表演长了三尺左右,操纵的难度肯定是比较大的。然后辅导他们按担任角色的要求,做一些主要动作的练习,同时教授表演布袋戏和杖头木偶的学员操纵杖头木偶和布袋木偶的基本手法,并陪着他们练功。学员们学习热情很高,每天早上五时半到七时半是早功为第一节,八时半至十一时半为第二节,下午上文化课,晚上七时至九时是第三节。这批学员借用开元寺水陆殿作教室和膳宿,来到剧团路上也得花去二十多分钟时间,所以每天早上得不到五时就起床,晚上九时结束,学员们往往是十时,甚至十时半都还练兴正浓。因而大家进步都很快,高台嘉礼的操纵,也没有感到有多大的难度了。

紧接着就正式开始排练了。根据学员的特点,每场戏开排前,我和黄锡钧都按戏的内容细分成几个小段,然后利用读剧本的机会,由黄锡钧讲述一些舞台表演常识和每场戏的基本要求。开排后特别是粗排阶段,往往我都要把一些难度大的动作进行分解,边讲述边示范。

这段时间我确实相当累,每天晚上送走学员后,还有许多工作等着我;有嘉礼操纵起来不如意得重新拆装,线位重新设置;有的段落没能符合事先设想的要求须与黄锡钧重新研究,往往都要到下半夜才能休息,而天未亮学员们又来了,需早早起来辅导他们练功,真是够累的,但是看到学员们学习热情高进步快,什么叫做累全都忘了,心里只想让他们尽量多学一些,巴不得把我多年来积累的一点东西全部交给他们。

在制作室和乐队以及其他部门的全力支持和配合下,经过两个月的粗排又一个月的细排,至十月下旬戏就排练结束了。为巩固所学到的知识和技能,和得到实际演出锻炼,我们组织学员到晋江、惠安的几个乡镇影剧院实习演出。实习中我们非常注意对学员高标准严要求,我总是有一个想法,既然是为了培养接班人,俗语说得好:"要做种,就要晒得更干。"从每一次的布台到每一场演出,大至一块幕布的悬挂,小至一块景片的放置,都要一丝不苟严格要求。每场演出结束,坚持不少于半小时的讲评,每天上午坚持组织学员练功。在这样严格要求下,尽管是新剧又是初次演出,而且是只有三年级程度学员的实习演出,观众效果还是很不错的。

在崇武镇演出时,场场满座票房收入还是比较高的,在石狮附近的一个叫洪堀村的村剧场连续演出了十场后,我们准备返回,当地不少观众认为学员们演技不错竟一再挽留,我们只好临时抱佛脚用两天时间把原用中台演出的《三打白骨精》搬上高台,又演了五天。

经过两个学期又一个暑假的学习,学员们全方位地学习了一个新戏的生产过程,掌握了嘉礼舞台表演的很多知识和技能,收获是很大的。一个演员的成长,很重要的一条是能有一个不断创作新戏经常演出不断进取的艺术环境,这一年里就为学员们提供了这样一个好环境,对他们的艺术成长帮助肯定是相当大的。

六、《馋猫》晋京参加调演

（一）

带学员实习演出时,剧团就得到通知,文化部将于一九八一年下半年举行全国木偶皮影戏调演。团部决定抓紧新剧目创作,争取被选参加此次全国性调演。一九七九年刚上了北京,事隔两年又要创作一台达到全国水平的新戏晋京参加会演,难度是相当大的,首先就要有好的本子。我一边担任学员的教学工作一边接受新的任务,和两位编导研究剧本创作。接到通知前,作为一项正常艺术生产工作,两位编导都已着手考虑新剧目创作，接到通知后感到这是文革后首次全国性木偶艺术活动，不仅要力争获选参加，而且要以较高艺术水平的剧目参加，都更加用心。我更是不敢有丝毫的松弛。按历来的经验，一个个好剧目，除了基础好之外，还得经过一段演出，吸收观众意见后再经修改，才能比较成熟。离调演的时间大约只有一年了，是够紧张的。

不久，黄少龙、黄锡钧两位编导先后写出《蛙蝗大战》和《小小一分钱》。为抢时间先写出的《蛙蝗大战》立即开始人物设计。制作室也开始嘉礼制作，后来感到剧情与舞台表现上有不少问题，只好停下，《小小一分钱》紧接着开始设计和制作，并先交由学员班作为实习戏。可惜，虽然这个题材非常好，但其观众面比较窄，我们的演员又都是成年人，表演剧目中幼稚园和小学一二年级的人物，从来没有这方面的经验，只好也将其束之高阁，不过剧本却在天津百花文艺出版社的《童话》丛刊上发表了。

这下全团上下更为紧张了，大家都在议论都在关心。此时，晋江沿海一带走私活动异常猖獗，个别政府干部也参与这犯罪活动，引起全国关注。团领导老吴建议从这方面搜集素材，争取拿出一个反映反走私或反内外勾结的戏，我们非常同意这个建议，认为这还可以突出我们的地方特色。黄锡钧立即行动起来，先后到过几个地方了解情况搜集素材，不到一个月创作提纲就出来了。

一天晚饭后，我和李文泽几个住在团里的人坐着闲聊，由剧本创作谈到走私活动，从走私活动又谈到内外勾结里通外鬼，也不知是谁说了句："什么里通外鬼，就是猫和老鼠睏同床。"我灵机一动，何不创作一个猫同老鼠睏同床的戏，来讽刺批判内外勾结助长走私的犯罪行为，我把想法提出后，立即得到大家的赞同,也巧,这时黄锡钧带创作提纲想听听我们的意见,我当即把这个意思告诉他,他听后也立即来了兴趣和大家一起议论起来。大家你一言我一句编了不少情节。第二天,趁大家休息时,黄锡钧就把一个完整的猫鼠勾结偷盗仓库的故事讲给大家听,大家听后都认为不错,又隔一天黄锡钧就把剧本的文字初稿写出来了。

有了初稿,老吴也非常高兴,立即召开几次剧本讨论会,团里的主创人员都参加了,大家一致认为题材非常好,故事基调也不错,同时对故事的矛盾冲突等不少细节提了不少建议。杨度建议猫鼠间是不是需要多加一个人物作媒介,他说,戏里生和旦,常常有一个在穿针引线,黄锡钧认为有理,就增加了一个角色:"花狐狸"。剧本完稿后取名《鼠患》。

戏的导演由黄锡钧兼任,我还是担任艺术指导还兼表演戏中的老鼠这个人物,老猫和花狐狸分别由林文荣、尤优雅表演。研究这个戏的导演设想时,我和黄锡钧认为既是以影射现实中的丑陋为题材,可以运用漫画的手法把现实中的一些东西稍加改造后用到戏中,使其更具特色从而达到更具可看性。那段老鼠给老猫抬轿子吹喇叭的表演,就很好地运用了漫画手法,一群装扮得很是滑稽的小老鼠抬着坐在敞顶轿里的老猫,敲着大鼓吹着特别夸张的长喇叭,在舞台上一颠一摇地表演,常常引得台下观众笑得前俯后仰。还有酒足饭饱之后老鼠让打扮妖娇的鼠姑娘为老猫唱歌陪舞的那段戏,更是贴近生活,给观众留下很深印象。为了这段表演,黄锡钧和我真是费尽思量,用了好几个表演手法都不够理想,最后黄锡钧提出能否学习皮影戏的手法,让鼠姑娘抱着老猫,转入台后,换成杖头木偶在杖头木偶表现区表演,再用特殊灯光照射在落地窗的窗纱上成为剪影。我想试一试吧!当晚,戏刚排完,我请李文泽、王爱珍及管灯光的柯恢复留下和黄锡钧一齐反复多次试验。大家认为这样处理这出戏完全可以。第二天吴仕博立即动手特制一个屏风代替原先的景。这段戏经过精心排练，在以后的演出中取得很好的艺术效果。后来在福州演出时，演出这段戏时，灯光人员竟忘记打开表演区的灯光，只有天幕灯亮着，这可是演出事故呀。演出结束讲评时，大家意见很大，可编导黄锡钧却认为这样反而效果更好，这一失误反而让台上的嘉礼都成剪影出现，产生意外的效果。这出戏在北京演出时那慢三转快四的舞姿和全场群魔乱舞的景象常常得到台下观众异常热烈的反响。

排练结束后，先在我们泉州几个地方边演出边修改，观众反映还是不错的，有人说，把那些内外勾结的贪官比做馋吃的猫太恰当不过了。不过也有好心人为我们担心过，据我所知，就有人对老吴说过，这个戏是不是影射现实性显得太露骨，说不定会引来不必要的麻烦。要知道一九八一年离文革才多长时间啊。文革的影响或多或少都还存在着。我也真有点担心，怕因此而影响入选参加全国调演，老吴却建议把剧名改为《馋猫》，让主题更突出。后来证明我的担心是多余的，九月下旬，省文化局来电话通知我们到福州边演出边继续修改，准备参加全国调演。

（二）

国庆节后，我们到福州茶亭的一个工人俱乐部边演边继续做一些修改，准备接受省文化局的审看。一天晚饭后，省文化局突然来电话，当晚省委书记项南将带几位辽宁省的客人来观看我们的演出，并说省委办公厅下午就直接通知剧场了。我们都感到很兴奋，感到这是省委书记对我们的关心，也是对

《馋猫》这个戏的肯定。演出开始，我发现项南书记就坐在第七排中间的位置上，旁边是万里云局长，如果没特别加以注意谁都会以为是一位极普通的观众。演出结束，我和老吴请他带客人到台上与演员见见面给大家做指示。他说："今天我和我的客人是你们的观众，既然你们同意，我就带客人到台上参观参观。提意见可以，观众是不会作指示的。"来到台上他兴致很高地认真察看我们演出的舞台，让我表演老鼠的几个动作后，又让我们表演"抬轿子"，吹喇叭那段戏，客人们看了都大笑起来，项书记也开怀大笑，他说："原是死对头，竟在抬轿子，吹喇叭中狼狈为奸了。"万里云局长给项南书记介绍说这个戏将要晋京演出，项书记高兴地说："好呀！"离开时，我们送他到门口，他一再向我们表示感谢，和我们一一握手后，才和那几位客人一起乘一辆中巴车回去。这让我十分感慨，一个省委书记轻车简从，以普通观众的身份来看我们的戏，是那样的平易近人，不过更令人感慨的还是他回到办公室立即给剧团写信这件事。

  隔天上午大约十时左右，省文化局艺术处黄兆敏副处长来到我们演出的剧场，给大家带来令人兴奋的消息。早上刚上班就接到项南书记秘书的通知，要文化局派人到项书记办公室取一封项书记给泉州木偶剧团的信。省文化局领导看完取来的信都为剧团感到高兴，认为这也是书记对全省文艺表演团体的关心，黄副处长向大家传达这消息后，就让大家传阅项南书记的信。信是项南书记亲手用毛笔写的，落款时间是当晚十时。也就是说，项书记看完我们的戏就直接到办公室立即给我们写信。我们的戏是九时结束，项书记回到办公室最快也得超过九时半，说明他是如何重视我们演出的《馋猫》这个戏啊！这给我们很大鼓舞。

信传阅后,说是为了存档收回去了,只答应以后给剧团冲洗一张照片(可惜当时没有影印机)后来不知怎的,照片没有,下文也没有了。不知此信是否还存在文化厅。信不长,只有一页信纸。已是记不得了,只记得写了这么几个内容:

一、表示对我们的感谢;

二、认为题材不错主题鲜明,很有现实意义。表演也特别好,还特别赞扬老鼠和猫的表演;

三、建议演员多练讲普通话;

四、认为戏的结尾不够理想,建议做些修改。

一个省委书记以一个普通观众到剧场观看演出,观后又立即给剧团写信,提出非常中肯的意见,可能是全国少有,我省仅有了,在北京调演期间这件事成了调演期间的佳话,很多兄弟剧团都为我们感到高兴。

(三)

这次全国调演期间,恰好是中国女排首次获得世界杯赛冠军从日本回来,首都各界在首都体育馆举行一个非常热烈隆重的欢迎晚会,我们都参加了,因是此次调演时间记得特别清楚,是在十一月八日至二十八日。这次调演是文化部主办正式名称是:"全国木偶皮影戏观摩演出",规模不小,几乎有木偶戏皮影戏专业剧团的省份,都选派代表参加了。而且又多了一个同行,浙江省派来的平阳县提线木偶剧团。

福建省代表团由我们泉州木偶剧团、晋江县布袋戏剧团、龙溪地区木偶剧团合组而成,领队是省文化局艺术副处长黄兆敏,晋江县布袋戏剧团参加的是新近创作的《白龙公主》,这是一个集中优势力量创作出来的高水准剧目。龙溪地区木偶剧团剧目是《狗腿子的故事》,也是一个高水准的剧目。我们入选的《馋猫》这个剧目,经过演出实践又反复做了不少修改加工,也是一出有相当艺术水准的剧目了,演出后,反响非常热烈,《京晚报》刊登不少文章给以很高的评价,并用连环画连载向读者介绍剧目内容。票房情况远远超过其他戏。而在各代表团中引起的一场争论,更是大大提高《馋猫》的知名度。

在一次各省代表参加的座谈会上,南方一个省的一位代表提出《馋猫》剧中没有一个正面人物,容易给人错误导向的看法,也是这个省的另一位代表也发言说,俗话讲"老鼠过街人人喊打。"偏偏这个戏老鼠的形象占多数,给人很不美的感觉。甚至提出像这样的节目,竟然也入选参加调演感到很不理解,这引起与会者激烈的反对和不满。

会上北京的一位代表激动地说,难道揭露丑恶不正是褒扬美好吗?批判了反面不就为了树立正面吗?在"四人帮"横行的年代,搞什么"高大全",什么反面人物在戏中的份量不准超过正面人物,请问,现在还得遵循这一套来衡量我们的文艺创作吗?至于"老鼠过街人人喊打",人们不欢迎的老鼠形象能否上舞台,世界童话巨著《唐老鸭与米老鼠》该怎样解释?这一席话得到绝大多数人的赞同。上海的一位画家代表接着发言,他说,《馋猫》这个戏,泉州同行们是采用漫画式的处理方法,整台戏的每个画面都可看作是一幅很不错的漫画,我们能苛求漫画家在批判落后丑陋的漫画中同时画出光明和美好吗?这种漫画家的表演手法,从某种意义上讲,正是我们木偶戏可以很好利用的专利。如果说戏还有不足的话,应该说可以揭露得更深一些。其他许多省的代表也相继发表了很多看法,并就创作思想,创作手法展开了热烈的讨论。在大加肯定《馋猫》这个戏的同时,也向我们提出不少很好意见和建议。这场争论给我留下了很深的印象。

可以肯定地说,《馋猫》这个戏是很不错的,观众是很欢迎的,时任文化部副部长吴雪在观看演出闭幕式上作总结报告时,也给充分肯定,当时的《剧本》月刊还特派专人观看我们的演出,并向编导黄锡钧要去了剧本,于一九八三年与高甲戏《凤冠梦》同时发表。可惜调演回来后,因这个戏不足一个晚会,又没能及时创作一个新戏给以补足,因此,很少业务演出,演出的场次不多。我想,过了二十来年后的今天,如果再演出这个戏,说不定还是会很受欢迎的。

七、"木脑壳真活了"

"木脑壳真活了"。这是一九八二年我们在陕西省勉县演出时,该县影剧院一位经理观看到我们的演出和对观众火爆场面的感叹。

调演回来后,感到这几年很多精力都用在艺术创作上,参加演出实践相对少了,这一年剧团决定到陕西、四川巡回演出,经团部同意,我参加了这次巡回演出,演出剧目是《火焰山》,采用录音演出。

《火焰山》经过大修后,先后又在福州、宁德和浙江的平阳等地演出了一百来场,可以说戏定型了演员也演得娴熟了。为节省外出演出开支,团部决定尝试把全剧录音,然后用录音带演出,一九八○年初,在泉州市广播站的协助下,花了近十天时间,成功录制了完整的录音带。

一九八○年剧团带《火焰山》到四川演出时,就带上这录音带。不过,为保证万无一"失",仍有乐队随团,一般晚场演出由乐队伴奏,白天演出才使用录音带。经这一年的实践后,剧团几位领导对录音演出放心了,一九八一年学员班学演《火焰山》后,也开始试用录音带演出了。

这次出省演出是自一九六六年以来,十几年后我首次参加出省巡回演出。我们是从西安开始,经汉中进入四川,最后在万县演出后从长江乘船返回,历时七个月。让我实现了重温文革前十年出省的演出梦,也让我重新体验到文革前演出的那种火爆场面。

我们不管演到哪里,都受到那里观众的热情所包围,上座率一再居高不下,经常还得一天演出三场四场,甚至有时还得演五场。在汉中地区的南郑县,是个小县城,我们只安排演出五天每天两场,第一天演出就爆满了,第二天起我们每天安排演出三场,最后一天的三场戏票都在前一天售完,又临时增加一场。可是上午场刚演结,大家正准备午后休息一下,剧场负责人陪着一位交通民警匆匆走到后台找到我和老吴,希望我们再辛苦一下,再加演一场。据他说,买不到戏票的人太多了,都挤在剧场门口的大街上,把交通都堵住了。老吴和我交换一下意见后,只好答应十二时三十分再演一场,可是一看手表距十二时三十分只有不到五十分钟,九百多张戏票能卖得出吗,剧场负责人见我们答应演出了高兴地说:"戏票的事你们不用担心。"后来才知道,他把九百多张戏票分成十个售票处,不到十五分钟就全卖光了。一天连续演出五场,当晚又转场到六十公里外的另一个县演出,大家确实太累了,可是见到观众那满足感,真的什么累也忘了。

在勉县演出则是另一种情况,先是被瞧不起后又被奉为上宾。勉县县城在定军山下汉江边,当年诸葛孔明带兵屯田于此,死后就葬在定军山,历来就是个较富庶的地方,据说不少高水准的艺术表演团体都到过这里演出。我们派人与该县影剧院联系时,剧院一位女经理爱理不理地说,木脑壳(当地对木偶戏的称呼)没人看,表示不愿意接待我们演出。后经好说歹说总算同意了。但她说,丑话要说在前头,她不愿做亏本生意，不采用历来演出收入剧团与剧场按比例分成的惯例，而是不论票房如何，每场都得收二十五元场租，用水用电需另看表计费。我们测算了一下，如果能满座场租加水电费，不会超过票房收入的百分之十五（一般是百分之三十到百分之二十）这对我们是合算的。我们表示同意她的条件，这才让我们进入该剧院演出。

第一场演出，上座率大约只有八成多，其中还包括我们送出的近百张票。这可让我和老吴有点紧张了，一查原因，原来剧场只在大门口挂上一块小黑板，用粉笔写着演出剧目和时间，再也没做什么宣传了，观众当然不知道啦。我赶快找到经理，建议多作些宣传工作或多出几张海报。这位经理却说："戏没人看再怎么宣传也没用，我们不会多花这种精力的。"真是不可理喻，你不干我们自己来，我随即和老吴到街上买来纸、笔、墨汁，一口气写十几张海报，安排几个人分头到街上张贴，上座率从第二天开始直线上升，第三天演出两场，第四天三场，第五天增加到四场。票房口每天一大早就排起买票的长龙，经理的办公室也是经常被挤满要联系包场或购集体票或想走后门的，真是热闹，一天老吴和我要外出贴海报，正好碰上经理被几个人包围着，见到我们半认真半开玩笑地对我们说："你们的木脑壳真活了！再这样演下去，我要给你们的戏票累死了。"据她说，几天来每天晚上她都要为隔天的票务忙到十一二点，天没亮又被要票的人吵醒，根本不能好好休息，更惨的是还得罪了不少要不到票的亲戚好友和领导。我半开玩笑对她说："你这是被木脑壳撞着了。"这位经理一改过去的冷谈与傲慢，对我们变得很是热情，后来县文化局长和分管的副县长还特地到我们住地，对我们表示慰问，祝贺我们演出成功。我们离开时，他们还很热情地送我们到车站，一再希望我们以后能再到勉县演出。

这七个月的巡回演出,估计不会少于三百场左右,票房分成收入达到八万多元。这一年剧团真是丰收年,学员班带着《火焰山》到山东、河北一带实习演出,收入也很不错,加上留在泉州的为儿童演出队的演出收入,全年剧团收入近十二万元之多,投资建起一幢五层综合楼。

这一年的出省演出,我仿佛又回到文革前十年出省巡回演出争创"放卫星"的情景,一直处在兴奋中。

八、在菲律宾当校长

(一)

说来让人见笑,一九八三年我竟然在菲律宾担任了中国泉州木偶艺术培训学校三个星期的校长。这都是由我们泉州木偶剧团访问菲律宾所产生的巨大影响促成的。

这年九月至十月,应菲律宾菲华慈航友谊社的邀请,我们剧团出访菲律宾,我参加了这次访问演出活动,据说这是我国和菲律宾建交后福建省首次派往菲律宾访问演出人数最多的团体。因此,各方面的重视程度不亚于一九六零年到罗马尼亚参加第二届国际木偶联欢节。组成了由省文化局副局长朱展华为团长和文化部对外联络局张副处长为秘书,以及我们团老吴为剧务主任的领导班了,并提前于五月初就开始紧张的准备工作。在整个准备工作中团长朱展华连续两个多月亲临排练场指导工作,副团长吴荣洲更是几乎天天和大家一起在忙着,市委市政府分管的副书记和副市长也都经常来到剧团深入排练场检查工作,这都促使我们更加认真更加努力地做好准备工作。

根据菲律宾华人华侨多泉州乡亲多,出访期间将会有较多露天演出的特点，两位团长提出此次出访一定要拿出最好的艺术，体现三十多年来泉州木偶艺术的快速发展，又要有能激发离乡多年的华侨乡情乡谊的泉州特色。老吴和我与两位编导研究后，除《火焰山》、《宝莲灯》、《水漫金山》等几个戏外，又特意选择了《郭子仪拜寿》、《卢俊义》、《收罗汉》等几个传统剧目进行改编。这几个剧目都有很丰富的语言艺术和表演特色，经过两位编导的加工后更是生色不少，以经过演员娴熟的表演，确实给观众留下极好印象。因邀请方是马尼拉包公庙为主体，要求要有包公戏，我们就选择《秦香莲》，改名《包公铡驸马》，由我担任包公的表演。

《卢俊义》中元宵佳节化装进城这段戏，讲的是梁山好汉化装进城救卢俊义的故事，其实表演的是闹元宵的情节。一九五四年创作《三姐下凡》时曾有一段闹元宵的戏，有踢球舞，宰(刣)狮的表演，都是泉州民间艺术。除此外我建议把化装成乞丐的表演保留下来，增加一段拍胸舞表演，拍胸舞也是泉州民间舞，如果能让嘉礼的模仿得像，将会更突出泉州特色，导演非常赞同，要我试一试。

拍胸舞要让嘉礼模仿得像，我细想一下，有两个难点，一是嘉礼构造。拍胸舞演员是打赤膊穿短裤光脚，也就是说，嘉礼构造上的很多可用服装遮盖起来的部分现在不可能了。特别是每个关节部分的衔接，既要衔接好又要能灵活表演，为此我花了好长时间选了好几种材料，反复试验了十几次才得到解决；二是动作快速。拍胸舞基本动作是手臂手掌紧节奏地分别拍打胸部、大腿和胸部两侧，为模仿好这基本动作，我先把几条传统操纵线作适当调整再从手臂至胸部设置两条来去线，并相应设置辅助线，表演时利用勾牌左右摆动和另一手按设计的线规以予配合。解决了这两个难点后，表演起来还真有那个味道。在菲律宾演出时,一位华裔青年观众说:"木偶还会跳迪斯科",另一位老华侨立即纠正说:"这是我们泉州的拍胸舞",接着还津津乐道地讲起了他小时候在家乡看到迎神赛会的情景。

《郭子仪拜寿》中的派账这段戏,是传统表演中很精彩的语言艺术表演,演员通过诙谐风趣的语言把郭子仪拜寿时的铺张演绎的淋漓尽致,紧紧吸引住观众,特别是一些即兴表演更是往往让台下观众笑得前仰后合。这次经编导的细心加工和演员的即兴表演,更显出特色,引起不少老华侨极高的兴趣。

经过三个月的精心准备,完成了出访菲律宾的七台戏。在菲律宾演出了近百场,产生巨大影响,因而被评为菲律宾当年的十大新闻之一。

(二)

按原计划我们先在菲律宾国家文化艺术中心演出三场《火焰山》,休息两天后即到位在马尼拉市巴西区的包公庙(当地称包王府)的小广场露天演出。可是在文化艺术中心演出后,产生的影响是各方面包括主办的菲华慈航友谊社都完全没有料到的。据说文化艺术中心总经理从不轻意宴请到文化中心演出的国外艺术团体的,在观看我们演出后,亲自向我们发出邀请,在文化艺术中心宴会厅隆重宴请我们,菲华各界更是反响强烈。因此,我们休息出两天后突然改变计划,转到马尼拉市中心王彬街的亚洲影戏院演出。

后来,在一次朱展华团长作阶段小结时向我们介绍说,我们在文化艺术中心的三场演出,每晚都有好多人因没票在场外空等,有的还是从宿务等外埠城市赶来的。

据说一位七十多岁的老华侨,离乡已几十年了,因没票进场观看从家乡来的木偶艺术,连续三天徘徊在剧场外。当地媒体特别是华文报纸,在大量刊登我们的报道和赞美文章的同时,还发表了一些读者的来信,建议我们再次公演以满足观众要求。听说不少华侨社团对我们的演出计划多有微词,甚至反映到我国驻菲律宾大使馆。对此,出访团的几位领导很是着急,后来经大使馆批准,又得到邀请方的同意,通过时任晋江南侨中学菲律宾校友会理事长的施玉麟先生(是林春晴老师的学生又是老吴的同学)出面联络各华侨社团,在我驻菲律宾大使馆的协调下,决定由菲华慈航友谊社主办,各华侨社团承办,在王彬街演出六天。王彬街是马尼拉的华人区,多数人来自我们泉州的晋江、石狮、南安、惠安,满街的人讲的基本都是泉州话。我们每天演出二场,八百多座位场场都还得在通道中临时加座。我们的六天演出使本来已是车水马龙的王彬街更是拥挤不堪,正如《华侨时报》一篇文章说的,泉州木偶戏在王彬街的演出,让王彬街天天如在过大节,热闹非凡。

王彬街的六天演出,要达到满足观众要求还是根本不可能的,我们只好接受观众和邀请方的建议,移到菲律宾国家公园——黎刹公园公演。黎刹公园相当大,是全开放式的公园,主办方特地在公园的露天音乐厅广场搭建了一个牢固的大舞台。

在此演出恰逢我国国庆节,菲方特地于我们开演前一天为我们举行了国庆宴会,菲律宾政府的观光部长亲自出席,还在我们演出的音乐厅广场升起五星红旗。我们在这里演出三场《火焰山》,观众真是人山人海,据公园管理处的估计不下万人。最后一天演出中,原来只是细细小雨突然变成倾盆大雨,观众却撑起雨伞坚持在雨中看戏,那情景使人非常感动。一九八四年九月《人民日报》发表了时任文化部副部长吕志先回顾总结建国三十五周年对外文化交流成绩的文章——《文化使者足迹遍天涯》,就专门谈到我们在菲律宾演出的影响,其中写了这样一段话:"泉州木偶剧团在菲律宾露天音乐厅演出,暴雨突降,观众却坚持不走,出现了千人撑伞看戏的动人场面。"

王彬街和黎刹公园露天音乐厅的演出又进一步在菲华各界掀起更加强烈的泉州嘉礼风。一家英文报纸评论说,中国泉州木偶征服了菲律宾,演出的《火焰山》堪与美国的《星球大战》相比美。华文报更是一篇接一篇地发表有关介绍泉州木偶艺术的文章。我们的住地也是一改刚来菲律宾时的冷清,前来拜访的、探望的、邀请参加宴会的,当中有同乡会,有宗亲会,有校友会,也有以个人名义的,真是络绎不绝,令人应接不暇。著名华人陈永栽先生和他母亲蔡琼霞女士特地派车接我们到他的卷烟厂和啤酒厂参观,非常热情地宴请我们,并亲自陪同我们一起进餐。有一次我们应邀到我国驻菲律宾大使馆做客,代办代表使馆向我们表示欢迎,代办他说由于你们的精彩表演,博得了菲律宾民众特别是菲华各界的尊重,也促进了侨界的团结,进一步激发了他们的故乡情。文化部外联局还给我们演出成功发来贺电。

黎刹公园演出后,我们就到包工庙演出了。包王庙是敬奉包拯的庙宇,整个建筑风格完全与泉州的一样,来自菲律宾各地的信奉者,都操着泉州话,在这里丝毫没有身在异国他乡的感觉。我们在这里每天演出两场,共演出三十八天,随后又到被称为"吴天吴地"的宿务市演出了一个星期。直到回国前二天,我们才到菲律宾的旅游胜地玩了两天,这是这次来菲律宾访问的唯一一次轻轻松松地游玩。此行在菲律宾持续演出长达五十九天。

(三)

我们在菲律宾掀起的泉州嘉礼风,引起国立菲律宾大学戏剧学院院长敏尼法寿教授的特别关注,这位教授对东西方戏剧艺术都很有研究,对木偶艺术情有独钟。在她家里珍藏着不少各国的木偶,在学生中还组建一个木偶艺术团,利用课余假日学习表演排练节目,到中小学或幼稚园演出。据说若被吸收入这个艺术团的学生还可减免学费,因此,这个木偶艺术团还真是有模有样。据她说,因中菲两国建交不久,她了解的中国情况很少,只从书本上知道在北京、上海、广州有木偶戏,对泉州的木偶戏是一无所知。我们开始在文化艺术中心演出,她就被那高超的艺术所深深吸引,此后,我们的每一场演出,只要分得开身她都去看了,她说她已深深地爱上泉州木偶艺术了,特地邀请我们到国立菲律宾大学参观,在她家里以菲律宾人的最高礼仪招待我们吃抓饭,多次提出希望今后能在两国的文化交流中派一些学生到中国学习,并建议趁我们在菲律宾还有一段时间,开办一个木偶艺术短期培训学校,吸收一些对木偶有兴趣的人进行培训,为菲律宾留下种子,为今后交流打下一个好的基础。

敏尼法寿教授这个建议,我只是当作友好的表示根本没当一回事,可是一位祖藉南安的华人傅清河先生却非常热心,竟出面多方斡旋,取得我们出访团首肯后,真的向菲律宾文化艺术中心申请联合举办泉州木偶艺术短期培训学校,获得批准。

经商定,这个培训学校学习期限为三个星期,每天上午八时至十一时半为授课时间,其余时间自己练习。学习内容是泉州提线木偶艺术的简要历史,嘉礼构造和简单的操纵法,而以嘉礼的行、跪、坐基本操纵法为主,地点就设在文化艺术中心的小礼堂,所需费用由文化艺术中心负责,我们负责免费教学,我荣幸被推举为校长,授课教师则由此次访菲的演员担任,教学计划由老吴和黄锡钧制定。三个星期的培训主要还是由黄锡钧具体组织,可以说黄锡钧就是教务主任了。

开学这天,举行了简朴又隆重的开学典礼,出席的有我们出访团朱展华、吴荣洲正副团长和全体人员,有菲律宾文化艺术中心总经理,国立菲律宾大学戏剧学院院长敏尼法寿、菲华慈航友谊社社长庄垂郎。我国驻菲律宾的文化参赞也特地赶来参加,更显得这培训学校是中菲文化交流的一个重要内容。学员有三十二人,有的是国立菲律宾大学的学生,有的是小学幼稚园的老师,也有几位是其他行业的木偶艺术爱好者。会上,菲律宾文化艺术中心总经理发表了热情洋溢的讲话,并代表中菲双方宣布对我的任命。学员代表也讲了话,最后宣布了教学计划,典礼就结束了。典礼结束后,为进一步激发学员更高的学习热情,我们几位演员还提着短线嘉礼作了简单的表演,让学员实地看看嘉礼的操作,这样菲律宾泉州木偶艺术短期培训学校就算开学了。

此后连续三个星期(包括星期天)下午和晚上在包王府演出,上午我们就到文化艺术中心为学员上课。学员们都是艺术爱好者,人人都在艺术上有一技之长,艺术悟性很高,学的进度都比较快,只是这是临时增加的项目,事先没有准备任何教具,只能在每天没参加演出的嘉礼中选出部分,让学员跟着练习,学员回家后就不可能再有练习的机会了,这就大大影响学习进度。我们只好改变教师轮班制,改用一个辅导二至三个学员的办法,减少统一讲课时间,多给学员练习,保证了教学计划的完成。

结业那天举行正正规规的结业式，朱团长庄重地给每个学员发了由我签名的结业证书。每位学员还作了学习汇报，每人操纵嘉礼表演行、走、坐三个动作，有几个学员还表演跪拜等几个难些的动作，得到与会者的热烈赞扬。

这个短训学校时间不长，却产生了很好的影响，正如华文报《世界日报》在一篇报道谈的那样，此次在菲律宾播下优秀中华文化种子，必会为增进中菲友谊结出硕果。我们回国后，有位学员托人给我捎话，说在马尼拉已以他们这些学员为基础成立了菲律宾木偶艺术协会，会长是国立菲律宾大学戏剧学院院长敏尼法寿教授，傅清河先生任顾问，计划举办第二期培训学校，邀请泉州木偶剧团派人赴菲任教。可惜这计划因该国政局变化没能实现，否则将会对中菲文化交流作出更多贡献。

九、创建为儿童演出队

从菲律宾回国后，我们又到香港参加亚洲艺术节，剧目《馋猫》并按粤语改名《为食猫》，同样引起极大轰动。回来后就投入《太极图》这出神话剧的生产了。剧团计划待去广西、江西演出的第一演出队回来后就开始进入排练场排练（这时学员班已毕业并成立了青年演出队即第二演出队）。

这时的戏剧景气，已经一年不如一年，有的省已出现剧团因难以为继而停办的情况，出省演出的运价不仅没了文革前的特价优惠，且一年比一年高，不少剧场也改行另作他用。一九八二年参加筹备成立中国木偶皮影艺术学会时，就听到不少诸如此类的不好消息，因这一年我们的票房情况真是太好了，我根本没有意识到才几年会产生这种情形。九月份到广西演出的演出队提早回来了，他们尽了很大努力，票房情况也是很一般，费用却大幅增加，有时更因剧场改行跑了好多地方联系不到可供演出的场地，入不敷出只好提前回来，这事对我冲击很大。我和几位团领导对此反复进行多次研究分析，一致认为看来只能在本地与高甲戏、梨园戏一样下农村演出了。这就必需创编适应农村演出的剧目。此后，两个演出队都新增了多个适合农村的剧目，开始在晋江、南安、惠安一带深入到乡镇、村庄演出，希望争取更多本地观众。在这期间，第一演出队在下乡演出的同时开始新剧目《太极图》的排练。

时间进入一九八五年，全国剧团演出的景气情况更差了，我们剧团两个演出队七十人左右，都挤在本地这演出市场，是有一定难度的，我和老吴反复研究后，认为应该开辟新的演出市场。监于一九八二年因《火焰山》用录音演出，乐队闲着没事，乐员中有几位原是布袋木偶戏演员，曾组建了一个以演布袋戏为主的为儿童演出队，排演了一些小学课本剧，如《东郭先生》、《乌鸦与狐狸》等，在小学幼稚园演出很受欢迎。因此，我提议正式组建为儿童演出队，这既可减轻两个演出队的负担，多开辟一条演出管道，还可培养观众接班人。老吴对此非常支持，经团部决定，由我和黄锡钧、李文泽着手筹组。

李文泽出身于石狮的布袋戏世家，操演布袋木偶的艺术水平在泉州一带的布袋戏界也是占有一席之地的。他不仅能演，还能制作和设计特殊布袋木偶，对布袋戏的传统剧目也非常熟悉，而且乐器演奏也十分拿手。成立泉州木偶艺术剧院时，他的布袋木偶剧团合并到剧院，成为第二团，被任命为团长，一九六四年第二团解散，调到一团担任地台演员。文化大革命期间被迫离开，后来才重回剧团，长期来他任劳任怨不计名利地位，文化大革命后，在创作《三打白骨精》、《火焰山》、《馋猫》和《太极图》等剧目，都是我的很好助手。这次让他参与组建为儿童演出队,使我更有信心。

经过一段时间筹组,为儿童演出队就成立了,十名队员都是来自演出队多余的人员。黄锡钧负责剧本编写和导演,我和李文泽负责木偶设计和制作。我们确定,既是为儿童演出队,演出节目必须是既有教育意义又要让儿童喜欢看,形式上应有新鲜感,可以布袋木偶、杖头木偶、提线木偶三类结合。还要送戏上门,要尽量轻便,舞台要便于运输便于搭建,最好用录音演出,这算是我们办队的方针吧。

不到一个星期,黄锡钧搜集好多个不错的故事,一个一个不厌其烦地讲给大家听,最后确定几个更适于表演的故事,就着手编写剧本了。我和李文泽、王庆生(团部任命他与李文泽为儿童演出队队长)开始设计舞台,并带领大家动作制作。

剧本很快就出来了,最先一本是《宝箱》,很具儿童特点。我带领大家开始木偶制作,为了轻便有童趣也为了赶时间,木偶头我试用轻型泡沫塑料做材料,待成型后用沙布细细裱上然后粉彩,躯干是用布袋木偶和杖头木偶相结合方法制作的。大小介于布袋木偶和杖头木偶之间,我还特别设计出可装上操作棍用杖头木偶表演方法表演,也可卸掉操纵棍用布袋木偶表演方法表演的新木偶,并根据动作需要制作了被称为倒提线的杖头木偶,表演时很有特色。

随后黄锡钧又编写几个很有特色的剧本,其中有一个大合唱节目,作为开场戏,在一位造型十分天真可爱的小姑娘拉着手风琴伴奏下,一群造型很别致又可爱的大青蛙唱着《学习雷锋好榜样》、《少先队员之歌》,让人留下很深的印象,因全队演员都十七、八岁的小伙子,人们亲切地称该队是"娃娃队",后来又因这个合唱节目,又送给他们一个"青蛙队"昵称。

在木偶制作和节目排练过程中,全体队员可谓积极性高涨,都非常地积极主动,大家没日没夜地干了八十多天,完成了《宝箱》等一台近九十分钟的儿童节目并录好音,及时赶上学校开学,在好几个学校的开学式上演出。

为儿童演出队的装备是经过精心考虑的,演出的舞台是由十六根两米长的细自来水管和八个连接头组成的,只需十来分钟就可架起,再配上幕布和四盏特制的聚光灯,总共也花不了三十分钟就布置好是一个很不错的表演台了。所有设备包括木偶和道具,加上舞台构件、三个布景架、几块景片和一台录音机,既简单又轻便,只要用一辆三轮人力车就可搬运了。

演出队由王庆生、李文泽带队先在市区的几所小学幼稚园演出,随后就到郊区小学演出。从市区到市郊天天轮流踩着由剧团配备的三轮车,运载着演出道具,演出了近两个月后,他们又继续轮流踩着三轮车到晋江的青阳,石狮一带一个小学一个小学地送戏上门。有时一天转两个点甚至三个点,是非常辛苦的,可是大家依然是热情有加,这种精神真使我非常感动,这应该算是真正的"乌兰木骑式"的演出队了。他们的演出深受师生欢迎,各地方还给他们提供膳宿,有的学校还准备请他们培训红领巾木偶演出队,几年后不少学校还记得他们这个"青蛙队"。

可惜,由于要加强《太极图》的创作力量,准备迎接第一届国际泉州木偶艺术节,先把我调回《太极图》剧组,接着又把李文泽也调到《太极图》剧组。此后,剧团领导的精力也都花在《太极图》上,对这个演出队没能给以继续关心支持,对他们那种良好的工作作风也没能及时总结表彰,工作上也没能给以更多的支持,人员调动后,就渐渐坚持不下来了。

这个"青蛙队"活跃在市区晋江和石狮的小学幼稚园三四

个月,是很值得总结提高的,其成绩是很大的。我想如果能继续投入人力物力给以支持,坚持办下去,是很有前途的,说不定能创出泉州木偶戏的一个新品牌,干出一番不错事业。青蛙队解散了,演出剧目也没留下来,但是,黄锡钧创作《宝箱》剧本却发表在全国性的权威戏剧刊物《剧本》月刊上,成为他得意之作,这也算是为青蛙队留下一个纪念吧!

十、在大阪国际木偶艺术节上

(一)

刚跨进一九八六年不久,剧团就接到日本大阪二十一世纪协会的邀请函,邀请我们剧团带《火焰山》于四月中旬到大阪参加在那里举行的国际木偶艺术节,据介绍,应邀参加的还有美国、印度、斯里兰卡、韩国和欧洲的捷克斯洛伐克、东德等共有十一个国家的木偶剧团,参加的剧团和节目都是他们派人经过严格挑选的,都是顶级的剧团,不少剧团在国际上有相当影响。

这是文化大革命后首次也是剧团成立以来第二次参加如此规模的国际性木偶艺术活动,是一次向国际上展示我们高超艺术水准和为今后走出国门打下良好基础的好机会,全团上下都特别重视,作为分管艺术的副团长,我更是不敢有任何懈怠。尽管《火焰山》已演出达二千多场,先后在菲律宾和香港的演出引起了极大轰动,仍是和全体演职员认真准备精心排练,嘉礼该重新制作的重新制作,舞美该重新绘制的重新绘制,务求做到一丝不苟十分完美。忙了近二个月,才将道具装箱托运。

大阪国际木偶艺术节是由大阪二十一世纪协会主办,开幕式定在四月二十二日晚,按计划我们必须于二十日到达上海，与先期在上海的出访团团长、省文化厅厅长许怀忠和出访团秘书长陈维敏副处长会合，然后搭乘二十二日上午的飞机飞大阪。可是天不作美，让我们虚惊一场。我们上午十一时到达福州机场，准备乘下午一时多的飞机去上海，哪知道吃了午饭，突然乌云密布雷声大作，到三时多还没有任何起飞的消息，直到五时多才从广播中得知因天气关系，飞机不能起降，明天能否补飞另行通知，要我们旅客自便。这下整个候机室像炸开了锅。怎么办呢？老吴和我急得满头大汗，上海到大阪的机票全在老吴手里，如果还是不能飞，或是因该班机是两天一班，明天不补飞延误了时间怎么办？再说二十人的吃住也成问题，事前根本没有料到会出现这种情况。幸好，福州文艺宾馆的经理是老吴的好朋友，很爽快先不收费让我们到文艺宾馆住下。

把大家安顿下来后，我和老吴也顾不得吃晚饭，赶到省文化厅对外办事处何珏生处长家，何处长听了汇报后，也十分着急，当即陪着我们到处联络，火车站、长途汽车客运站都答复不可能出车，最后竟连省政府办公厅也惊动了，请省政府办公厅与空军部队联系。跑了大半夜，可想的办法都想尽了，还是没有去上海的办法，只好听天由命了。我和老吴拖着疲倦的双腿，回到文艺宾馆，大家都还在等着我们的消息谁也没睡着。是呀！怎能安心入睡呢？我躺在床上窗外阵阵的闪电炸雷犹如一根根鞭子向身上抽来，直到近五时才朦朦胧胧迷糊了过去，上午八时多天放晴了，民航售票处贴出正常起飞的通知。大家匆匆吃了早饭，马上赶赴机场，算是有惊无险，准时到达大阪参加当晚的开幕式。

大阪国际木偶艺术节开幕式很别致，把宴会和开幕合而为一。宴会是用自助餐式的，各代表团的代表步入宴会厅也就是开幕式的会场,大家随意用餐,七时四十五分主办的二十一世纪协会几位主要领导人上台和大家见面,宣布开幕式开始。协会负责人致欢迎词后,各个代表团团长相继讲话和表演。(每个团长的讲话只允许在一分钟以内,表演可以三至五分钟。)各国代表团团长讲话和表演后,按日本关西一带的风俗,大阪二十一世纪协会的主要负责人举锤敲开摆放在台前的一个特大酒坛盖子,斟上坛中的酒双手向与会者敬酒,大家也纷纷涌到台前拿起一木制方型的酒杯,让二十一世纪协会的各主要领导人斟满酒,一杯一杯地互敬,一次又一次地干杯,会场气氛达到高潮。

我们代表团团长讲话后,由我表演节目,我表演的是《水漫金山·索夫》中小沙弥山门外的那段戏。表演后,本来十分平静的会场,忽地掀起一阵热烈的鼓掌声浪,紧接着会场全乱了,人们一圈一圈地向我围拢过来,有的要和我握手,有的要与我干杯,有的希望和我合影,也不知是他们哪个国家的代表,反正他们说的话我是一句也听不懂,特别是那些记者,一个劲地缠着我,我只好面带微笑不断地与他们握手,不断地做着干杯的样子。这样场合我还是有生以来的第一次,真是招架不住,还好日本朋友宫原大刀夫先生赶快带着翻译过来,才帮我解了围。

说到宫原大刀夫先生,我想顺便多说几句。

宫原大刀夫先生是日本《朝日新闻》的记者。据他讲,对木偶艺术有一种特殊的兴趣,一次偶然机会,从一部分介绍木偶艺术大师杨胜先生的电影纪录片中,看到杨胜先生高超的技艺,让他产生灵感,特地买了电影拷贝,自己放映自己看,从中学习布袋戏的操纵,开始了业余的木偶表演,后来成立了铜锣剧团,自称是杨胜的学生。他对中国非常友好,中日建交后几乎年年都来我国访问演出。一九八二和一九八五年曾两次到泉州,对我们泉州的木偶艺术十分崇拜,他曾说:"泉州有两个世界第一,一是东西塔,一是泉州木偶艺术。"和我们结下很深的友谊,此次我们到日本大阪就是他陪同大阪国际木偶艺术节策划之一的中谷正尚先生来泉州选定的。为表示对我们的友谊,他和太太特地申请当大阪国际木偶艺术节的义工,专门为我们服务,帮了我们不少忙。

开幕式后,我成了"名人"了。每天早上到各代表团就餐的餐厅就餐时,各国代表都争相与我打招呼、给我让坐,尤其是酒店里那个为各国代表特设的俱乐部,每当我走进去都会引起人们的关注。开始演出后更是如此,每当我们走进俱乐部都会听到"chinese!chinese!"接着就有许多人主动过来和我们握手交谈,我同样是一句也听不懂。有时请来翻译也是解决不了问题,我们的翻译只懂日语,对方不会日语,也交谈不起来。有一次一位捷克斯洛伐克的代表很是热情,非得与我交谈交谈,只得我们各自请来翻译,他讲的话由他的翻译译成日语,再由我的翻译译成普通话,讲一句得经过两道翻译,真够麻烦的,尽管这样我们还是谈得很投机。原来一九六〇年他也到罗马尼亚的布加勒斯特参加国际木偶联欢节,好像也见过面。我对他说:"二十多年过去了,那时我们都是年轻小伙子,现在都老了。"他说:"但是你们的艺术更年青了,更进步了,《火焰山》太迷人啦!"我回答:"希望你能选派几位年轻人到中国拜师学艺。"因此,后来有人开玩笑地说:"大阪国际木偶艺术节的开幕式将黄奕缺隆重推出,从此步入国际木偶艺术界名人行列。"仔细想想,面对国际木偶界那么多代表单独表演,是此生的第一次。而让那么多国家的木偶艺术家那样的推崇,更是此生第一次。当然,之所以能这样,我心里十分清楚,这都是沾了我们优秀的泉州木偶艺术之光。

（二）

各国代表团分别被安排在十个剧场演出，每个团演出四场，其中一个下午场，以便于错开演出让出相互观摩的时间。我们的演出场地是在大阪国立文乐剧院，据日本朋友介绍，这个剧院是日本最大的剧院之一。有一个设施十分完备的可容纳一仟二百个观众，并有旋转舞台的大剧院，有专门的音控室和先进的灯光操作系统，另外还有两百多个座位的小剧场、演员休息室，化妆间设备齐全又豪华。还有一个长期对外展览的日本文乐展示厅，整座建筑相当的气派。

我们是在主剧场演出的，戏票的当日价是三仟二佰日元，提前价是二仟五佰日元，这也是国立文乐剧团的票价，其他各代表团除美国 Shair Lewis 木偶剧团也是这个票价外，都是当日价二仟伍佰日元，提前价二仟日元。

我们四场演出的上座率非常高，观众反映十分热烈。第一场一千来个座位就座无虚席，第二场开始加座，最后一场竟加到二百多个座位。每场演出结束都得反复谢幕，全场观众起立热烈鼓掌久久不愿离去，不少人还冲到台前来，伸出手希望与我们握握手。一位从横滨赶过来的中年女观众，甚至冲到舞台上，与演员一个一个拥抱，又跟着我们回到住地，一味地缠着我和林文荣，非得收她为徒不可。她一再说："你们艺术太迷人了，我要以你们为师，从此改行学艺。"与我合影时竟趁按快门时，把我紧紧抱住，让我十分尴尬。不少观众则是等在剧场外，要见上我们一面或要求签名留念。

四场演出结束，老吴和我陪同团长许怀忠向文乐剧院的总经理告别致谢，总经理对我们的演出，说了一段感人的话，他说:"你们的《火焰山》把我们都征服了,我们的观众席是不能随意加座的,除非经特殊批准,何况加到二百来个座位。这都是缘于你们的文明古国,缘于博大精深的中华文化,希望有机会一定再来,我们会提供最大的方便欢迎你们。"

在大阪期间,日本冲绳县的浦添市毕加升市长派人专程两次到大阪,邀请我们顺道到浦添市访问演出,并请我们转达他对泉州市陈荣春市长的问候,还让我们带回给陈市长的一封信。听说这是泉州"地改市"后,毕加升市长第一封给陈荣春市长的信,正式向陈市长提议两市缔结成友好城市。可惜因大阪二十一世纪协会认为是他们邀请我们的,有义务把我们顺利送回中国,不同意浦添市的意见,因而没有成行。

我们的演出,同样在各国代表团中产生强烈反响。美国的**Shair Lewis**木偶剧团的团长,本身是演员,据说在美国有一定名望,人们戏称她是骄傲的公主。她不愿意与各国代表团同一住地,另住高级酒店,演出时还在日本请了一支六十人的交响乐队作为伴奏,她以需要和乐队排练为由,从不观看其他剧团的演出。一天在中谷正尚先生的恳请下,总算答应花半小时来剧场看我们的演出,可是看着看着却不愿离开了,演出后还到舞台上参观,见到大家又是拥抱,又是要合影留念。我应她的请求,让她上到表演台上,并让她提着孙悟空的嘉礼操弄一下,她看了看嘉礼和那些操纵线,两手一摊耸了耸肩哇哟一声,突地又把我紧紧地拥抱着,口里还一再说着什么。后来听宫原大刀夫说,她说是被我们的高超艺术彻底征服了。

更有趣的是,一天我和老吴在餐厅吃早餐,一位印度代表带着翻译过来对我们说:"你们的艺术迷人,小伙子也迷人,把我们一位姑娘给迷住了。"我吃了一惊,这可是违反外事纪律的啊!老吴还算镇静,只是笑了笑,过后老吴才把简单情况向我介绍。

原来是这样的,我国中央广播系统的一个单位,派了一位年轻音响师到日本进修留学,日方为方便我们的演出和生活,特意请他来为我们当翻译,这小伙子高高的个子长得真的很帅,很有男子汉的风度。印度代表团中有位女演员也非常漂亮,不知什么时候开始看上了这位音响师,他走到哪,她也追到哪。晚上演出结束,她就到他的房间外等,直到见到他还非得进到房间不可,一坐就是一两个小时,逼得这位音响师没办法,只好躲到老吴的房间。也不知怎的,又追到老吴的房间,还请他们的翻译写了一封日文信给音响师,表示她的爱意,并保证如果接受她的爱,她会带他到印度,让他过上最好的生活,如果他不愿去印度,她就嫁到中国服侍他一辈子。她说从现在起开始学习中国话,到了中国她就可以到剧团工作,她说她一定会做个好妻子的。老吴开玩笑地向他说:"把她娶过来吧!"这个音响师严肃地说:"这是不可能的,我的女朋友也在日本,何况我们还有严格纪律。"

这位音响师天天和我们活动在一起,难怪印度代表误认为是我们的演员。我们回国的前一天,那位印度姑娘还跑过来,流着泪硬是要音响师和她合影永久纪念,真是太痴情了。一九八七年我们到北京参加首届国家艺术节时,见到这位音响师,谈起这件事他说,那位印度姑娘后来从日本那里查到他在北京的单位,还一再给他写好多信哩。

四场演出观众反应好,票房收入高,主办单位非常满意,在机场给我们送行时,中谷正尚先生私下对我们几位说:"参加这次木偶艺术节的代表团,你们的人员最多,道具最重,票房收入最高,我们的付出最少,可见你们演出是多么成功。"

日本木偶戏很多,仅关西一带听说就有七十多个剧团,其中文乐是日本的最古老艺术之一，国家给予特殊保护，其剧团可享受政府许多优惠。大阪国立文乐剧团则是政府重点保护的剧团，我们演出的大阪文乐剧场就属其所有。一个木偶剧团拥有如此规模的剧场，在我到过的几十个国家中都没有见到第二个。据说演员只要从艺二十五年以上，艺术上有一定成就就成为特殊保护对象，其地位、待遇都大大高于一般人。在与他们的接触中，总能感觉到他们有一股傲气。文乐剧团的票价是很高的，不过听说上座率还是很好。

这次木偶艺术节是由东道主大阪文乐剧团作首场演出的，我们有幸观看了他们的演出，剧目是《妹背山妇女庭训》，开演前还演出一个叫不出名的节目，据介绍这个节目是每场演出的开场戏，只有三个人物，主角好像是一位小孩，听不懂台词，只见演着演着，那扮小孩的木偶忽地站到台正中脱下裤，就往台下"撒尿"，一股水珠直射到观众席的一、二排，引得全场一阵欢笑，有的观众还特地双手去接那水珠，再往脸上一抹。《妹背山妇女庭训》是该剧团最优秀的传统剧，演出布景非常华丽，灯光音响都是超一流的。演出形式很别致，每个木偶由三个演员操纵，其中有一个人不戴头套的是主演，负责操纵木偶的头和躯干，手和脚则分别由其他两位带头套的演员操纵。听说担任主演的得有二十五年以上艺龄，属政府保护对象。另由分别跪坐在舞台外两侧演奏台的两位男演员说唱，在演奏三弦的同时为剧中的人物配音。我是第一次看到这种表演形式的，可惜台词一句也听不懂，看得有点累。不过那些日本观众，却都看得如痴如醉。我想如有机会和他们交流交流，其中必定会有很吸引人的地方。

一天晚上演出后，我们几个人一齐又来到那特设的俱乐部。恰好，文乐剧团的三位演员在舞台上表演一个武士打扮的木偶。表演一段后把木偶很虔诚地放在特设的支架上，又表演一个仕女装束的木偶，之后就邀请在座的各国代表上台表演以示交流。老吴怂恿我："你不是想与日本文乐交流交流吗？这正是机会。"并让林文荣到我房间里拿来小沙弥嘉礼，我先到台上表演几个动作后，走到台边很客气地拿起武士打扮的木偶，招呼老吴和林文荣上台，让他们当助手表演了几个武士动作，然后又招呼尤优雅、魏萍华表演那个仕女打扮的木偶，先学旦行，又表演几个不错的科步。表演完后，我很热情的提着小沙弥，请文乐剧团的那几位演员表演，还当场认真地先给以示范。他们学着操弄了几下，就不好意思地还给我，其中一位还伸出双手紧紧地拉着我的手，不断地点头。从此，每见到这些日本同仁，他们都会非常热情地主动与我们打招呼，常常是又点头嘴里又"乌呀哟。姑查嘛士"或是"科班哇·姑喳嘛士"，弄得我也不知怎么应答。

可惜，泉州三届的国际木偶艺术节，这个日本文物级的文乐剧团都没有参加，我们泉州观众无缘一睹其风采。

为期十天的大阪国际木偶艺术节，真的成为我们泉州木偶艺术向国际同仁展示自己的大好机会。

十一、参加首届泉州木偶艺术节

从日本回来后，我就投入到准备参加首届泉州国际木偶艺术节的紧张工作中。

泉州国际木偶艺术节的举办，是我国有史以来举办国际木偶艺术节的第一次，必然引起各方面的关注。泉州木偶剧团的表现更必然会成为关注的焦点，泉州之所以能举办国际木偶艺术节，很重要的一点是泉州的木偶戏(包括提线木偶戏和掌中木偶戏)历史悠久传统艺术丰厚，近几十年来又有长足进步，在国内外有一定声誉，因此绝对不能等闲视之。

为迎接这届木偶艺术节，剧团去日本之前就多次进行研究，并把我和李文泽从儿童演出队调回《太极图》剧组，欲尽快排练出高水平的《太极图》，作为木偶艺术节的参演剧目。从日本回来后，又反复进行了多次研究，最后报经泉州木偶艺术节组织委员会同意后，决定以荣获建国三十周年献礼演出一等奖的《火焰山》为展演剧目于开幕式演出，以参加一九八一年全国木偶戏皮影戏观摩演出的《馋猫》和《太极图》选场组作为一台戏参演。《火焰山》与《馋猫》都已在观众中得到认可，只要再进行几场操练要求演出时更加精心就可以了。倒是《太极图》让我困扰了好长时间，原希望以《太极图》全剧为参演剧目，却实在拿不出，只好采用选场的办法。当然选场也并非容易，我和编导反复研究后，集中全团主要力量对其中几场戏进行大刀阔斧的修改，经过两个月左右的紧张工作，才把这近两个半小时的戏，精选压缩到一小时零五分，达到了预期效果。

在准备参演剧目的同时，剧团筹建了泉州木偶艺术陈列馆，馆中陈列了经过精心搜集到的泉州提线木偶艺术的许多资料和实物，其中有不少是弥足珍贵的。有不知出自何人之手一二百年前的嘉礼头，有江加走雕刻的木偶头，有清同治年间的手抄嘉礼簿，有上世纪二十年代的嘉礼等，还有显示几十年来艺术改革历程和获得殊荣的实物，场地虽小内容却很丰富，并藉泉州国际木偶艺术节开幕之机，举行了隆重的开馆仪式，全国木偶皮影艺术学会会长虞哲光、泉州市市长陈荣春为陈列馆开馆剪彩。这样的陈列馆当时还是独一无二的，在很长一段时间里，曾吸引过不少中外来宾的兴趣前来参观，好几位党和国家领导人也都曾参观过。时任国务院副总理的乔石参观后，曾向陪同参观的省委书记陈光毅说："这样做很好，还可继续充实扩大为博物馆。"这个陈列馆在木偶艺术节期间同样成为人们关注的一大焦点。

在全团的努力下，我们的两台戏加一个陈列馆，让前来参加国际木偶艺术节的各国代表五体投地，也让国内外来自各省的观摩代表们口服心服。德意志民主共和国新布兰登堡木偶剧团团长古斯拉·坦帕琳离开泉州前激动地拉着我的手说："你们的木偶太神奇了，是无与伦比的，中国真不愧是文明古国。相信以后世界木偶艺术中心一定是在中国，是在美丽的泉州！"

这届泉州国际木偶艺术节是这一年的九月十七日至二十三日举行的，为期七天。参加的木偶艺术品类较多，有提线木偶、布袋木偶、杖头木偶、手套木偶，还有袖珍木偶。整个艺术水准比较高，英国小天使木偶剧团是一个提线木偶剧团，在国际上的知名度不亚于一九八一年来泉州访问演出的法国菲力浦·让蒂木偶剧团。演出的《小小美人鱼》无论是表演技巧，还是舞台美术水准都相当高，整个画面很美，在国际偶坛上也算是上乘之作。奥地利袖珍木偶剧团，是单人剧团，在一个如一张学生单人课桌的舞台上，操作经过精心设计的机械，让只有十几公分大小的木偶表演各种动作演绎故事，显得惟妙惟肖，我想这大概在世界上虽不是绝无仅有，也是极为稀少的。德意志民主共和国的新布兰登堡市木偶剧团表演的是手套木偶，他们通过手的巧妙动作，配以必要的装饰和道具来表演故事，也很具特色。还有香港的飞鹏木偶剧团、日本的铜锣剧团、菲律宾的木偶艺术代表团也都各具特色，他们的表演给泉州观众在家门前品尝了多种风味的木偶戏提供了好机会，算是一饱眼福。国内参加的剧团除了我们泉州木偶剧团，只有本省的漳州木偶剧团、上杭县木偶剧团和本市的晋江市布袋戏剧团以及惠安布袋戏木偶剧团。

这些参演剧团分别在我们剧团的排练场,工人文化宫剧院和小礼堂,泉州运输总站礼堂和群众戏院演出,每个团演出三场,这段时间各剧场真是好戏纷呈,整个泉州市区都处在热烈的气氛中,街头巷尾十分热闹。

　　木偶艺术节期间,适逢中国传统节日——农历八月十五中秋节,这天晚上举行了规模盛大的文艺踩街活动,地点就在新建的温陵路,也幸好改变过去文艺踩街在中山路的做法,要不,据称达到十几万观众的场面,中山路哪能容纳得下。踩街的观礼台搭建在贤銮大厦一侧,踩街队伍从北向南行进,队伍非常壮观。据说各系统各县都派出踩街队,仅彩车就达五六十部之多,还有不少非常具有泉州民间特色的表演队伍,如火鼎公婆、车鼓队、踢球舞等等,真是热闹非凡,难怪万人空巷争睹这规模盛大的文艺活动。

　　前来参加木偶艺术节的各代表团都在组织委员会分别为其提供的踩车上边行进边表演,个个都兴奋无比。日本的宫原大刀夫参加完踩街活动兴奋地说,这是这一生第一次见到的壮观场面,这只能在中国或许只有在泉州才能看到,真太伟大了!表演单人木偶的吉而洪更是激动地反复说着:"不虚此行!不虚此行!"德意志民主共和国新布兰登堡木偶团的演员们,兴奋地只顾着在踩车上边行进边表演,忘了返回观礼台,错过观礼的机会,把几个女演员急得泪流不止,一位女演员跺着脚"怎么办呀?这可是终生的遗憾呀!"文化部来的带队兼翻译向组织委员会反映,最后只好由组织委员会出面,向福建省电视采访组借来尚未整理的踩街录相带播放给他们观看。

　　木偶艺术节期间,举行了一场很有意思的艺术交流会,地点就在我们剧团的排练场(组织委员会交由我们剧团承办)。并因老吴与我是组织委员会成员也就交由我们两个具体负责。我们把交流会分成两段,上半段安排为各代表团之间的交流,在排练场里分成五个交流区,各由我们泉州木偶剧团三至四位演员负责并作首席交流者,各代表团则各随其便。我们还特地请来惠安县木偶艺术家吴焕成给大家表演拿手好戏,吴焕成先表演了布袋木偶各行当的基本科步,然后就两手各操纵一个木偶表演对打,先各执矛与盾,后是空手道,打到激烈处,竟各自把对方衣服脱掉再穿到自己身上,真是一手高超的绝活,把分散在各交流区的人全都吸引过去,接着又应大家要求,把脱衣穿衣的动作放慢分解给大家看,引得阵阵热烈掌声。

交流会的下半段,则是由泉州幼师附属幼稚园和鲤城区的第一第二幼稚园的一些小朋友向客人们表演他们自己创作的木偶节目。这几个幼稚园平时都经常开展这种活动,让幼儿自己做木偶学表演从中受到教育,我也曾经到过这些幼稚园辅导过,其中泉州幼师附属幼稚园的一个节目《聪明的小猴》是黄锡钧与该园老师合作的,还在全国幼儿木偶评比中获过金奖,这些小朋友的加入把这次交流活动又推向一个高潮。菲律宾木偶代表团的团长激动地竖起大拇指:"太不简单了!难怪你们的艺术是世界一流的。"

这一届木偶艺术节,限于泉州各方面的条件包括住宿、交通、活动场地的限制,组织委员会决定不向全国发出邀请。可是说来也巧,这年八月文化部艺术局在哈尔滨召开全国部份木偶戏皮影戏剧团的座谈会,据出席会议的老吴讲,艺术局传出泉州将举办国际木偶艺术节的消息后,与会者包括各省文化厅艺术处的负责人都要求允许派代表参加或观摩,老吴当然不敢答应了,弄得很是尴尬。回来后向组织委员会汇报了这情况后,组织委员会只好提出一个接待预案。没想到一下子竟来了近二百个各省的观摩代表，有的甚至还带来准备演出的道具，为此组委会只好专门成立接待组，委派黄锡钧负责。

这些观摩代表除观摩演出外，迫切希望能有机会与各国代表团或乘机与各省观摩代表切磋技艺，可是按照组织委员会的日程安排是不可能的，为满足大家的愿望，黄锡钧和我商量后，就在各观摩代表的住地——友谊宾馆的大厅里举行了一场观摩代表的艺术交流联欢会，算是这届木偶艺术节的节中节吧！这天晚上整个餐厅气氛非常热烈，应邀前来参加木偶艺术节的中国木偶皮影艺术学会的虞哲光等几位会长副会长和常务理事都赶来参加了。黄锡钧把意图介绍之后，许多观摩代表就争先恐后地表演自己带来的小节目，有的人还亮出了自己的绝活，有些没带道具的观摩代表还上台表演一段清唱。我也跟着大家凑热闹，表演了一段在日本大阪国际木偶艺术节开幕式上表演的小沙弥山门外的那段戏，大家边表演边交流切磋技艺，一直到深夜还意犹未尽。

交流联欢会后，大家仍一再要求能藉此机会召开座谈会，让大家说看法讲感想。意见一直反映到会长虞哲光那里，虞老为此专门找了我，希望我能让组织委员会出面或由泉州木偶剧团负责召开一个各地来的观摩代表座谈会。本来我就有一个想借此机会听听各地代表意见的想法，况且学会会长常务理事们都是在国内外有一定影响力的木偶艺术专家，听听他们的意见对推动泉州木偶艺术事业是大有好处的。因此，我积极向组织委员会反映，可是时间实在太紧了，确实不可能作出安排，我只好和老吴商量，由我们剧团出面在剧团召开座谈会邀请观摩代表参加。

但是时间实在太有限了，座谈会只好安排在晚上观摩演出结束之后。这天晚上剧团简单备办了些水果糕点和饮料，把剧团大厅稍作了布置,九点多座谈会才开始。中国木偶艺术学会前来参加木偶艺术节的领导人除虞哲光会长因年纪太大没来参加外都来了,各个观摩的代表也一个不落地来了,把大厅、院子都挤得满满的,座谈会由我和老吴主持,会上那气氛之热烈是难以叙说的。大家争先恐后发言,纷纷赞扬泉州市政府有魄力有远见,做了件全国尚无人敢做的大事,希望木偶艺术节能一届一届地办下去。哈尔滨的一位观摩代表甚至说,将来中国的木偶艺术中心必定是在泉州,建议文化部和中国木偶艺术学会要有此远见,采取措施以予扶持。大家还对今后中国木偶艺术的发展进行一些探讨,建议在学会的统一领导下成立提线木偶,掌中木偶、杖头木偶和皮影等不同品类的木偶艺术研究机构,以推动木偶艺术的发展。人们还真诚地对《太极图》提出了许多十分宝贵的意见,也对此次来泉参加观摩在接待方面的一些感觉发表了看法。大家说着议着,越说越有兴致,越议越有话题,不知不觉已是下半夜二时了,才不得不结束会议。

这一段我是忙得不可开交,从日本回来后我就没有休息过一天,天天都有做不完的事,木偶艺术节期间更是忙的一天二十四个小时都不够用,要参加国外代表团的接待,又要接待国内观摩团,要组织艺术交流,还要参加演出。作为组织委员会委员又是艺术节的工作人员,是可以在华侨大厦餐厅或泉州宾馆就餐的,可是我经常是忙得忘了就餐时间,而从来没有到过那里吃顿饭,甚至有时应该参加的宴会都参加不了,因为忙有时心里难免会发烦,甚至无端发脾气。为参加文艺踩街活动,剧团应有一部彩车,我认为这也是展示剧团实力的机会,应该认真对待。经精心设计,于踩街当天一早我带着十来位分配参加布置彩车的人,到停放彩车的军分区招待所开始工作,开初大家积极性很高,临近中午,好几个人悄悄走了,只剩下我和另外两个人,此时肚子也开始饿得"咕咕叫",可是晚上六点文艺踩街就得进场,工作还剩下不少,我窝着一肚子气,恰好老吴走过来,我一股无名火发向老吴。老吴赶紧买来一些吃食和我们三个人一起把肚子安顿一下,就赶紧找些人来,大家紧赶慢赶总算把彩车布置好。看着彩车准时开进踩街队伍,毫不逊色于其他彩车,心里的火气也早已不知飞到哪里去了。整个木偶节是那样成功,我们的艺术是那样倍受尊崇,心里更多的是激奋和高兴。

十二、接待第一个留学生

九月二十三日中国泉州国际木偶艺术节闭幕,当晚泉州市政府为各地代表举行的欢送宴会,临近结束时,也不知是谁首先唱起了"友谊天长地久"的歌,引得全场人用各自不同的语言一遍又一遍地唱起来。唱着唱着,英国、日本的一些女演员为即将离别而热泪盈眶,更引得大家十分动情,纷纷相互敬酒,签名留念,相约下一次木偶艺术节再在美丽的泉州相会。这时我成了"包围"的对象,敬酒的、照相的、签名的,这个去了那个又来,还有英国的、日本的和德意志民主共和国的好几个演员向我提出希望来泉州学习木偶艺术,请求拜我为师,我真有点应接不暇。当晚组织委员会还专门组织了一场欢送晚会,可是不少人因隔天就要离开都有点依依不舍,一直在热烈交谈互赠礼物、交换纪念品,也顾不得去参加晚会了。

这种场合那么多人希望来泉州学艺,希望拜我为师,我总没当一回事,认为是客气话,只是热情地"好!""好!"地应着。可是过了一九八七年元旦,我就接到日本一个叫横路真理子的贺年卡和请求来泉州拜我为师的信。因其他原因,其愿望没能实现,不过却和我一直保持着通讯联系,结婚时还给我寄来一套她的结婚照。三月份又接到英国小天使木偶剧院副院长约翰·罗伯茨寄自伦敦的信，说他已正式向政府申请来泉州木偶剧团留学，并已获批准，请求能以予接待。不久，又从英国驻华大使馆寄来一份选派约翰·罗伯茨来团留学的公函以及文化部、教育部获准附件。这下可不是说说而已的了。

收到信后，剧团立即进行了多次专门研究，并上报省市主管部门。在省市有关部门和国立华侨大学的支持下，各项工作总算都做了精心准备，组成了以我为主的教学班子，我和黄锡钧认真就教学内容、教学要求、教学时间安排，拟定了一个大体计划，我还特地选了几个已废弃的嘉礼重新修整作为教具。

八月，约翰·罗伯茨携妻子和一个六岁的儿子来到泉州，住进华侨大学外籍教师宿舍。其妻子应聘在华侨大学任英语教师半年，儿子就在华侨大学的附属幼稚园上学，他本人也每星期在华侨大学兼课两节，其余时间全都到我们剧团学习。

按照教学计划，约翰·罗伯茨先学习嘉礼的一些基本操纵方法。如行、坐、跪、拜等以及可以单人表演的表演片段，然后学习嘉礼制作包括嘉礼头雕刻，笼腹扎制，嘉礼手脚雕刻和脚节手节的制作。同时，还根据他的要求让他学习其他一些泉州木偶的简单知识。嘉礼制作的教学由制作室吴仕博等负责，黄锡钧则负责每星期的教学安排，教学地点就设在剧团的接待室和制作室。整个教学安排较为有序，虽然每逢剧团忙于准备参加国家首届艺术节和荷兰阿姆斯特丹国际木偶节，教学进度也没受影响。

约翰·罗伯茨经过为期半年的学习，由于他的勤奋与刻苦，也由于大家精心地教学，很顺利地完成了学习任务。学习结束时，剧团为其举行了一个隆重又简朴的结业式，文化部门的不少专家学者、有关部门的领导及在泉州的各新闻媒体都来参加了。约翰·罗伯茨在结业式上作了学习汇报，除了表演嘉礼的基本线规操纵，还表演了几个片段，甚至小沙弥的几个滑稽的动作，同时把自己的习作嘉礼头，笼腹向与会者展示。得到了大家很高的评价，最后由老吴代表剧团发给结业证书。

在结业式上，约翰·罗伯茨发表了热情洋溢的讲话，下面把他的讲话摘录于下：

"一年以前，我参加中国泉州国际木偶节，精妙绝伦的泉州木偶艺术深深吸引了我，我向中国文化部艺术局负责人提出到中国学习的心愿。我的请求得到鼓励，该局的领导人说：这种文化交流将受到欢迎。"

"与中国不同，木偶艺术在英国既没有地位也得不到政府的资助。在多次申请不断失望之后，我才申请到由伦敦'木偶艺术中心'提供的旅行、住宿及学习费用。"

"一九八七年八月，我再次来到这个美丽的城市，成为泉州木偶剧团的第一位外国留学生。在这绝妙的艺术环境里，我度过了十分愉快的五个月，黄锡钧编导耐心地为我安排每一节课，满足我的每一个学习要求。我的老师们给以我很大的帮助，我得到了黄奕缺老先生的指导。这次学成归国，我将带回一个木偶表演者所需的新思想、新艺术。"

"在英国，木偶剧团人员不多，大约五百人，往往每团只有三、四人，较大的七、八人，最大的木偶剧团三十人左右。我们小天使木偶剧院现在只有八个成员。

"所有的木偶剧团都没有自己的排练场、表演厅，更得不到政府、艺术协会或私人企业的资助，依靠为节日、聚会和学校演出收入来维持生活。同时，还不得不做一些我们不情愿做的事以换取所需费用，如做电视广告、为贸易团体宣传等，要实现我们追求的艺术理想困难很多。"

"我希望这次学成归国，木偶艺术在英国艺术界和英国人民心目中的地位得到提高，源远流长的中国文化艺术将得到英国人民更多的理解和欢迎。我将为争取泉州木偶剧团在不久的将来能到英国进行演出而努力不懈，为出版一本介绍泉州木偶艺术的著作而辛苦耕耘。"

约翰·罗伯茨在结业式上的学习汇报和这篇热情的讲话，受到了与会者的充分肯定，大家也为泉州木偶剧团为中外文化交流做出的努力感到高兴。

十三、"泉州人个个猛"

一九八七年九月在北京举行了第一届中国艺术节，这是国家级的重大艺术活动,是对全国艺术发展的检阅，也是向世界展示中国高超艺术水准的艺术节。我们剧团创作的神话剧《太极图》荣幸地入选参加，演出后反应十分强烈。

《太极图》能够入选国家艺术节,应该说是所有主创人员和全体演职员不懈努力反复研磨的结果。这个戏是黄少龙取自《封神榜》的故事于一九八零年编写的。经过反反复复多次修改,于一九八二年开始舞美设计和嘉礼制作,一九八四年正式开排,导演由黄少龙兼任。经过近一年时间的排练和反复几次修改,戏是成形了,只是剧本提供给木偶表演的空间较狭小,音乐方面传统音乐的韵味不足,且因对嘉礼音乐节拍的理解存在很多争议,排练中经常引起争执,甚至为一个人物的出场入场,为一个音乐的节拍争论得面红耳赤,严重影响精神的集中和排戏进度。对此,我曾一度信心不足,离开剧组参与组建为儿童演出队。可是人是离开了,心却老是放不了,这个戏人们寄以厚望,市文化局的领导也非常关心,吴荣洲局长多次亲自参加戏的研讨,一年多来剧团也投入大量的人力物力,岂可轻易放弃。因此,我人虽在为儿童演出队,还常常在脑子里转着怎样才能把这个戏改好、改出水准。团部把《太极图》定为中国泉州国际木偶节的参演剧目，我心里清楚，这个戏已花了好长时间，投入了不少人力物力，是为借此机会激发大家努力开动脑筋，把这个戏搞好。我调回剧组后，就身心投入戏的创作中。

这出戏中有很多坐骑战，本来武打就是嘉礼表演的弱项，何况是坐骑战。按照历来的做法是，让扮演某个人物的嘉礼坐在其坐骑上，与对方虚幌几下就转用台词交代，但是这样根本表现不出木偶的特点。为了解决这个问题，经过反复研究，我设计制作了一种可与坐骑合而为一，又能分开的杖头木偶，让其运用操纵棍和倒提线操纵表演武打动作，艺术效果很是不错，上海老朋友钱时信看了这段表演大加赞赏，认为这在杖头木偶艺术界也没有先例，曾向我讨教制作方法，我当然毫无保留地向他作了介绍。再是戏的最后是殷洪命丧太极图，据说，太极图包含大地万物，一切都能分辨清楚，并可将其吸纳进图中，使其粉身碎骨万劫不复。怎样表现太极图这种无与伦比的能量呢？真是一个莫大的难题。我想了好几种方案，如在舞台前挂上纱幕用幻灯打出八卦图，再在天幕上配上两仪图；如在一把布伞上绘上太极图用反向合拢来表现其吸纳能力，但都感到不理想。最后经多次试验，我做一个大八卦图，把太极图位置挖空，另绘制一个能旋转的太极图，放置在八卦图后恰当位置，在图的边上绘上螺旋纹。这样在紫外线、频闪灯等的配合下，旋转图就有不断向纵深飞去的感觉，演出时戏剧效果特好，很多观众说，真有点像看科幻电影似的。

入选参加国家首届艺术节木偶皮影艺术类有六台戏，福建是我们剧团和漳州木偶剧团的戏入选。每个戏各演三场，门票主要是透过市场销售，只有少量赠票。《太极图》演出的票房情况非常不错,场场满座,观众观剧的情绪很高,木偶艺术节的一些观摩代表也都给予充分肯定。

艺术节期间,我作为驻会代表和新一届的中国木偶皮影艺术学会的会长、副会长和部分常务理事以及来京观摩的代表同住在首都宾馆,有机会参加分别召开的几次中国木偶皮影学会常务理事会和观摩代表座谈会。大家对此次艺术节演出的六台戏展开讨论,也对今后木偶戏皮影戏的创作演出进行探讨。大家对《太极图》的创作思路和表演上的不断探索和创新精神给予充分肯定。有的代表说,每次看泉州同行的演出都有一种清新感,都有不少创新,可以看出泉州木偶剧团是个很有活力的剧团,这让我很受鼓舞。我们演出,还受到好多福建籍和曾在福建工作过的老领导的关心,他们先后到住地看望我们和观看演出。原省委书记项南说:"一九八一年在福建看过你们的戏,这次又在此见到你们,我祝贺你们的艺术不断进步。"时任全国人民代表大会副委员长彭冲,演出结束后高兴地走上舞台和全体演员见面,他竖起大拇指用闽南话说:"泉州人个个猛!祝贺你们演出成功。"

《太极图》在首届国家艺术节的成功演出,总算几年的努力没有白费。其时,我内心得到的安慰真是难以言述。从北京回到泉州后,一个新的任务——参加荷兰阿姆斯特丹国际木偶艺术节又等着我们了。

第六章 传 扬

（一九八八～二〇〇二年）

一九八六和一九八七年两年间泉州木偶剧团连续参加在日本举办的大阪国际木偶艺术节和在我们泉州举办的国际木偶节以及在荷兰举办的阿姆斯特丹国际木偶艺术节，在世界偶坛打响了泉州木偶剧团这个品牌，加速了泉州木偶艺术走向世界的步伐。而一九八八年我带着三个小戏，作为中国木偶艺术专家组成员参加在名古屋举行的世界木偶艺术联合会第十五届年会，进一步确立了泉州木偶艺术在世界偶坛的牢固地位，我也作为泉州木偶艺术的一个代表受到各国偶戏界的尊崇和赞赏。从此，我被推到了传扬中华文化的高度努力传扬着泉州木偶艺术，同时又被推上了加强泉州与台湾的文化交流和向海外宣传泉州文化的文化使者位置。我先后多次前往香港、台湾，到过欧亚非几十个国家，把优秀的泉州木偶艺术介绍给各地观众和不少各国的政要。作为一个普通的木偶艺术工作者能起到一个文化使者的作用，我深感自豪。

各级政府给了我很高荣誉，享受国务院的特殊津贴、文化部授给特别荣誉奖和文华奖等等。而令我最为欣慰的是广大观众对我的表演，是那样的赞许和欢迎，甚至送给我木偶艺术大师的称号。我唯有继续不懈努力，拿出更多的好东西献给广大观众，以谢人们对我关怀之万一。

一、带着三个小戏到日本

（一）

一九八七年九月趁着首届中国艺术节，绝大多数常务理事在京的机会，中国木偶皮影艺术学会召开常务理事会，决定应世界木偶艺术联合会的邀请，组成五人专家小组，参加将于一九八八年在日本召开的世界木偶联合会第十五届年会，要求小组成员每人各准备二十五分钟到半个小时的个人表演节目，会上一致推选我参加这个小组。

其时，我确实十分为难，要我参加五人专家小组是对我的信任与尊重，可是个人表演二十五分钟到三十分钟的节目，我们泉州木偶剧团却从来没有过。况且作为专家组的成员，大会对艺术的要求是很高的，我犹豫了好长时间。

回到泉州后，我反复征求老吴和两位编导及一些同事的意见，大家都非常支持，认为困难虽是不小，但都是可以解决的，时间也是充裕的。并提出不少好的建议，并帮着确定了这样的创作思路：即要能体现传统又要表现艺术的发展，情节要有趣又要简单，要最大限度地发挥木偶特点。

创作思路确定后，我开始选择表演内容。第一个想到的是表演猴戏，或许我与猴子特别有缘，从小至今每看到耍猴戏的我都会驻足观看，每到动物园我逗留时间最长的是猴山。一九五八年突发奇想而写的剧本就是《聪明的猴子》，我自己表演小猴子，一九六一年剧团创作演出的《观音收狐狸》，戏中的白猿由我制作由我表演，以后《火云洞》、《三打白骨精》直到《火焰山》中的孙猴子都是我表演。每一次演出我都不满足于之前的表演，都进行新的创作。因而怎样把猴子那猴形猴态表现得好，我是有一定的艺术积累的，创作演出的成功率是会比较高的。我想如果以街头耍猴的形式来表演，说不定更会吸引观众。我把这些想法提出来与黄锡钧讨论，他认为我的想法非常好，并和我反覆设想表演内容，帮着把这些内容按一定情节连接起来，取名《驯猴》。

紧接着我就开始嘉礼制作了。这段时间真是最艰难最辛苦了，两个多月没吃过一顿香饭，没睡过一个好觉。要制作最理想的猴形木偶，虽难度不小，毕竟以前有不少积累，可要达到既有猴态又表演得令人感兴趣，就难上加难了。为了模仿跳迪斯可的那段表演动作，我把花了半个多月才做好的嘉礼又全部折掉重新制作。跳迪斯可手臂动作只要把《卢俊义》中的拍胸舞的嘉礼手臂制作方法加以改进，可是臀部的摇动动作总是模仿得不那么像。我试着把臀部笼腹扎成两半再组合，还是不够理想。后来干脆用泡沫塑料做材料，做成了一个臀部状再切成两半，经过处理后组合起来，才达到预期效果。就这样经过反覆修改后终于做成了既有猴态又能表演好迪斯可的嘉礼。模仿弹吉他的表演，完全不同于以前曾表演过的弹琵琶，那是把一件琵琶道具夹缠在嘉礼胸前做个弹的样子而已，因而我专门请教一位会弹吉他的朋友，设计动作时，我将动作分解为把吉他拿起放下和弹拨，每个动作再设计好线位和线规，设计弹拨动作时，为使嘉礼的两手配合得好做出像真弹一样的动作，我反覆试验过不下二三十个线位，甚至线的长度都经多次测试。

记得制作完嘉礼，能表现出猴形猴态又能表演弹吉他的那天，老吴又来了，我拿起嘉礼操弄了几个简单动作让他看，他高兴地学着操弄了一下说："真猴子来了，真猴子来了！"我非常兴奋心情特别好，难得的一次停下手中工作，坐下来和他泡了一壶茶边品边聊，老吴说《东海哨兵》中骑自行车的表演很受欢迎，能不能把骑自行车的动作加以改进，模仿杂技团表演几个车技。我说我和黄锡钧也都有这个想法，不过看起来难度相当大，不仅嘉礼结构要做得好，尤其是线位线规要设计得巧。就这样聊了大半天，离开时老吴建议我把前半节先练习熟练，趁此也可让脑子休息一下，也可先请人按比例制作一辆仿真自行车道具，再慢慢研究。我想这样也好，一段来人也够累的。

让嘉礼模仿杂技团表演的几个车技，关键是解决"人"车分合问题，也就是说嘉礼能不能与车自然分开又能迅速合在一起。在《东海哨兵》表演骑自行车载人追敌时，我曾试着设计新线位线规，让嘉礼的脚与车的"脚踏"分开表演上下车获得成功。按此思路，我几经试验，设计了新来回线和辅助线，让嘉礼的手能与车把分开，又能迅速握住车把，这就解决"人"车可以分合的问题。接着我开始设计让嘉礼在车上表演的动作，试着用来回线让嘉礼站在车座上。这个动作试验成功后，跟着就较顺利地解决了蹲在车座上和平躺在车上的动作。这些动作的线位线规设计成功后，我真是大大松了口气。可是那天老吴和黄锡钧看了一下，一句话的提醒又让我忙了半个多月。老吴说："操纵线会不会太多了"。黄锡钧说："要想办法一线多用。"我提起嘉礼认真细看一下又操弄了几下，发现确实有的线是可以想办法省去的。他们走后，我干脆把前后两部分的表演一个动作一个动作的操弄，从中寻找更合理的线位和线规。再一个线位一个线位的调整，一个线规一个线规的再组合。线规线位更为合理了，操纵起来也更显得得心应手。这样，再制作几个道具，第一个节目就基本完成了。

第二个节目的创作，出自于我家里的一张钟馗画。一天，我边修整着《驯猴》的道具，边思考下一个节目应选什么题材好。停下抽烟时猛抬头,见墙上一幅钟馗画,忽地来了灵感,何不创作一个钟馗戏,从中更多地体现传统艺术。说来也怪,这画挂在这里已不是一年半载,到这时才让我受到触动。我当即跑到书店找来一本写有钟馗捉鬼的故事书,心想就创作一个表现钟馗对世上鬼总捉不完的怨叹节目吧!

第二天,我把准备创作钟馗戏的想法和黄锡钧商量,黄锡钧非常赞同这个想法,并和我一起设想表演的情节,过后,黄锡钧以醉酒为主把情节编写好,同时写好两段唱词,交给我制作嘉礼和设计表演动作,他建议取名《钟馗醉酒》。

钟馗这个人物的嘉礼制作,我以传统艺术为主并借鉴京剧人物造型。嘉礼头的眼、鼻、嘴均可活动,使之可以表现出喜和怒,笼腹的扎制则以京剧中钟馗的特殊造型结合到我们的传统中。这个嘉礼特别是嘉礼头,制作的工艺水平可说是我多年来制作的嘉礼中最为满意的一个。

表演动作的设计,我采用传统的官行和步颠为主与拔剑插剑、双手提酒壶等动作,再按照人物性格和表演需要进行改进,并增加倒酒、捧壶、猛喝等新线规线位。后来的演出实践,这一套动作设计是很符合人物当时的心境的。

《青春梦》的创作,则是受到一个童话故事的启发。有一个童话故事,讲一个老巫婆到一个城堡去做坏事,为容易得手,每每将自己变成青春少女。我想如果改成梦想返老返童,只取其由老太婆变成美少女,也是有其可看性的。我正想找黄锡钧讨论,黄锡钧正好又来了。我们坐下来边泡茶边研究,一致认为这个节目可以增加表演旦角和却老的行当。而且已有以前的艺术积累可以借鉴,创作起来难度不会比《驯猴》大,当场帮着编排起情节梗概。大体是这样的,一位老妪天天幻想变成美少女,一天梦中的她真的变了,可是只变成中年妇女,感到不够满意。哪知道一会儿又真的变成青春美少女了,高兴得翩翩起舞。黄锡钧把剧名改为"青春梦"并编写了剧本。

按照这个情节安排,必须把三个不同年龄的人物巧妙地结合在一个嘉礼中,通过线的有效操纵把人物从老到少逐一变化出来。

我先设计制作一个穿着彩旦服装的嘉礼,其头部采用变脸的手法可把老妪的脸迅速变成彩旦的脸谱。另做一套老妪的服装外套,采用《观音收狐狸》中的金蝉脱壳法,套在彩旦的身躯上,表演时只要迅速脱去外套并变脸,老妪就变成彩旦了,彩旦变少女则是借鉴《太级图》中美女舞的方法,把制作好的少女嘉礼的头和上半身,先稳伏在彩旦的裙子里,彩旦裙的里层则是少女的裙。表演时只要能操纵好预先设好的另一组线,把嘉礼倒过来,采旦就变成少女了。

为了让这些变化能使观众感到有明显区别,我一是在造型上突出各自特点;二是老妪拿拐仗,采旦持芭蕉扇,少女则如开元寺中的飞天,衣袂翩翩。当然更重要的是表演动作和形态须符合各自年龄,因此在线规线位包括勾牌我都做了新的尝试。

三个戏经边制作边设计动作,又边练习边修改后,到六月底总算告一段落。接着,剧团委派林家才、黄光煌、徐瑞廉三人分别为这个小戏配曲,然后请两位演员配音和组织乐队录音,到此算是基本完成了。这之后,我开始用录音带进行练习。

在这三个节目的创作中,剧团上下给予全力支持和关心,很多人还给以相当大的帮助,特别是从题材的选择、情节的编排到排练都一直得到黄锡钧的指导和帮忙。所有这一些,我都是一直心存感激的。

（二）

世界木偶艺术联合会第十五届年会是一九八八年七月在日本召开的。参加这次活动的除联合会的领导成员和会员国代表外，还特地邀请三十几个国家的木偶艺术代表团或木偶艺术家参加活动。据日本著名木偶艺术家小泽征雄先生说："参加这次活动的都是世界木偶艺术界的精英。"年会在名古屋市开幕后活动五天，就移师饭田市，参加第十届饭田木偶艺术节，然后全体与会者分别到爱知市和稻谷市演出，最后集中到东京举行闭幕式。

我们中国木偶艺术专家五人小组，由中国木偶皮影艺术学会换届后新当选的会长，文化部艺术局专员叶锋为组长，组员是我和杨锋（漳州木偶剧团团长）两个副会长及四州省成都木偶剧团的两位仗头木偶演员。会议期间，我们除参加演出活动外，还以观察员的身份列席会议。

世界木偶艺术联合会第十五届年会和饭田市第十届木偶艺术节的开幕式都很特别，也非常有趣。

年会在名古屋市市长宣布世界木偶艺术联合会第十五届年会开幕后，五位日本演员操纵着五个代表世界木偶艺术联合会五位主要领导成员的大木偶走上主席台，模仿这几位领导人的姿态进行表演。木偶与人的比例相差无几，表演者把木偶的头套在自己的头上或挂在脖子上，木偶的脚和手也套在表演者的脚和手上。五位表演者先各自操纵木偶表演着自己模仿的人物动作并作身份介绍，然后相互提出问题进行讨论。最后再各发表一篇演讲，当中不时穿插世界木偶艺术联合会五位领导人上台讲话，或与木偶对话，很是有趣。我虽一句话也没听懂，可是现场观众阵阵的欢快笑声也把我给感染上了，有时还被那风趣的动作逗得开怀大笑,本来是一个较为严肃的开幕式却开得非常活跃又很风趣。

第十届饭田木偶艺术节的开幕式则是特简单又特热烈。市长宣布开幕后,立即开始踩街活动。所有参加世界木偶艺术联合会第十五届年会的各国代表、各国木偶艺术家和日本的好多从各地赶来的木偶剧团都参加了,大家边行进边表演。我因年纪大安排在世界木偶艺术联合会和饭田木偶艺术节的领导人及各国代表的行列里,没参加沿途表演,只跟着踩街队伍行进。我们行进的街道两旁聚集着非常多的人,有的也捉弄着不同形式的木偶边看踩街边表演。所有的商店都各自在店外甚至全店内摆放着不同的木偶,有的可能是作为装饰,有的可能也是结合着做广告。踩街队伍从一条街又转到另一条街,大约花了两三个钟头,接着各表演团体分散到不同角落进行表演,一些当地的木偶艺术爱好者也纷纷加入表演,据说还有不少从闽西那一带赶来参加的。一时间,整个城市简直变成了木偶的天地,到处都是木偶在狂欢。我走得两腿发酸,不到十二时,就回住地休息了,据说全城是一夜狂欢到天亮。后来听说,从一九七九年举办木偶艺术节以来,这个城市已渐渐成了木偶艺术城,吸引了很多游客,大大加速城市的发展。

我们这五人木偶艺术专家小组此行在名古屋、饭田市、爱知市和稻谷市共演出近二十场,受到各国专家同行和日本观众的热烈欢迎。我可以自豪地说,我们的演出是这次活动期间所有演出中最受欢迎的。

我带的三个小戏,以其完全不同于大木偶舞台的综合艺术表演形式,采用完全新颖的人偶同台三维表演,把木偶自身的特点发挥得淋漓尽致,把观众的好奇心紧紧地吸引住了。因为这是首次面向国外观众,特别是要面对世界各地的木偶专家，心里还是很紧张的。在名古屋的第一场演出，我反反覆覆检查着自己的准备工作，演出时注意力高度集中，直到演出结束才发现全身的衣服都被汗水湿透了。演出结束，全场观众起立长时间热烈鼓掌，在我这一生中经历过的几千场演出中，还是第一次，这让我大大松了一口气。走下舞台，我们的组长叶锋激动地拉着我的手说："太成功了！太好了！"他告诉我，演出时台下就不断卷起阵阵热烈掌声和叫好声，特别《驯猴》中的跳迪斯可和车技表演，更是引得观众席一阵又一阵的惊叹声，可我因精神太集中了，一点也没感觉到啊！这七八个月的辛苦总算没白费！

在名古屋的几场演出之后，我很快就被与会的代表所关注了。几个曾在这之前见过面的英国、法国和美国等好几个国家的同行，每见到面总会竖起大拇指口里说着："Chinese！"和我打招呼。到过我们剧团留学的英国小天使木偶剧院的约翰·罗伯茨，这次也赶到日本观看演出。得知我也来日本演出时，找到我们演出的剧场认认真真观看，演出结束，马上来到台上，把我紧紧地拥抱住，自豪地连连向其他同伴介绍："这是我的中国师傅！这是我的中国师傅！"接着就接过《钟馗醉酒》的嘉礼，表演了"官行"几个动作，引来了不少各国的艺术家和日本观众，更让他高兴得有点手舞足蹈了。从此，他每见到我，总要反覆向在场的人介绍我是他师傅，这还引得法国、印度、美国、巴西和一些我也不知是哪国的好几个代表想到泉州学习，希望拜我为师。其中三个美国、韩国和西班牙的代表，更是几乎天天都缠着我。只是没经过批准我当然是不敢答应的。正因为这样，闭幕式那天晚上我竟被缠得没吃上饭。

一位西班牙同行，因我总不敢答应收他为学生，担心闭幕后各自回国了，就赶在闭幕式这最后的机会又找到我。闭幕式是与自助餐式的宴会结合在一起的,我正拿着几片面包和牛肉找了个位置坐下来准备就餐时,这位西班牙同行走了过来,边比划边说着什么,看我一句也听不懂,赶快找来翻译,我虽一再向他解释,他还是表示不理解。就这样只顾着说话,竟忘了吃了,等到谈完话想吃时,也不知什么时候服务员把盘子和那几块面包和牛肉一起收走了,再到食物架取时,架上已是所剩无几,且全宴会厅的人早已吃饱在各自交谈了,我不好意思再取余下的食物一个人在大庭广众中坐着吃,只好让肚子空着了。幸好此行来日本,日方每天给各国来宾每人每天壹仟日元作为伙食费,每天我们都买了些面包、熟鸡蛋作为早餐,这天正好还剩下一个鸡蛋一片面包,回到住地我就以此充饥了。

  不少日本观众更是成为我们的戏迷,当中不乏知名的木偶艺术家。日本三之子剧团的小泽征雄先生是日本著名木偶艺术家,受到日本木偶戏界的尊敬。在东京我的第一场演出刚结束,一直在后台等候的他,一见到我就把我紧紧抱住,嘴里不停地唠叨着什么。恰好为我们义务翻译的前任会长虞哲光先生的侄子走了过来,经他翻译我才知道,他反覆说的是:"终于见到您了!我太激动了!"我们到休息室坐了会儿,他告诉我早就听过我的名字了,一直没机会见到,没能观看我的演出,今天晚上总算如愿以偿,表演的真太动人了,把他整个人都吸引进戏里了,也分不清是真猴还是假猴,是人在演木偶,还是木偶就是人。最后还一定要请我们五个人吃饭,我们也恭敬不如从命,可他带我们转了好几个地方都打烊了,我一再向他表示谢意,请他不必再麻烦了,可他说今天晚上能与中国的专家见上面,真是太高兴了,一定得找个地方痛痛快快的喝上几杯,来个一醉方休。后来终于在离闹市区较远的一条小街边,找到一间小食店,店主人正在准备打烊,小泽征雄先生走上前把情况一说,并把我们介绍给店主人,店主人当即打开店门热情地招呼我们进店,他的伙计也重新生火忙着为我们准备宵夜。不一会儿一桌还算丰盛的菜肴上桌了,店主人还拿了瓶据说是他们日本的名酒,要与我们干杯表示欢迎,一再表示这餐宵夜由他免费招待,因为能接待来自中国的木偶艺术家是他的荣幸,是他小店的光彩,真是盛情难却。大家频频举杯互相祝酒,越喝兴致越高,一直到下半夜一点多,人人都有了浓浓醉意,不会喝酒的我,也被大家鼓动着干了近半小杯,回到住地已是头重脚轻走路都有点八字步了,倒头便睡。

还有一位木偶爱好者,据他说,在名古屋看我们演出后,就一直跟到东京。有一天,他突然来到后台,用很不流利的中国话向我说,希望我把钟馗这个嘉礼卖给他,我拒绝了。没想到第二天第三天又找到我们住地,一再要求买这个嘉礼,我想干脆喊个高价让他死心吧!开了个五十万日元的高价。他一听毫无二话一口答应下来,这下我下不了台了,只好让我们的组长叶锋出面了,推说是回到北京马上就得汇报演出,因此他不能批准,这位木偶爱好者只好悻悻地走了。到泉州谈起这事,好多人都说我是傻瓜,卖了不是还可做嘛。五十万日元折成人民币也不算是小数目,说不定这个嘉礼还会成为永久收藏物哩,可我真的是舍不得。

这次世界木偶艺术联合会第十五届年会原定对参加此次演出活动的三十几个演出团进行评奖,在名古屋时,我就获得提名,获得高奖希望很大,闭幕式时却突然宣布评奖取消了,据说是因为换届选举领导人产生严重分歧,我失去一次为泉州木偶艺术在世界拿大奖的好机会。

回到北京,中国戏剧家协会和文化部艺术局木偶皮影杂技处,专门召开欢迎座谈会听取我们的汇报,并设宴招待我们。席间,剧协负责人刘厚生特地来到我面前给我敬酒,他拉着我的手,风趣地说:"这次你亮出了中国的一大特色,听说你成为各国艺术家的追逐对象了,真太好了!我代表中国剧协谢谢你!你辛苦了!"我听分十分感动,也感到莫大安慰。

  这里我想顺带说一件长年来不愿说的事,或许说出来后心里会好受些。

  接到文化部去日本的通知后,剧团按历来的做法向有关部门报告并申请拨给一定经费,稍后剧团又接到出访日本浦添市的演出任务,也同样向上报告申请拨给经费,很快就得到充裕的专项经费拨款,且每个演员还可向银行换取相当数量的自由外汇。我呢?同是泉州木偶剧团成员,同是要出访日本,而且我还是代表我们国家出访并参加世界木偶艺术联合会的年会的,却迟迟不给拨款。我自己跑了好几趟文化局,一位局领导很不耐烦地说:"没钱就不要去,也不是局里叫你去的。"听这话,仿佛是一无形的重拳向我胸口撞来,良久我才强忍着泪水走回剧团。要不是老吴的一句话,我真的不想干了。老吴说:"剧团不是穷得出不起,即使穷到那地步,我家里的彩电、冰箱卖了做经费该够吧!参加世界上这样的活动是不容易的,是代表国家的。"后来经三走五走,林毓昆副局长总算批了一仟元,据说这是他这个副局长的最大权限。至于什么换汇,当然是不可能的了。我真想不通,都是为国争光,又是同一时间,为什么是如此的不同对待?回到泉州后,我到文化局汇报此行产生的巨大影响和中国剧协的评价时,又是这位领导人说:"还不是三个小戏仔吗?"其言下之意我就不懂了,话就说这,太详细就十分难听了。说句实在话,我这一生除了文化大革命期间外,就只有这一次承受过这样不应有歧视啦。

  但是,就是这样"三个小戏仔"得到观众那么大的欢迎而久演不衰,魅力不小呀!

二、潜心雕刻传统嘉礼头

世界木偶艺术联合会第十五届年会期间,在一次座谈会上,一位日本同行送给我一本介绍传统木偶头的小册子,印刷非常精美。这位同行无不炫耀地向我介绍说,他们日本的传统雕刻艺术是如何丰富,又是如何精美,这使我的自尊心受到很大伤害。不说我们这中华文明古国早在两千多年前就有木偶头的雕塑,仅就我们泉州嘉礼头的雕刻,历史就够悠久够源远流长的了,只是由于文化大革命的人为破坏,不少西来意、涂门和江加走的嘉礼头都作为"四旧"破坏了,仅存的也很不完整罢了。当即萌生雕刻一套完整的传统嘉礼头保存下来留给后代人作纪念的想法浮上心头。

回到泉州后,我分别把从日本带回来的这本小册子给我们剧团和市文联及泉州市地方戏曲研究社的领导看,向他们汇报我的想法,他们都非常赞同,认为这是为子孙后代做的一件好事,特别是时任市文联副主席的郑国权先生更是非常支持,甚至提出如果需要经费的话,市文联可给予适当补助。郑国权先生在我作为中国木偶艺术专家组成员参加世界木偶艺术联合会第十五届年会活动时,就给我很大支持。他在繁忙的工作中特地抽出时间,为我撰写介绍文章,并编印成小册子,让我带到日本去。这次又能得到他和其他几位领导的支持,使我信心倍增,决心把这项工作做好。

我花了二百多元,把家里的小阳台,改造成一个小工作间,虽只有二平方米多,可我白天可用来工作,晚上用来睡觉,还可用作材料和成品的储藏间,有时还可用来接待朋友。老吴曾开玩笑地说:"这是一个随时都可接收阳光雨露的多功能工艺厅。"就在这犹如"鸽笼"的"工艺厅"里,凭着长年接触传统嘉礼头留在脑海里的记忆，开始传统嘉礼头的雕刻。

我先雕了个北行嘉礼头，继而又雕了生行和旦行各一个嘉礼头，然后拿了这两个嘉礼头征求黄景春的意见。黄景春从"实验团"成立直到文革期间剧团解散，都在我们泉州木偶剧团从事木偶制作和布景绘制工作，对传统嘉礼头的制作很是内行，为嘉礼形象改革做了大量工作，堪称泉州木偶剧团改革嘉礼的第一人。早在一九五二年"实验团"演出《除五毒》这出戏时，他就根据剧情需要，设计特殊嘉礼造型，并用"堆补"方法把几个旧嘉礼改成"五毒"的造型，后又参与改革脚节手节，和大家共同研制了关节脚，创造性地用铁丝包上细棉纸扎制笼腹。这给剧团剧目生产中的嘉礼制作帮助很大，虽然这种笼腹的嘉礼不能长时间悬挂，不能受潮过多，否则因重力原因，嘉礼会变得又瘦又长，铁丝会生锈污渍服装。不过这并非什么大难题，只要养成像老一辈艺人们那样爱惜嘉礼，演出后整齐收入笼中的好习惯，就问题不大了。"艺术"、"实验"合并后，景春和我就成为同事，在嘉礼头的雕刻以及整个嘉礼的制作中，我们都经常一起研究，从中我得到他的不少帮助。如果说我做的嘉礼比他好，只是因为我是演员，更了解舞台表演的需要。这次我频频征求他的意见，他都毫不保留地把自己的看法说了出来，让我受益不少。他还表示愿意协助我给嘉礼头粉彩，让我更有信心。过后我又多次找了江朝铉先生(他是木偶头的雕刻世家出身，承继了他的父亲——木偶头雕刻大师江加走的高超技艺)，请他给我指点。他对我非常热情，有时甚至动手帮着修改。经过这样多方听取意见后，我心中更加有数了。一个行当一个行当地开始雕刻，并从中继续摸索。经过四个多月的努力，一些基本行当的嘉礼头，如白阔、掺文、黑北等，都雕刻齐了，再修改一下就可开始粉彩了。就在这时，沈继生先生因从泉州市地方戏曲研究社得知我在雕刻传统嘉礼头，特地到过我家里实地看过我的作品，正好他的一位台湾朋友想购买四海龙王的嘉礼头，就介绍到我这里来了。一开始我并不敢应允，后来沈继生又亲自和他这位朋友来我家。沈继生先生一九七九年曾在我们剧团工作过一段时间，后来回到省文化厅戏剧研究所，和我都是中国木偶皮影艺术学会第一届的常务理事。因此，我也不好再推辞了。况且我正需要有笔钱作为经费，也就答应下来了。

我们传统嘉礼头中是没有龙的嘉礼头的，如果演出需要就在北行或生行中选出适合的嘉礼头，临时戴上两个龙角就算是龙头了。我想既然是专指四海龙王的嘉礼头，就真的要雕刻成是龙的嘉礼头。我这个人有个特点，不管走到哪凡是见到较好的雕塑都要驻足认真观看。北京故宫的九龙壁我就曾多次认真观看过，我们泉州市的开元寺、承天寺里也有几处龙的雕塑很不错。我以这些留在脑海里的印象为蓝本，构想了一张简图就开始动刀了。中间还曾有几次又到开元寺观看那塑在壁上和屋脊上的龙。经过近两个月的反覆修改，终于雕成了四个较为满意的龙头，请黄景春粉彩，又请退休在家的原团长吕赞成做了四个王冠。吕赞成做嘉礼头戴工艺水准算是我们泉州木偶剧团第一位，上世纪六十年代到八十年代，特别是文革后，剧团所有的演出节目的嘉礼头戴几乎都是出自他的手。此次做的四个王冠特别用功，水准相当高。四个龙的嘉礼头我要了四仟元人民币的价，这是我雕刻嘉礼头的头一笔收入，对我来说是相当可观的，这给我一个解决所需经费的启示。从此我更加潜心钻研传统嘉礼头的雕刻，除了剧团有任务外，几乎所有的时间我都在与嘉礼头作伴。我经常是一个嘉礼头雕完经细磨后，都要摆着一遍又一遍的细看。发现某个部位不满意就要拿起刻刀细细修改了一番。渐渐的嘉礼头雕刻就成了我生活的主要部分，一天没动过手，心里就直发痒。

就这样，我雕刻水平得到较快提高，还创造了许多组合

黄奕缺背后的壁厨里，陈列的全是他的木偶头雕刻作品，琳琅满目，美不胜收。

的嘉礼头，使嘉礼头经线的操纵能表现出喜和怒的表情。从而有不少人慕名而来，希望向我购买嘉礼头。只因这是手工操作，我对自己的作品又要求非常高，因而雕一个较为满意的嘉礼头都要花不少时间。泉州市南戏博物馆里陈列的六十个嘉礼头，就整整花了我一年多时间。有些雕得比较好的，往往被选为赠品，现在美国洛杉矶木偶艺术博物馆、西雅图木偶艺术中心和德国、英国等好几个国家的博物馆或艺术中心，都收藏有我雕刻的嘉礼头，台湾李天禄木偶博物馆更是展出了相当数量我的作品。这些嘉礼头都起着宣传泉州，宣传泉州提线木偶艺术的作用。真正作为工艺品卖的，是台湾一位木偶艺术爱好者和木偶头收藏者，要向我买一百个嘉礼头。可我为雕刻这些嘉礼头，整整花了几年时间。

黄奕缺像个木匠，别具非凡的工匠精神。

但是,不管怎样,日本朋友送的这本小册子,让我产生完整雕刻一套传统嘉礼的念头,总算能够实现了,总算能够起到传扬泉州木偶艺术,宣传历史名城泉州的作用了,我感到心安,感到满足!

三、应邀在央视春节联欢晚会表演

一九八九年十二月中旬初的一天上午。,中央电视台一九九〇年春节联欢晚会导演组从北京给剧团领导老吴打来电话,称经导演组研究决定,邀请我到春节联欢晚会表演《驯猴》这一节目。接了电话后,老吴和我都有点奇怪,中央电视台怎么那样了解情况,指名道姓电话直接打到剧团来?后来到了中央电视台才解开这个谜,原来是我在我们福建省首届艺术节开幕上的表演被中央电视台一九九〇年春节联欢晚会导演组看上的。

一九八九年十月福建省在福州举办首届艺术节,九月上旬我们正在认真排练参加这届艺术节演出的节目。一天,艺术节筹备组派了几个人到泉州挑选开幕式节目和检查入选参加艺术节演出活动的节目准备情况,他们在市文化局听老吴汇报准备情况时,老吴顺带向他们推荐《驯猴》这个节目,详细介绍在日本演出时是如何轰动,并介绍说这是一个新表演形式,无需特定舞台。他们说既是这样,就看一看吧!老吴就准备带他们到剧团来。他们却说,既然无需特定舞台,大概表演地方也不要很大,就在文化局会议室表演吧。接到老吴通知,我心里真有点不高兴,告诉老吴,请他们到剧团来,起码气氛会好一点。老吴只好把上面的话向我说了,既然他们不愿屈尊,我也就只好下级服从上级,自己用自行车驮着道具到了文化局。艺术科的吴永珍用拖把把地板拖干净后,我就表演了。表演结束我真想听听他的意见,但却个个面无表情,好久其中一位才说了一句："我们回去研究后再说吧！"我真有点哭笑不得,大概到了九月二十六、七日终于从市文化局转来通知,要我带《驯猴》参加十月一日艺术节开幕式表演。

开幕式《驯猴》的演出,引发的轰动效应,很可能是这些来泉州挑选节目的人所没料到。演出结束后,省委书记、省长专门单独接见我,说了不少鼓励的话,报纸电台争相向我采访。福建省电视台还专门把我留在福州,为《驯猴》录相,推荐作为全国几个省(市)电视台联合录制的《中华之最》的一个节目,连中央电视台导演组派来的人也喜欢上了这个节目。

老吴把中央电视电话邀请的事告诉我时,我很犹豫。这让老吴真有点生气："如此好事,别人是求之不得,你倒好,想不去。我让韦宏买机票去,并让他陪你去。北京天气冷,回去准备一下,后天出发。"口气坚决毫无商量余地,我只好服从。我们到中央电视台报到时,所有参加演出的人早已集合了,第二天我们就参加排练了。

这次排练分两段,第一段大概用了二十天左右,目的可能是除了让演出熟练外,更多的是根据联欢晚会的要求和时间长度,对选上来的节目进行增删或修改。往往上一次还在排练的节目,到下一次排练就没看到了,好些节目被一再停下重新修改。一天中午刚吃完盒饭,趁休息时我正把嘉礼再次检查一下,笑星赵本山走过来开玩笑地说："耍猴了,你这手功夫学多久了,收不收徒弟？"我笑一笑："收呵！你愿屈尊吗？"他也笑了笑："你的节目是一路绿灯,我不知道能不能过关呢？"确实,好些看来还算不错的节目都被刷掉了,有位歌星的节目被刷掉,还当场掉下眼泪发了一顿不小的脾气呢！上一次中央电视台春节联欢晚会演出真的是没那么容易。

《驯猴》这个节目虽是一路绿灯,可是表演长度从九分多一点减到三分多不到四分钟,表演内容也被改变。记得第三遍合排后,我正在宿舍里休息,总导演黄一鹤和阎肃两位先生找到我,很客气地向我说,根据晚会节目总体安排,准备把《驯猴》的内容改动一下,由阎肃先生写一段词,请一位作曲家配好曲,再由唐老鸭的配音李扬为猴子配音,希望我能给以谅解和配合。总导演亲自来找我,还有什么好说的。第二天,配曲和配音的都到了,我给他们示范表演了一段,然后和他们一起讨论怎样让音乐适合我的表演。当晚不到十时,录音带就搞好了,我立即按照录音带重新编制了一下线规,反复进行练习,隔天下午就又再参加排练了。

　　第二段是正式串排,所有节目分成红黄两方,借比赛的形式轮流表演。这一段的排练完全以直播的要求进行,要求非常严格,真的是一丝不苟。因而,显得非常紧张。往往都是早上九时开始,直到午夜才能离开排练厅。有几个很有名气的演员私下里都在议论,说是有点吃不消。可排练时,大家都还是显得精神饱满。除夕夜前三天,为保证直播时万无一失,连续用两个晚上彩排并录像,以便直播时同步跟进。连续三天我们都是下午五时吃了晚饭,就开始化装,然后各自在演员休息室候场。我的节目大约是在十时左右。演播时演播大厅充满着祥和热烈的气氛,休息室里却是安静又紧张,大家的脸都绷得紧紧的。我演出结束来到休息室,阎肃先生轻轻拍了拍我的肩给我做了个"OK"手势,我一颗紧张的心才松弛下来。

　　回到泉州后,泉州风俗春节期间亲朋好友都相互走动走动互相拜年,今年来我家的人特别的多,大家都说在中央电视台春节联欢晚会的表演很不错,特地来向我祝贺。这期间我还收到好几个省(市)木偶艺术界好朋友的祝贺信,心里真的是非常高兴。不过表演时间压到只剩三分多钟,心里未免有点遗憾。正月初二那天陈荣春市长向我祝贺时,我把这想法向他说了。陈市长笑了笑:"能到中央电视台表演,而且是上这样一个春节联欢晚会,即使只有一分钟,也是很不错的。何况是三分多钟。难得呀!我要代表全市人民谢谢你!谢谢你为宣传泉州作出的努力!"哦!我这也是宣传泉州呀!这是对我的鼓励,也是对我的要求,我应自觉增强宣传泉州的责任心噢!

后来又有好几次应邀请到中央电视台表演,我都一直记住陈市长说的,努力起到宣传泉州的作用。几次到中央电视台,如一九九二年的春节戏曲晚会和正大综艺等等,特别是参加一九九一年第三十二期综艺大观的表演,我都是带着宣传泉州的责任心的。

第三十二期综艺大观是中央电视台和厦门电视台合办的,由中央电视台的朗昆先生为导演,主要是宣传厦门特区。安排的节目中有厦门的一位副市长介绍特区的成就并演奏钢琴;有出生于晋江的音乐家李焕之回忆自己童年并由一位歌唱家演唱他抗日时期创作的一首歌;有惠安女表演影雕艺术等等。

我们泉州木偶剧团是作为介绍为南国奇葩而被邀参与表演的,我们演出的节目占了近二分之一时间,我作为艺术指导兼演员参加这期的演出。我们的节目,按导演的意见,应有更多的闽南特色,因此,我和黄锡钧研究,选择了《双狮戏彩球》、《木偶唱南音》以及几个可发挥木偶表演特性的片断。

《双狮戏彩球》是为出访日本在原来《宰(刣)狮》的基础上改编而成的。那时为创作这个戏我花了整整两个月时间,重新设计制作了一对大狮和一对小狮子嘉礼,还比较有创造性地设计了让小狮子从大狮子肚中钻出来的一段表演。另把舞刀嘉礼改为戏球,这一改动,既突出闽南特色,又更具可看性,在日本演出时曾引起不少轰动。这次，正好派上用场。《木偶唱南音》这个节目是一九八三年访问菲律宾的节目，很受当地华人华侨欢迎，这次我把嘉礼稍加整理后参加演出，更是宣传泉州突出闽南特色的好节目。

这几个节目在中央电视台演播厅参加排练时，吸引不少电视台的工作人员，好几个栏目的人都跑过来观看。不少人议论说，这期综艺大观又有新看点了，收视率肯定又是很高。而一个以综艺大观主持人倪萍的形象制作的嘉礼，更是吸引好多人的围观。

这个嘉礼头是按照朗昆导演提出的建议，由林聪鹏根据中央电视台提供的倪萍一张正面一张侧面的照片雕刻的。林聪鹏是一九八三年毕业的学员，师承大哥林聪权，工艺水准很不错，这次雕的这个嘉礼头，大家都说太像倪萍了。有的说："比倪萍还漂亮。"倪萍见了高兴得哈哈大笑说："像，像，不过好像比我老，就算我姐吧！"节目演出结束后，中央电视台的几个主创人员都一再希望把这个嘉礼头送给他们。考虑到这个嘉礼是我们团第一次参加综艺大观栏目表演时表演的嘉礼，又是仿倪萍的形象制作的，准备留下做纪念，就没答应。后来焦乃积先生一而再地到中央电视台演员宿舍找我们，希望能留给他作永久收藏纪念，我们只好把另一个作为备用的，由王毅雄雕刻的仿倪萍的嘉礼头送给他。

四、收了两个台湾徒弟

（一）

参加一九九〇年中央电视台春节联欢晚会后回到泉州，我没有再参加春节期间剧团的演出活动，让我在家休息。正月初四下午四时多邮递员送来一封是张传枝先生从台北寄来的挂号信,几次的交往,张先生算是好朋友了。

一九八六年,我们在日本大阪参加国际木偶艺术节时结识了台湾的张传枝先生。一天晚上演出结束后,正准备乘车回住地,剧场门口围着一大群等待签名的观众,突然人群中一个与我年龄相仿的人挤到我面前,用闽南话和我打招呼,问我是否来自福建泉州。我们剧团出访都只称"中国泉州木偶剧团"没有福建两字,我以为那么巧遇到来自福建的老乡了,也热情地与他打招呼,问其是否来自厦门或是漳州。他笑了笑说:"都不是,是来自台湾,非常希望能与我们坐谈坐谈。"我立即请老吴过来,向他作了介绍。老吴向他说,如果方便请他上车同我们回到住地,说话更方便。他说,他就住在我们住的酒店十五楼,正好顺道。

到了酒店,我们直接来到大阪木偶艺术节为各国来宾开设的俱乐部。经交谈得知,他是台湾一个类似我们的演出公司的官方机构负责人张传枝先生。因带一个木偶剧团到韩国演出后准备经日本回台湾,听一位韩国朋友介绍,有一个大陆来的木偶剧团正在参加大阪国际木偶艺术节,特意单独留下。他说他已连续观看了两个晚上的《火焰山》,真没想到演得那么好,水准真是太高了。很可惜,其他人都急着回去了,错过了一次好机会。应我的要求,他给我们介绍了台湾木偶艺术的情况。他说台湾的提线木偶已明显衰微了,现在只剩下宜兰的林赞成和许福能两班,另外只有台南个别地方还有提线木偶戏在活动,但也大不如前了,而且都存在接班人问题,倒是布袋戏风头最盛。我也把我们泉州嘉礼的情况较详细地向他介绍,他对培养演木偶戏的接班人问题很感兴趣,应他的要求我向他介绍我们招收学员培养接班人的情况,他听后很是羡慕不已。

就这样，我们越谈越亲切，越说话越多，真有点相见恨晚。说话中老吴把我们带来的一些介绍泉州木偶艺术的资料和一本《泉州旅游》的书送给他，表示欢迎他能到泉州走一走，还向他介绍泉州南音大会唱时，就曾有一位台湾的蔡玛丽小姐代表台湾南音界参加。没想到张传枝先生与蔡玛丽小姐是邻居，是老熟人，蔡玛丽小姐第一次到菲律宾演出只有十八岁，是他带队的。他说后来蔡玛丽小姐与菲律宾一位姓吴的华侨结婚，曾多次回过台湾，也都到他家叙叙旧。他表示一定要争取到泉州看看，如果条件允许他还希望带台湾对木偶艺术有兴趣的人到泉州拜师学艺。这一晚我们一直谈到下半夜二时多，此后，因同住一家酒店，免不得又多次见面，就此成为熟人，成为朋友了。

后来在世界木偶艺术联合会第十五届年会和饭田市第十届木偶艺术节期间，张传枝先生又特地赶到日本参观。当他从《朝日新闻》上看到有关我的报道和一张我的照片时，得知我在日本，非常高兴，找到我演出的剧场，观看演出后就守在剧场外等我。一见到面，他激动地说："又见面了。"我也激动地说："又是在日本见面！"

他说："演得实在是太好了！我准备电话告知阎振瀛教授，请他亲自到日本看看你的演出，并建议他邀请你到台湾任教。"

我们到东京后，阎振瀛教授真的来了。那天晚上演出刚结束，张传枝先生就带着阎教授来到后台，把他介绍给我。我请他们来到演员休息室，坐下后，阎教授说："今天能看到你的表演真太高兴了，真是一饱眼福呀。"他说，在台湾就多次听张传枝先生介绍泉州提线木偶戏演出的《火焰山》，艺术水准是如何高、如何迷人，总希望能有机会亲眼目睹。接到传枝先生电话立即办好手续赶来了。可是到了戏院票早没了,不知费了多少口舌,才允许进场坐在过道的台阶上观看演出。说到这,阎振瀛教授紧紧握住我的手:"百闻不如一见,难怪传枝那么着迷。"第二天,阎教授又和张传枝先生来到我们住地,详细向我了解泉州嘉礼的一些基本情况,特别是有关薪传的问题,并正式向我提出,恳请我到台湾传艺或由台湾派人到泉州向我学艺。见阎教授如此恳切,我向他表示都是自己同胞兄弟,我当然是乐意的。他当即请张传枝先生能多做工作,尽快促成。回到泉州没到两个月,张传枝先生也来到泉州了。据张先生说,在这之前他曾两次来大陆都没到泉州。第一次是一九八六年八月份或九月份,通过一位日本朋友的关系以日本人的身份到上海玩了一个星期。据他说那次是"探险"性质的,离开日本时,特地拜托大阪华侨总会的一位朋友,如果一个星期后他没回到日本,请这位朋友给他台湾的家里去个电话,就说经多次劝说不听,私自到大陆,被中共抓起来了。真是有点悲壮色彩!事实是他在上海一个星期玩得很开心,人们都对他很热情,干脆公开说自己是台湾人,人们反而对他更亲热了。他说,真想多玩几天,可是有约在先,否则还真以为是被抓起来呢。另一次来大陆,是直接到莆田,他只给我来个电话,我请他到泉州来,他说时间匆促,得赶快回去。就没到泉州了。

这次张先生是直接来到泉州的,他说,是为感受泉州木偶艺术气氛而来,是为台湾的提线木偶艺术能得到薪传而来,同时也顺便查找一下他祖父的风水地。

在泉州期间,我们剧团和市文联、市剧协给予很热情的接待。在泉州木偶剧团,张先生认真参观了泉州木偶陈列室,观看了几场多种形式的演出,详细了解接班人的培养情况,还先后观看了晋江掌中木偶剧团、省梨园实验剧团的演出,到南音乐团听南音演唱。还游览了泉州开元寺等几处名胜古迹。所有这些都给他留下极为深刻的印象，特别是我们剧团的规模和设施以及接班人的培养等方面更是让他感概万千。他不无感慨地说："早就该来泉州了，因对大陆不了解，多花时间不说，还闹了不少笑话。"

更让张传枝先生高兴和满意的是实现了他父亲的遗愿，找到了他祖父的风水地。张先生祖父是莆田人，年轻时到台湾谋生，年老后返回家乡，留下他的父亲在台湾。此后，他父亲就再也没有回过莆田，自己的父亲去世时也没能归家执绋尽孝。这成为他父亲的终生遗憾，直到临终时，还耿耿于怀，一再嘱咐张先生，只要有机会一定要回到故乡到祖父坟前烧炷香。前次到莆田就是为了了却其父亲遗愿的，可是年代太久了，只是空跑一趟。听了张先生的介绍，我倒也想该帮他想想办法。

说来也巧，泉州市文化局一位干部叫蔡王彬，是莆田人，市文联副主席郑国权当即请来蔡王彬。没想到，蔡王彬对张先生提供的地名，尽管早已不使用了，却是非常熟悉。第二天就带着张传枝先生到莆田，直接找到张先生在莆田祖家的村子和族人。在族人的帮助下，当天就找到张先生祖父的坟地。回到泉州时，张先生激动得热泪双流握着郑国权和老吴的手："太感谢了，总算圆了我父亲的遗愿。太谢谢了！"还一再表示回台湾后要尽快促进台湾与泉州的文化交流，要尽快带人来泉州学艺。

（二）

张传枝先生在来信中说，他已获准带李天禄先生的两个儿子到泉州拜我为师，拟于元宵节前后到达泉州，还说，如有不便，希望尽快回复。信中还附来几份台湾报纸报道李天禄拟送子渡海学艺的剪报。我看一下发信日期,已过去一个多月了,一封信竟走这么长的时间!离元宵节只有一星期多了,怎办呢?我立即到威远楼,找到正在那里布置剧团当晚演出的老吴。老吴看完信对我说:"这是好事,也是大事。时间这么紧,要赶快向上级汇报。"当即和我赶到市文化局,可局里的人都到春节各活动点去了。真急死人!我说直接找陈市长吧,前两天我才向他汇报过到中央电视台春节联欢晚会演出的事。我们来到市长办公室楼下,恰巧陈荣春市长从楼上下来,老吴迎上去,作了简单汇报,市长接过台湾的来信,认真看了看说:"这是加强两岸文化交流的好事,应该欢迎。"并在该信上作了批示。记得批示内容是"精心准备,热情接待。请秘书长告知文化局和对台办。"我们按市长的意思又赶到秘书长办公室,秘书长详细了解情况后,马上给台办去电话,要他们尽快配合文化局作必要的准备,并指导木偶剧团做好接待工作。最后秘书长说:"回信是来不及了,就由老吴给台湾去电话表示欢迎他们前来学艺。"

当晚,老吴到文化局通过内部电话与台湾联系,得知,张传枝先生因迟迟没接到我的回复,认为没有什么不方便,正月初四上午就出发了,准备绕道日本经上海、福州来泉州。我们只好请张先生的家人向尚在日本的张先生转告我们的意见。

后来才知道,张先生早在一九八六年在大阪看了《火焰山》演出后回到台湾,就一再在一些木偶戏名家中呼吁,希望派人到泉州学艺。一九八八年和阎教授看了我的演出后,他更是积极推动。台湾著名掌中木偶艺师李天禄看了张先生用小型摄像机录下的《火焰山》一些片断和我表演的《钟馗醉酒》后,当即决定派自己的两个儿子陈锡煌、李传灿到泉州学习提线木偶艺术。这就开创了泉台木偶艺术交流的新篇章。可以说张先生是一位泉台文化交流的积极推动者,也是泉台木偶艺术交流的第一个实践者。

第二天,在市台办和文化局的指导下,剧团开始按照陈市长的指示精神做好各项准备工作。尽管时间短,但在各方面的重视下,经大家的努力,一切工作都有条不紊地准备着,张先生是正月初十下午到达泉州的。隔天老吴和我们几个人把拜师学艺的有关事宜与张先生商谈,经协商共同确定学习时间为四个星期到五个星期。学习内容初定为"走""坐""拜"等十四个基本线规,并学习一出传统折戏,作为基本线规的实际运用。张先生提出要举行正式的拜师仪式,我们也感到是有必要,又共同协商拜师仪式的具体方案。

拜师仪式是农历正月十二日上午在我们剧团的排练场举行的,算是改良式的。剧团排练场舞台正中帷幕上剪贴着"拜师仪式"四个大金字,帷幕前摆着香案桌,相公爷端坐在置于香案正中的嘉礼椅上,两侧按习俗摆放着香花五果,案桌前侧设一靠椅。仪式开始,由剧团乐队演奏"笼吹"的"得胜令",在音乐声中陈锡煌、李传燦向相公爷行三鞠躬礼,接着我入坐案桌前侧的靠椅。陈锡煌、李传燦向我行鞠躬礼,然后从香案上拿起拜师证书签上自己的名字,继而转向作为证人的老吴和张传枝,恭请他们在证人处签上自己的名字。接着再把拜师证书恭敬地呈到我面前,由我签名,待我签名后两人接过置放在香案上。最后由我领着他们兄弟俩向相公爷行鞠躬礼,并把拜师证书留下一本,把余下的两本分别给他们两兄弟。到此拜师仪式结束。

这个拜师仪式可以说,既简单又隆重。前来参加的有市文化局、市台办的领导和代表;有泉州市文化艺术界的知名专家学者；有文化系统各单位的代表以及我们剧团的全体人员。住在泉州的各媒体也都派记者前来采访，过后作了许多报道。

从拜师这一刻起，陈锡煌、李传燦算是我的正式徒弟了。那天他们随着张传枝先生到达泉州，我到车站接他们时，心里真有点说不出是什么感觉。在我的想像中，他们两位至少应该是年轻小伙子。可一看他们的年纪都不算轻，特别是陈锡煌还真有点老相（后来才知道仅少我五岁），竟从台湾特地来到泉州要拜我为师，这让我真有点接受不了；不过在以后的接触中，我发现他们是那样的虔诚，对艺术是那样的执着，学习又是那样地勤奋，特别是当我知道他们在台湾木偶艺术界已是有一定名气后，心里很是感动，对他们在艺术上的勤奋和进取精神，深为钦佩。在接触中，我还发现他们兄弟俩都不善词令，不善交际，做人老实本分。这也让我很是满意。

了解了他们的一些基本情况后，特别知道他们小时候曾拜师学过提线木偶表演之后，为了让他们在很有限的时间里学习到更多东西，我调整了教学计划，把学习基本功的时间适当压缩，增加以戏教戏时间，以便为以后的学习打下更好的基础。

在不到一个月的教学时间里，剧团专门派出黄锡钧、黄少龙两位编导负责教学协调工作，派出林文荣、陈安庆、尤优雅、魏萍华、顾玉珠等好几位演员做我的助手。在剧团同仁的关心和帮助下，兄弟俩在这不到一个月时间既学习了基本功，了解了不少泉州嘉礼的知识，还学习了传统戏中《郭子仪拜寿·赏春》、《织锦回文·状元游街》等。剧团的乐队还为他们随身带来表演的《巧遇姻缘》重新配上泉州嘉礼的音乐并录音。为了让他们回到台湾能作个学习汇报，我还赶制了"生、旦、北、杂"四个嘉礼送给他们。后来听说他们回到台湾用这些嘉礼，向同仁们表演了这次学习的几个节目,博得了一片赞美声。

这次拜师活动,成了泉台文化交流的一段佳话。从此两地往来不断。

五、第二届泉州国际木偶节

一九九〇年十月八日至十二日在我们泉州举行了第二届中国泉州国际木偶节。应邀参加这届木偶节的有西班牙"幻花"木偶剧团、美国"奥扎卡山乡之家"国际木偶团、哥伦比亚波哥大木偶剧团、意大利"乐娃"木偶剧团,奥地利袖珍木偶剧团、意大利"含兰"木偶剧团、罗马尼亚亚达里卡木偶剧团、意大利"若发"剧团和台湾来的"小西圆"掌中木偶剧团、台南美玉泉掌中剧团。以及晋江掌中木偶剧团、惠安掌中木偶剧团。我们泉州木偶剧团又是以艺术节的代表团之一和东道主的身份参加这次国际木偶艺术,老吴和我仍是组织委员会委员。

这届国际木偶艺术节对比第一届有两个很突出的特点,一是来了台湾的两个木偶剧团。自张传枝先生力促李天禄先生两位公子来泉拜我为师之后,泉州和台湾的文化交流日趋频繁。此次来泉参加木偶节的两个木偶剧团,在台湾都是很名望的,给这一届木偶艺术节增添了新的色彩;另一个是在木偶艺术节期间,遍布泉州中心市区大街小巷的民间职业木偶剧团演出。这一届踩街活动规模比较小,代之的是这些当晚从全市各地赶来的木偶剧团分布在各街区的演出,各国木偶剧团参加踩街活动后,各自分散到各演出点参观这些民间职业木偶剧团的表演,很多人都被这演出场面深深地吸引住,哥伦比亚波哥大木偶剧团的一位演员说:"这里真是孕育木偶艺术的神奇土地。"这么多的木偶剧团分散于不同街区的表演,成为这一届木偶艺术的另一个亮点。

我们泉州木偶剧团计划把第一届泉州木偶艺术节的参演

剧目《太极图》在这届表演剧目。把《卢俊义》和由我带到日本参加世界木偶艺术联合会第十五届年会演出的三个小戏《驯猴》等作为参演剧目。后因这届前后只有五天，把展演免了。因此，作为艺术指导我和全体演职员把所有精力都集中到加工修改《卢俊义》这个戏上。《卢俊义》这个戏一九八三年改编自传统戏，出访菲律宾时颇受欢迎，几年来又在闽南这带乡下演出同样受到好评。尽管这样，为参加这第二届泉州国际木偶艺术节还是对剧本作了适当修改，提供了更多木偶特性的表现空间，戏中所有的嘉礼也全部翻新，特别是对化装进城这段戏又作了较大修改，除保留其中精彩表演外，又增加了仿照泉州民间打花鼓改编的《花鼓舞》，虽然一些动作设计还不能完全达到要求，但总的效果还是好的，另外，拍胸舞把单人改成双人拍胸舞，显得更生动、有趣，因而化装进城的戏更显特色，这段戏后来有时还单独从戏中分离出来表演，取名《闹元宵》，不久前干脆改名《元宵乐》，作为一出小戏。

这台戏演出后，立即在各国木偶剧团中引起异常热烈的回响。首场演出刚结束，全场观众起立长时间热烈鼓掌。过后，西班牙"幻花"木偶剧团、哥伦比亚波哥大木偶剧团和意大利"含兰"木偶剧团的几个演员先后到我们剧团，希望与我见面，交流技艺。一位西班牙演员说，来泉州前曾听过一位一九八八年到日本，参加世界木偶艺术联合会第十五届年会演出的朋友说过，曾看过中国泉州一位大师演出的《驯猴》，真是技艺绝伦，这次有幸亲眼看到表演，真太令人激动，非得要我和他共同提着《驯猴》的嘉礼留影不可。美国"奥扎卡山乡之家"国际木偶团的一位演员一再表示希望我到美国演出，他愿意免费为我提供服务，为我开车。这一些回响常常让我感到十分自豪，也让我为泉州木偶艺术有如此魅力感到骄傲。

第二届泉州国际木偶艺术节的成功,再一次向世界各国展示优秀的泉州木偶艺术,为泉州木偶艺术走向世界再一次锻造坚实的基础。

六、纪念从艺五十周年

一九九〇年三四月的一天,老吴把我叫到办公室,先是谈了剧团的工作和接到新加坡来信邀请剧团到新加坡演出的事。后又很认真地问起我几岁开始学艺,地点在哪里,师傅是谁。我感到很奇怪:"你不是都知道吗?"老吴说:"你再详细回忆一下。"我就把当时怎么去面试,怎么拜师的情况讲了一遍。老吴听后解释说,他查问了陈天恩师并查看了我的档案我被入选天恩师的学员班的时间应该是一九四〇年的十二月,拜师式则是过了大年除夕后正月初也就是说在一九四一年的一月底——旧历的十二月初举行的。老吴说,这样算来应是一九四〇年进入嘉礼门的了。我问他查部这些干么?老吴这才认真告诉我,为进一步推进木偶艺术事业的发展,为表彰我对木偶艺术事业的贡献,剧团准备为我举办从艺五十周年纪念活动。

这可真是让我感慨万端,以前的不说,仅文化大革命之后这些年剧团已为我做了不少事,已让我感激不尽了,特别有几件事更是让我难以忘怀。

上世纪七十年代末八十年代初,社会上有一股退休补员风,不少人为解决儿子的出路,提早退休让儿子顶上岗位,我想只有提早退休才能解决小儿子工作问题,尽管他文化条件尚有欠缺,估计剧团还是可能给以通融的。因一九七八年招收学员时,老吴就曾征求过我的意见,让不让小儿子参加报名,表示愿意向有关部门反映,给以特殊照顾,只是因为我怕影响不好,没让小儿子报名,才错过了机会。心想这次是我退休由他补员该不会有什么话柄了吧!因此一九八一年春节后我正式向剧团递交了退休申请书。老吴对我说:"你这是给剧团出难题呀!你想想才五十三岁不到,又是副团长,担负着剧团艺术生产工作。"我说:"再等到退休年龄才退,很可能就不会有补员政策了,还是现在就退吧!"老吴看我的态度很坚决,根本原因是为给小儿子补员,就说:"我们一起先想想有没有更好的办法再说。"此后,剧团曾专门找有关部门联系,希望能采用特殊招工或特招学员的办法解决我小儿子的问题,都因严格的对农村户口限制而不能解决。

到九月份,我们正在福州演出,市文化局吴荣洲局长亲自专程到福州找我谈有关退休的事,他先是劝我不要提早退休,看我态度坚决,只好告诉我为了解决我的问题经过多次专门研究,也和有关部门多次联系,但都没有找到更为妥善的办法,只好同意我提早退休让小儿子补员,但按政策规定城市户口与农村户口只能是出一个才能进一个,我必须把户口迁回农村,小儿子补员后才能把户口迁入城市。另外,我距退休年龄尚有七年,又担任剧团重要工作,必须与剧团订下"君子协定",即只办退休手续,人必须仍留下剧团工作,副团长职务不变,工资和一切待遇不变,直至符合退休年龄。最后局长说:"情况就是这样,希望你认真考虑一下。"我态度坚决地说:"不用考虑了,就这么办。"

这年十月我正式办好退休手续,户口迁回老家。这时正忙着《馋猫》这个戏准备参加全国木偶戏皮影戏调演的事,根本无暇顾及,因此,一切事宜都由大儿子代办。直到从北京回来,利用休息时间回家,才感到一种深深的失落感。三十年的城市居民一下子变成了农村村民了!真是感慨良多。

不过对这没办法的办法,我心里还是非常感谢的,因为毕竟解决了小儿子的就业问题,况且还有望我的下一代能有人接续我的事业。一九八四年在我做了三年村民后,国家出台关于落实艺术家政策的新规定,市文化局和剧团把我作为专家按规定重新把我转为城市户口,并随带把小女儿和老伴一起转为城市户口,迁到城里来。不久,剧团又直接找到市长,帮我解决了住房问题。使我第一次在泉州城里有了正式住处。有时想想也真有点塞翁失马啊!

现在又要为我纪念从艺五十周年心里实在是十分的过意不去。我对老吴说:"还是不要办吧。五十年来,不过只是做了一个演员该做的,没什么值得表彰的,况且剧团对我已是够关心的了。"老吴听后停了停问道:"你说五十年来也就是做了一个演员应该做的,那么你说,五十年你的演员是怎么做的?"

是呀,五十年来我是怎么做一个演员的呢?虽每演出一个戏总得回头想想,却从来没有认认真真地回顾总结一下。我想了会儿回答说:"做了几十年演员,我大概只做了一件事,那就是努力发挥木偶的偶性。所以我努力学习嘉礼制作,学习雕刻嘉礼头,努力寻找好的线位和设计新的线规让木偶演得更活。争取让木偶更有艺术性。让观众更有可看性。"老吴说:"五十年来你就是努力追求一个偶性、一个艺术性、一个可看性。努力把木偶演活。因此,纪念你从艺五十年目的就是要总结以你为代表的我们剧团中——不断探索创新的人们的好经验,来推进剧团艺术的发展。"

话说到这儿,我当然不好再提出异议,只好表示同意了。

(二)

我的从艺五十周年纪念活动,按老吴原来的设想是由剧团举办,邀请市文化局及兄弟单位参加。可是后来经老吴向上级报告后,几经变化,最后主办单位竟是福建省文化厅、泉州市委宣传部和文化局。还有好多个参办单位,除我们剧团外,还有福建省文联、福建省戏剧家协会、福建省艺术研究所、福建省木偶艺术学会、泉州市人大教科文卫委员会、泉州市政协文教委员会、泉州市文联、泉州市剧协和泉州地方戏曲研究社。专门成立的组织委员会,由省委常委宣传部长何少川担任主任,担任副主任的有省文化厅邹副厅长和泉州市委宣传部长、市政府一位副市长、泉州文化局庄局长则任办公室主任,规格之高是我完全没有想到的。

  纪念活动收到不少领导人和文艺界知名人士送来贺词贺电,很多兄弟单位也送来不少礼品。这里我想从中抄录几条题词题字,以表示永远的留念,并作为对所有关心我的领导和朋友最诚挚的谢意。

  文化部常务副部长高占祥的题字是:"国宝"两字。下方另题"木偶大师黄奕缺身怀绝技献身民族艺术真乃国宝也。"

福建省委副书记袁启彤题词是:

奕缺大师

半百春秋,技艺超群。

八闽之荣,民族之花。

福建省委宣传部部长何少川题词是:

五十春秋执着耕耘

艺苑奇葩彩耀四海

泉州市长陈荣春题词是:

技艺精湛

出神入化

原省文化局副局长朱展华还作了一首七律:

一级演员黄奕缺木偶大师从艺五十周年喜庆

春秋五十艺龄长,嘉礼泉州是宝藏。

革故创新多智慧，牵丝刻木不寻常。

驯猴醉酒匠心运，火焰明空贵有方。

桃李盈门歌化雨，艺传两岸颂甘霖。

还有不少单位送来不少贺礼和礼品，福建省剧协还专门为此出了特刊。

我，一个普普通通的木偶艺人从艺五十年，让这么多人为我费心，给我那么多颂扬之词，真是让我激动万分，更让我深感有愧于自己没能作出更多的贡献。

纪念会是十二月二十八日上午在我们泉州木偶剧团排练场举行的，非常隆重热烈，组织委员会成员都在主席台上就坐，泉州的各文艺单位都派来代表参加。会是由庄局长主持的，何少川部长首先致词，他充分肯定了我从艺五十年来所走的是一条不断探索不断创新的路，为泉州艺术事业的发展做出了卓越贡献，他殷切期望我的有生之年继续努力，为推动泉州木偶艺术事业更大发展作出新的成绩，希望泉州木偶剧团的全体演职员加倍努力创作出更多优秀剧目，把泉州木偶艺术推向一个新高度。接着好几位领导人和兄弟单位的代表也相继讲话，或宣读贺词。

我被安排在主席台主要位置就坐，这可是我此生的第一次，浑身不自在。几位领导讲话后，庄局长要我也讲讲话。我讲什么呢？五十年的从艺生活，五十年的苦与乐，真让我思绪万千。我一个贫苦山村的穷孩子，大字不识几个，只因对嘉礼的痴心，在师叔师伯、师兄师弟们和诸同仁们的帮助下，在各级领导的关怀下，又逢盛世遇上好机缘，使我能在这木偶艺术殿堂里努力尽着自己的一份责任。五十年来我痴心不改，尽管十年动乱我深感迷茫，也曾十分灰心过，但随着改革开放大好春光的到来，更大大激发了我为泉州木偶艺术事业的发展奋斗不已的热心与诚心。讲什么呢？千言万语也道不尽我对木偶事业的不了情和对各级领导及诸同仁的感激。五十年来对木偶艺术事业经历痴心、灰心到诚心，现在我是更有决心为之鞠躬尽瘁。说什么呢？千言万语也难以完全表达出此时的心情，我只好起立恭恭敬敬地向各位领导向在座的所有人深深三鞠躬。

当晚，我真是思绪万千难以入眠。给了我如此高的奖赏，我只有全力以赴，鞠躬尽瘁，方能报答于万一呀！

七、荣获特别荣誉奖

一九九二年九月在北京举行文化大革命后第二次全国木偶戏皮影戏会演，这是首次有评奖的调演，就是这次会演我荣获了由艺术局代表文化部颁发的特别荣誉奖。

这次调演距上一次已有十一个年头了。全国各省(市)都非常重视，对参加调演的剧目是精心挑选精心准备，很多剧目已演出百场甚至好几百场，又经反复修改加工，因而艺术水平都相当高，也都很有特色。上海木偶剧团大胆尝试把声、光、电巧妙地运用到表演中，让人觉得很新颖；广东省木偶剧团人偶同台的儿童剧，突破原来的表演模式，很有新意；另有一个省还把多年潜心苦练的绝活结合于剧情进行展示。开幕式那天调演办公室突然宣布此次会演准备评奖，这可是建国以来的首次，更给调演带来更多的比拼火药味。

我们泉州木偶剧团参加调演的节目是一九八〇年创作的，由当时的学员班作为高台的教学戏——《劈山救母》和《狮仔舞》以及《驯猴》、《钟馗醉酒》、《青春梦》三个小戏。《劈山救母》作为教学戏由学员班实习演出后，一九八三年出访菲律宾时进行过全面修改，至一九九一年已上演了好几百场了。这个节目决定参加会演后，编导黄锡钧认真对几年来的演出进行总结,对整个戏作了精心的修改,演出时间一下子压缩到一小时多一点,戏显得很紧凑精练,偶性也比以前大大突出了,可看性有很大提高。其他四个小节目,也都有几十场几百场的演出,都各具特色。可以说,这一台戏很有特色也有很高的艺术水准,所以一经演出就好评如潮,木偶艺术界的很多老朋友说:"每次看泉州的演出,都能发现他们有不少新东西,都能发现他们有明显的进步,这对一个剧团来说真是难能可贵。"

经过大会评委会的严格评定,我们泉州木偶剧团获得相当多的奖项,可以说是参加这次调演的剧团获奖最多也是最高的。

荣获的奖项如下:

优秀剧目奖:《劈山救母》

编剧奖:黄锡钧

优秀表演奖:李铁拐饰演者——林文荣

沉香饰演者——尤优雅、王健生、吴伟宏

表演奖:月下老人饰演者——许润明

哮天犬表演者——陈安庆、王爱珍

《狮子舞》表演者——林文荣、王健生、黄振法、尤优雅

我表演的《驯猴》、《钟馗醉酒》两个戏获优秀剧目奖,另授给我特别荣誉奖。

这次获得特别荣誉奖的只有我和河北唐山皮影戏剧团的齐永衡团长二人。齐团长从小学艺长期从事皮影艺术工作,有相当高深的艺术造诣,为唐山以至我国的皮影艺术事业作出了不可磨灭的贡献,特别是唐山大地震给他们团毁灭性的破坏后,他团结幸存下来的演职员致力重建,创造出全新业绩,他多次应邀到欧美多个国家演出和讲学,为传扬中华文化作出了自己的努力。

调演结束，在中国儿童艺术剧院大剧场举行隆重的闭幕式和颁奖仪式。因为是第一次评奖，特别受到人们的关注，文化部和艺术局的主要领导，中国剧协和一些部属文艺团体都派代表参加。当我从高占祥常务副部长手中接过奖状时，高副部长握着我的手说："祝贺你！你是国宝哦！希望对木偶事业有更多贡献。"

闭幕式结束，高副部长把我和老吴留下。要我们回泉州后能把他为我从艺五十周年题写的"国宝"字幅拍照寄给他，他希望把多年题写的字结集作为留念。接着他问了一些剧团的演出和艺术生产情况，我和老吴简单地向他作了汇报。当中他还详细询问剧团的演出市场、演出收入和接班人的培养问题。后来他让司机把车先开回文化部，和我们一起边走边聊。他说一九九〇年泉州第二届木偶艺术节时因分不开身，失去一次实际感受国际木偶艺术节气氛的机会，后来接到为我从艺五十周年题词的请求，听到来人对我的介绍，想起曾观看过的《火焰山》，产生了一股激情，挥笔而就写了"国宝"二字。这次看了我演出的《驯猴》，感到比春节晚会上看的好多了。我向他介绍了这个戏在国内外，无论大人小孩都爱看的情况，他说，把一个木偶操弄到这个程度，没有长期积累的深厚功底是不可能的，一个好的艺术家就应该有一种对艺术的执着，愿为艺术而献身的精神。说话间，不知不觉走到文化部大门口了，高副部长请我们再进去坐一坐，我们担心影响他的工作，就向他告辞了。这次调演获得这么多奖项，完全得益于剧团长年来坚持不断地艺术探索和木偶特性的发掘，取得丰厚的艺术积累，得益于全体演职员把木偶演活的追求。

八、两次到台湾演出

从北京回来后，接到要我参加泉州民俗代表团到台湾鹿港等地访问演出的通知。我心里是既喜又奇,喜的是多年来期望能到台湾演出的愿望实现了,奇的是自一九九〇年以来我连续多次接到台湾方面的邀请,或访问演出,或参加在台北举行的亚太木偶戏节都未能获准,此次却是以民俗代表团的成员到台湾。这倒真应了一次在鹿港的一个庙中学着大家抽签玩时,抽的"三请诸葛"签,在场的几个知情的台湾朋友都感到十分碰巧,开玩笑地说:"这下卧龙出山了,刘备有望了。"

我们是一九九二年十一月到达台湾的,民俗代表团以泉州闽台关系史馆为主组成。我们来自木偶剧团的这几个人,自然是以演出为主。我们带来了《狮子舞》、《水漫金山·索夫》和我的三个小戏,在鹿港以及附近几个县市的妈祖庙演出。由于两岸隔绝几十年,对我们的演出,台湾观众先是好奇,继而对我们高水准的演出感到惊奇,最后是啧啧赞叹不已,每一个演出点都一再增加场次,把很多休息游览的时间都挤掉了。原来想借机会探望老朋友李天禄先生等都未能如愿,直到到达台北,我才放弃参加游览的机会到板桥小学探望对台湾掌中木偶戏的薪传作出重要贡献的郭端镇老师,在那里参观该校小朋友的掌中戏团演出,我也为他们表演了《驯猴》这个戏。

此行到台湾,我还有一件意外收获,而成为民俗代表团的佳话。在鹿港演出时,一天一位接待人员给我送来一封信,是从台东县寄来的,是谁寄来的呢?我可没有任何朋友在台东呀!折开一看信不长,信中说,从报纸上看到黄奕缺三个字,想起小时候有个小伙伴也是这名字,问我是否是南安溪西村人,信中还留下电话,署名的是黄继州。有,有,有个黄继州,是同村又是小学同班同学,又是一起上山割草砍柴的小伙伴!我一阵惊喜,当即按信中留下的电话号码给他去了电话。

隔天,黄继州就从台东赶过来了。一见面,我们都激动地说不出话，久久地拉着手，口里只是反复着："没想到，没想到!"四十多年的岁月呀竟无意在异乡相见了。我离家学艺后，每当我回家，继州都像往常一样来到我家玩,我进入中班后不久，他也离开家，从此失去联系，今日相见岂不令人激动万分。当晚恰巧没有演出任务，黄继州设宴庆贺我们的巧遇。席间我们一起回忆儿时一起上学，一起上山砍柴，一起劈竹做嘉礼玩等等童年趣事，特别是回忆起小学一年级所学的"手"这一课时，拱南叔给我们的教诲，更是感慨万千。他说他孤身一人辗转来到台湾，就借着一双手打拼，站住脚建了家业，现在老了更想着溪西了，只是由于种种原因，未能回去拜望祖先和看望乡亲，一直是心里的一件欠缺事。当看到报上说泉州来的代表团中有几个是演嘉礼的，就想到小时候离家学演嘉礼的小伙伴，竟真的找到了，真是太巧了。就这样，我们谈过去,说现在，话越来越多，直到深夜。从台湾回来后，我特地回到溪西向黄继州先生的亲堂们详细介绍我们这次巧遇，大家都非常高兴。此后，黄继州就与他的亲堂们恢复了联系。

一九九三年十月我作为泉州木偶剧团的艺术指导兼演员随剧团再次到台湾演出，为期二十一天，是应李天禄先生的亦宛然掌中剧团邀请的。这本应一九九二年上半年成行，只因李天禄先生忙于电影《戏梦人生》的拍摄而延迟。

据我所知，为保证此次演出的顺利进行，李天禄先生特地组织一个以他为首的九人接待理事会，九人中有学校的老师、有贸易公司的老板、有公务员，大家明确分工尽心尽力。他还动员了他的好多学生和全家人充当工作人员，李先生的两个儿子和儿媳分别承担着演出联络员和食宿的管理员。可以说为了接待我们，李先生把能动员的力量都动员了，把我们的演出和生活安排得非常周到。

来台湾之前，我最担心的是演出上座率。这次与上一次随民俗代表团来台演出完全不同，都在剧场演出。据说，台湾的嘉礼演出已掺合不少迷信色彩，犹如我们泉州上世纪三四十年代一样，做法事酬神活动都得有嘉礼演出，这就产生了不少忌讳，很可能直接影响到我们演出的上座率，上座率的高低可是关乎剧团的声誉！为此，在行前我就多次要求我的两个徒弟要多想办法做好宣传工作，兄弟俩的确也非常用心，我们到达台湾的一个月前台湾许多媒体不仅登了广告，而且发了不少介绍泉州木偶艺术的文章。我一到台湾，李天禄又立即邀我和他到华视、台视、东森几个电视台作简短表演，并亲自向观众介绍泉州嘉礼。李天禄在台湾文化娱乐圈威望很高，也是各媒体的名人，由他出面宣传泉州木偶艺术，是再好不过了。李先生介绍泉州嘉礼的同时，我表演了《驯猴》中的跳迪斯可和《钟馗醉酒》中的喝酒动作。几个电视台连续反复播放了好几天，产生了很好的宣传效果。从后来的演出实践看，上座率还是相当不错的。

　　这次我们带来两台节目，一台《火焰山》，一台是《卢俊义》中的《大名府》和《驯猴》等三个小戏以及后来创作的小戏《小沙弥下山》、《济公》。这两台戏受到观众的普遍欢迎，不过，在演出场次安排上因经验不足，每个演出点只安排三天演出，使得每台戏最多只能演出壹场。这就不免影响上座率。根据历来出省演出经验，每一个新演出点，前一两天的上座率都较为一般，往往第三天以后上座率才会猛然上升，看来台湾也不例外，这就出现了这样一道风景，当我们转场时，不少观众因看不到戏，结伙驾车追到下一个演出点形成一条车的长龙。我们从屏东返回台北演出，因是第二次在台北演出，一下子就火爆了。每场演出结束剧场外都挤满著等待签名或想购买下一场戏票的观众,好些青年人用戴的帽子,或穿在身上的衣服让我们的演员签名,签的红一道黑一道的,好几个人还脱下被签了名的衣服站在高处骄傲地向人们展示。

演出期间,还举行了几次交流座谈会。让我印象最深的是在台南县的交流座谈会,台湾南部的几个木偶戏团都参加了,台北的阎振瀛教授也特地赶来参加。交流会大家相互介绍了各自的艺术活动情况,我还表演了《小沙弥下山》等几个节目。台湾同行也表演了传统节目《状元游街》,这是我们落笼簿中的节目,他们表演的嘉礼不管是造型,线的操纵还是唱词道白与我们的几乎是不差分毫。很早就听说,台湾的嘉礼表演来自泉州和闽西,而泉州嘉礼则是在台湾南部十分活跃。看了这个节目更让我相信,我们是同宗同源啊!座谈会越来越显得亲切,大家犹如亲兄弟一样,完全不分彼此。座谈会中台湾同仁们对我们艺术的不断进步十分羡慕,一位同行说:"几十年相隔,泉州的嘉礼进步太多了,可我们却留在原地,更惨的是薪传出了问题,我担心,不出十年八年,嘉礼在台湾会消失掉。"他们纷纷向阎教授建议,或赶快办一个学校请泉州师傅来传授,或派人到泉州学艺。我相信随着两岸文化交流的增多,台湾的木偶艺术事业一定会有新的发展,会为中华文化的繁荣继续作出新的贡献。

两次到台湾演出,深深为能够加强泉台文化交流增进泉台间的了解做出努力而感到欣慰,感到满足。如果说有什么不足的话,或许是由于张传枝先生的宣传,或许由于我收了台湾木偶艺术大师李天禄两个儿子为徒弟,引起在台湾有很高的知名度,或许台湾朋友以台湾把剧团班主或知名演员作剧团名称的习惯用到我们的两次赴台演出上,两次到台湾他们都打出"欢迎黄奕缺木偶剧团"的大横幅,表示对我们到来的欢迎。第一次到台湾时，已引起不必要的误会，第二次又是这样，弄得我十分尴尬，虽然台湾朋友很快就把这横幅收起来，可我心里还是很不自在，生怕又会引起不必要的误会，直到回到泉州好长一段时间，心里疙瘩仍未完全消除。

九、"把猴子也带了！"

第二次到台湾演出前，我还参加中国艺术团到朝鲜的访问演出。这是由我们福建省负责组织的艺术团，还是我第二次参加我省组织的艺术团出访外国，第一次是一九九二年一月参加省歌舞剧院、省杂技团组成的福建艺术团出访菲律宾。

那次出访菲律宾是由福建省常委宣传部长何少川部长任团长，可能是菲律宾的华人华侨很多都是来自福建来自泉州，且何团长是泉州人，我们受到的接待尤其热情。我带来的节目是《驯猴》等三个小戏，每一场演出都受到特别的欢迎。有一次应菲律宾朋友的要求，我们在一个万人体育场公演，我表演的《驯猴》一结束，全场爆发出长时间的热烈的掌声，任凭我多次谢幕都不停下。邹维之副团长见我热得满头大汗，要我把外衣脱下，再上台表演一段，哪知道我穿的文化衫胸前印有"泉州"两个大字。一上台更引来了全场掀起更为热烈的掌声，连续加演了两次，经主持人好说歹说，才能继续下一个节目的演出。

在菲律宾期间，我还应陈永栽先生的邀请到他家为其母亲蔡琼霞女士专门演出。蔡琼霞女士非常高兴，她说："一九八三年泉州木偶剧团来菲律宾时，曾到文化艺术中心看过《火焰山》。现在年纪大了，不方便经常跑动了，只好麻烦你啦。谢谢你又让我看到这么好的节目。"

我们到朝鲜访问演出则是一九九三年八月，由福建省委副书记袁啟彤担任团长，秘书长是省文化厅艺术处的副处长黄兆敏。我们从北京飞到平壤，给我的第一个印象，平壤是一座很现代化的城市。据说,朝鲜战争时,平壤成为一片废墟,连一座完整的房子都没有,现在经过几十年的建设已变得很美丽,宽敞的道路、高耸的大楼、茁壮的行道树、鲜花盛开的街心花园,显然是座现代化城市。还有金日成广场宽广美丽又有气魄,广场正中矗立的金日成大型雕像高大庄严,特别是那座国家剧场,更是让我留下很深刻的印象。这个剧场规模大设施齐全,仅那个舞台据说能容纳五千人同时表演,既能三百六十度旋转,又能左右任意移动。我们到达时的欢迎晚会和我们的首场演出就在这个剧场举行。

在访问演出中,我们受到非常友好的接待和欢迎。朝鲜朋友带我们参观美丽的金刚山、志愿军烈士纪念馆、金日成首相的出生地,还特地让我们到当年朝鲜战争谈判的板门店参观,这里有一条隔离带,每隔一定距离就竖着一块界碑。朝鲜朋友介绍说,这隔离带就是有名的"三八线",它把一个国家分成两半,跨过隔离带就是韩国了。我想如果有一天到韩国演出,最好也能到这隔离带参观参观。没想到紧接一九九五年我真的应韩国人形剧协会邀请到韩国巡回公演,来到隔离带南边参观,这算是一种机缘吧!跨过隔离带无需半步,却犹如一堵铁墙。难怪朝鲜的朋友感慨地说:"但愿早点搬开隔离带,分离的亲人能自由往来。"

朝鲜民族是个能歌善舞的民族,每到一地,都是用歌舞来欢迎我们,还经常邀我们同舞,这可给我出了个难题,每逢这种场合,我只好尽量躲得远远的。有一次,在一个大广场,朝鲜朋友又用联欢会的形式欢迎我们,许多著名的朝鲜艺术家都来参加了。联欢会上,表演了精彩的节目,我也应邀演出《济公》。我估计演出结束后一定会狂欢跳舞,演完《济公》后,我就坐到一个很不显眼的地方静静地观看。不久,跳舞真的开始了,一位朝鲜著名女歌唱家也不知怎的,一下就找到我,把我从人群中拉了出来跳,这下可就躲不开了,只好硬着头皮,邯郸学步跟着跳起来。跳着跳着她竟拉着我的手转起圈,可能是我那"无与伦比"的舞姿,竟引得全场不少人捧腹大笑,我却舞得满头大汗。过后,我们代表团有一位来自省歌舞剧院泉州籍小伙子开玩笑地说:"缺师,你舞步真像嘉礼步,实在是真有特色!"

这次来朝鲜访问演出,最幸运地是见到朝鲜人民的领袖金日成。

八月下旬的一天早饭后,我们装好行李道具准备乘车到江门道演出,刚上车突然接到通知,除道具外其他东西一律不带,改道飞机场转乘飞机。大家感到不解正相互探询原因,秘书长黄兆敏看大家都上车了,轻声告诉大家:"这是去金日成住地,为金日成演出。"大家一听很是兴奋。

我们在空中大概飞行不到四十分钟后改乘汽车,道路并不宽,乘汽车却非常平稳,不时穿过长长的隧道,路两旁高山林立、树木掩映,每隔一段距离就有一座建筑独特的小屋。经过一段时间行驶,到了一座有一个大山门的地方,我们按顺序接受安全检查后,在一位朝鲜朋友的带领下步行了好长一段路,转了好几道弯,来到一座非常雄伟的楼宇,进入大门绕过大屏风是一个布置得非常豪华的宽敞大厅。这位朝鲜朋友说目的地到了,让我们在此稍事休息。

自上飞机到这时,我还一根烟都没抽过,我赶快查问能否抽烟,经允许后,我抓紧时间连抽了两根烟。不一会儿,秘书长黄兆敏把大家集合在一起,宣布几条纪律,其中有不准随处走动、不准高声喧哗、不准随便抽烟,要一切行动听指挥、要尊重朝鲜朋友的习惯等等。(还算我有先见之明,先抽了两根烟。)

最后还详细交代大家,当金日成大帅出来时应注意的问题,接着就让大家抓紧时间做演出前的准备工作。在那样的一种非常严肃的氛围中,大家都显得特别规规矩矩,那些平常爱吵闹的年青人,走路都是轻手轻脚的,连吃饭时大家都小心地怕碰出声响。

做好演出前的准备工作后,我们都到演员休息室静候。晚上七时二十五分,秘书长通知我们全体人员到舞台上列队等候金日成。此时整个演出大厅静得出奇,观众席上坐得满满的那些高级领导高级军官,个个都是正襟危坐一动不动。突然,整个演出厅灯光大亮,"哗"一声观众席中所有人全体起立,有节奏地用朝鲜语大声高呼:"万岁!万岁!"七时三十分正,金日成元帅在两个人陪同下迈着稳健的步伐从右侧门走进演出大厅(后来才知道陪同的两人是内阁总理和他的儿子金正日)。此时,大厅里更是响起阵阵暴风雨般地高呼"万岁"的声浪,我们不知不觉地跟着热烈地鼓起掌。此情此景是我这一生首次也是唯一的一次见到,那时好像有股什么热气从脊背直串脑门,两额慢慢沁出汗珠。朝鲜朋友对他们的领袖竟是如此的热爱和崇敬。

演出开始了,访问团领导发现大家都有点紧张,特地交代了两句话:"演出要认真,心情要放松。"最后在大家的努力,演出非常成功,在场的朝鲜党政领导人都很满意。这场演出我只表演《驯猴》这个节目,临场发挥特好,在长时间的掌声中反复多次走到台前谢幕致意。

演出结束,朝鲜内阁总理上台与全体演员热烈握手,祝贺我们演出成功,并要我们列队准备和金大帅合影留念。一会儿,金日成元帅从休息室出来,走到我们队伍和前排的演员一一握手。当握着我的手时,指着我提着的木偶说了句什么。我当然听不懂,只好回了一句"金大帅好!"过后我问翻译,翻译就说:"金大帅说你演得像真猴子。"当天回到住地,谈到演出情况时,袁啟彤团长介绍说,我演《驯猴》时,金日成曾转过头问他:"怎么把猴子也带来了?"他介绍说,这是我们中国有名的提线木偶戏,是演员用线操纵木偶表演的。金日成听后,特地让人拿来望远镜,脱下眼镜饶有兴致地认真观看,嘴里还一再说:"真像!真像!"听了这介绍,我心里真是高兴极了,这可是朝鲜最高领导人的赞誉呀!

金日成元帅和我们合影后,和大家招招手就回去了。我们也抓紧时间收好道具,吃过点心就离开了。第二天访问团安排休息,可是上午九时左右,秘书长通知我,朝鲜朋友来车接我,要我与朝鲜的木偶艺术家们进行艺术交流,我赶忙提着道具箱在翻译的陪同下到了朝鲜的国际会议厅。据说,这是金日成元帅和我们合影后特地交代总理,提议让朝鲜木偶艺术团的演员向我学习,因而特地安排的。我向朝鲜同行先表演《驯猴》和《钟馗醉酒》的片段,再介绍嘉礼结构和线的基本操作法。他们都是第一次看到,感叹难度太大了,认为绝非一朝一夕能够学会的。一个上午很快就过去了,离开时,朝鲜同行们一再说,谢谢金大帅的提议,让他们能够观赏到如此高超的木偶艺术,有幸认识中国的木偶大师,希望今后能有机会到中国正式拜师学艺。

回国的前夜,朝鲜内阁总理代表金日成大帅和朝鲜政府为我们举行隆重的欢送宴会。朝鲜许多领导人都出席了,不少朝鲜功勋演员、人民演员也来了,这些人都有很高的艺术造诣,在他们国家中地位都相当高。

宴会中很多朝鲜朋友一再来到我面前向我敬酒,我是一口酒也不敢沾的,只好请杂技团和歌舞剧院的几位年轻人代劳。可是后来总理来到我的座位前,特地让人另外拿来一瓶特制的高级人参酒,用一个特备的酒杯斟满递给我,再自己斟满一杯,然后端着酒杯在我的酒杯杯底轻轻碰了一下:"你演的太好了,金大帅还以为是真猴子呢。祝你健康长寿!干杯。"据说,在朝鲜给人敬酒时,用酒杯碰碰被敬者的杯底,是表示对被敬者特别尊敬。这下我可为难了,一个国家的总理如此盛情给我敬酒,不喝不礼貌,喝了受不了,我一时呆呆的站着,翻译还以为我是没听懂又翻译了一遍,还好秘书长知道我不能喝,走过来给我打了圆场,又代我喝了。

就在这宴会上,总理还代金日成大帅赠送我一件礼品。礼品上有一行用朝鲜文写的字,译成中文是:"朝鲜人民民主主义共和国主席金日成赠礼品一件"

据说金大帅只给两位艺人赠送礼品,我是其中的一位,而国外艺人受赠礼品的,唯有我一个,真是给我太高的荣誉啊!

经过这两次奉调参加代表省或国家的艺术访问团出访后,类似的情况就越来越多,以后又连续多次出访欧亚等好几个国家,受到各国的欢迎,我也成了宣传我们历史文化名城——泉州的宣传员了。

十、到中东五个国家访问演出

一九九三年从台湾演出回到泉州不久,接到台湾一个广告公司打来的电话,约请我为台湾一个工厂的产品作电视广告,税后费是一万美元,希望尽快给以答复,以便早日来泉州拍摄。可是隔天又接到从市文化局转来的文化部紧急通知,要我带《驯猴》等三个小戏在五天内赶到北京报到,参加文化部组织的以中国音乐学院、铁道部文工团等单位组成的中国国家艺术代表团,到阿拉伯五个国家访问演出。我只好去电台湾,因有紧急出访任务,建议拍摄广告时间推至我出访回来。

台湾方面认为要赶在我出访前来泉拍摄,已是来不及,只好同意推迟。

十二月下旬我到北京参加组团,于一九九四年一月初从北京直飞阿拉伯酋长国,再到南北也门,继而到约旦,然后乘汽车进入伊拉克,最后从阿曼乘车到巴基斯坦乘飞机回国,回到泉州已临近春节。按原订计划每个国家都有几场演出,后来不知什么原因,只在南北也门、约旦、伊拉克演出,场次也有较大调整,阿曼只是路过和参观游览。

我们这一行,很多演员是从中国音乐学院和铁道文工团中挑选来的,业务水准都是一流的。不少人经常在电视台露面,知名度很高,因而每场演出都很受当地观众的欢迎,尤其穿插表演不少阿拉伯歌曲和舞蹈,更是引起阿拉伯观众的极大兴趣。我的演出,因这几个小戏都经过千场百场演出,已是相当熟练,且每场演出我都十分专注,发挥了最好水准,这几个节目又是老少咸宜,且没有语言障碍,不管在哪一个国家演出,都特别受欢迎,在伊拉克首场演出时,文化部长观看演出后,上台接见全体演员特地来到我面前,紧紧握着我的手一再说:"精彩、太精彩了!"当即邀请我到巴格达市立幼稚园为小朋友演出。

文化部长这一邀请,经代表团报告大使馆批准后,安排在一个代表团没有重大活动的下午。这天巴格达市政府派来一部小面包车,把我和代表团的领队葛小禾先生及翻译接到市立幼稚园。这个幼稚园就在总统府边的一条大街上,是一所有相当规模又很现代化的幼稚园。据说,设备十分齐全,看来上这幼稚园的孩子,都不是来自一般家庭。在一个不算小的礼堂里,我为小朋友表演了三十分钟。孩子们有时看得如痴如醉,有时又是天真地手舞足蹈,发出阵阵哈哈大笑,把我这老头子也感染得年轻许多。演出当中我提着嘉礼走到孩子们中间,操纵着嘉礼和小朋友玩起来,更把那些孩子逗得开心不已。演出结束,孩子们不顾一切地把我围住,你一言我一语地向我提出不少问题,弄得翻译应接不暇什么也没翻译出来。我们离开时,孩子们在老师的带领下,用刚学的不标准的中国话齐声高喊:"谢谢黄爷爷!谢谢中国!"一位小女孩一直想要我演《驯猴》的嘉礼要不到,看到我们要离开了竟放声大哭。此时,我真为我们非凡的木偶艺术而十分自豪。

阿拉伯民族是个很好客的民族,我们每走到一地都受到热情接待。可是因生活习惯不同,有时也让我们很尴尬,特别是一日三餐。这些国家都是穆斯林国家,吃食以羊牛肉为多,逢人十分盛情,每顿饭都办得很丰盛,可是口味与我们截然不同,刚开始还感到有些新鲜感,可慢慢地就越来越适应不了,尤其我这老头子,一闻到那膻味就一点胃口也没有了,勉强吃了一点就老是要反胃,从铁路文工团来的一位演员看到我这样老是吃不下,就把她从北京带来的二十包方便面,全都给了我。这下可帮了我大忙,让我度过了"难关"。这段时间最开心的,可说是到我们国家的大使馆吃的白米饭、白馒头和大盘大盘的红烧肉了,大使馆真太了解我们啦。每到一个国家,我们驻那里的大使馆都用这些比任何山珍海味都好的米饭馒头招待我们。那盘红烧肉更是大大地吊起我的胃口,每次我都是毫不客气大大饱餐一顿。也门海边盛产梭子蟹,当地人经常在夜间提着灯笼到海边用灯光照射,往往随手抓到不少,其味道非常鲜美,趁我们没有演出,几位热情的大使馆工作人员,带我们学着当地人的样子,提着灯笼到海边抓了不少大梭子蟹,让大家大大地享了一顿口福。

访问中,利用演出的间隙,主人带我们参观了不少文物古迹和游览胜地。有一次,还驱车一百多公里带我们到世界著名的游览胜地死海游览。路上主人介绍说,死海里没有鱼虾没有生物,连水草都没有,甚至连周围也寂静一片不见鸟雀,还说,任何人下到海里都是不会下沉的。我对世界地理是一窍不通的,很感奇怪。到了那里一看,说是海其实是一个很大很大的湖,四周都是悬崖峭壁,山崖是青褐色的,海水也是青褐色的。除了游人,海里确实看不到游鱼,看不到水鸟和其他生物,连周围的山坡也见不着多少鸟雀,显得很没有生气。我们代表团的绝大多数人是第一次来到这里,都好奇地换上主人提供的泳衣往海水里跳。真的,个个都浮在水面上。几个会游泳的还故意用力往水下潜,就是沉不下去。看着大家尽情地在水里嬉戏,我一时也来了兴趣,换上泳衣,学着大家的样子慢慢地下到水里。真奇,好像有一股无形的力量把整个身子往上托,我干脆大着胆子向水深处游去,平躺着,让身体自然飘浮在水面上,真有点像是躺在松软的沙发上。此时,我真有点心旷神怡,尽情享受着大自然的恩赐。不过上到岸上,微风一吹,浑身粘乎乎的,得到特设在悬崖边的水池里泡一泡,让从悬崖上流下的水冲一冲。这一天,我真有点"聊发少年狂",非常尽兴。

这次中东五国访问演出结束后回到泉州,离春节已不到两个星期,我去电台湾,他们说,春节已快到了,大家都准备忙过年了,待春节过后再联系。就这样,拍摄广告的事就不了了之了。

十一、"真是绝活"

多年来,我多次参与了接待许多国家政要,国外的除朝鲜的金日成元帅外,还有荷兰女王等。那年荷兰女王到厦门访问时的一个招待晚会,我应邀参加接待演出。演出结束谢幕时,我被安排在全体演员的正中位置,恰好那个舞台很低,女王一步跨上舞台来到我面前,紧紧握着我的手,通过翻译说:"演得真好,认不出这是假的。"问我从艺多长,线这样多不乱吗等等好几个问题,最后她说:"我希望你能到荷兰演出。"我告诉她一九八七年到过阿姆斯特丹演出,荷兰是个像郁金香一样美丽的国家。女王听后显得特别高兴,立即请来陪同到厦门的荷兰驻广州领事馆的领事,要他负责办理我到荷兰演出的事宜。

参与接待的国内政要就更多了。有国家主席、副主席,全国人民代表大会委员长、副委员长、国务院总理、副总理,他们的平易近人都给我留下很深的印象。特别是一九九四年接待江泽民主席的演出,和以后两次见到他的情景更是给我留下深刻的记忆。

那是一九九四年七月的一天下午,市文化局通知,要我当晚七时到泉州宾馆韵心歌舞厅参加一个招待晚会的演出,节目是《驯猴》。此类演出是经常事,我也没怎么放在心上。晚饭后,照平常参加演出的习惯,我提早来到演出地点做演出准备,忽听有人轻声议论说今天晚上好像有点特别,多了好几道岗哨,说不定来了什么"大头头"。我想"大头头、小头头"还不都一样演出,没当回事,照样做我的演出准备,七时多一点,不知谁说了声"来了!"我向入门处看去,啊!是江泽民主席在省市领导的陪同下,面带着微笑缓步走进剧场,和大家招了招手就在第一排的正中就座。

我们演出的舞台很低,与第一排的距离又近,且没有幕布遮挡,台上台下显得很亲近。演出中江主席自始至终非常认真观看,有时还转头在向其他领导询问什么。我表演的是《驯猴》,当表演猴子弹吉他跳迪斯科和在自行车上蹲着躺着时;他竟高兴地哈哈大笑,并带头鼓起掌。演出结束,江泽民主席走上台,亲切地和全体演员热烈握手和大家合影留念。江主席来到我面前时,我把我自己雕刻的一个口鼻眼均能活动的嘉礼头送给他,他高兴地学着我的样子,拿着嘉礼头试了试连说:"听说你到朝鲜见过金大帅?"我回答说:"金大帅看了我的表演,还以为是真猴子呢。"江主席听了笑了起来说:"是呀,你这真是绝活。"

这以后,我又两次见到江主席,每次他都一下子就认出来了。

也是在一九九四年,十月间,福建在北京举行一次建国四十五年来福建的建设成就展,当中有个小型文艺演出队,我被邀请参加了。展览期间我每天固定有几场演出,那一天上午十时左右江泽民主席和其他好几位中央领导来到我们福建展厅参观,我正好演出《驯猴》。上半段快结束,见江主席他们向我们这边走过来,原来坐着休息的演员都赶快站起来,我也停下表演和大家一起鼓掌向江主席问好。江主席见到我,快步走过来,双手抱拳打招呼,我也学着他的样子向他连连致意并一再问候"总书记好!"。因我们表演的舞台外隔着护栏,只见江主席指着我提着的嘉礼,边做着操弄嘉礼的姿势边向其他领导人说着什么。我赶紧操纵嘉礼表演一个抱拳致意的动作,向各位领导人致意,引得这些领导人一片笑声一起鼓起掌。

还有一次,那是一九九八年元宵节,我以木偶艺术家的身份应邀参加由中共中央办公厅和国务院办公厅联合举办的元宵联欢晚会的演出,江泽民主席一见到我又是一下子就认出了我。

这个联欢晚会是在人民大会堂的一个小演出厅举行,观众席的座椅都撤走,换上几十个大圆桌,中央和北京市的大多数领导人都来了,他们分别和与会者围桌而坐,边看演出边吃着瓜果点心。江泽民主席坐在中间靠前的那个大圆桌,还不时走到其他桌与人们亲切交谈着,晚会气氛非常热烈祥和。

参加联欢晚会演出的很多都是顶级的艺术家,像老歌唱家王昆、郭兰英以及杨洪基、彭丽媛、宋祖英等都来了,还有一些来自民间身怀绝技的著名艺人,如来自西南的一个三人同吹一把笛的节目,他们先后吹奏的是一把特大和一把极小的笛子,大笛声音粗犷浑厚,小笛悠扬细腻,特别引人注目。这三个人表演时,江泽民主席走到台上饶有兴致地站在演员身旁认真的观看着,一曲演奏结束,江主席走过去从演员手里接过笛子,学着吹奏起来,引得全场一阵热烈掌声。

江泽民主席好像对吹奏乐器特别感兴趣,记得一九九四年七月在泉州给他接待演出时,市南音乐团的一位演员吹奏洞箫时就引起他非常兴趣,当这位演员把一根洞箫送给他时,他竟当即请教这位演员,并学着吹奏起来。洞箫吹奏没掌握到要领,连吹出声音都是不可能的,江泽民主席竟吹出了几个音阶。

晚会结束,江主席和几位中央领导李鹏、朱镕基、李瑞环和胡锦涛等走上台与全体演员热烈握手表示感谢。当江泽民主席走到我面前时,紧握着我的手:"又见到你表演的绝活了!"三四年了,他竟然还认得我,我心里很是激动,连说:"总书记好!总书记好!"

十二、悼念好友李天禄

一九九四年下半年到一九九六年台湾曾多次邀请我再到台湾或任教或参加演出活动,但都因有其他出访任务或其他原因没能成行。一九九七年九月李天禄先生的财团法人李天禄布袋戏基金会又向我发出邀请,同时被邀请的有已经于一九九二年底调到泉州艺校任校长的老吴和我们团的演员尤优雅。目的是请我们与李天禄师一起在台湾的北中南几个地方和学校讲演，一起宣扬中华文化。可是由于各种原因，一直未能成行，直至一九九八年的九月才获准到达台湾。此时，李天禄艺师已仙逝一个来月了，原来的合作讲演计划永远不能实现了。

李天禄先生出身于布袋世家，师承福建晋江陈婆（艺名猫婆，晋江人，长年往返于台湾晋江，终老于台湾。）又在其父的精心调教下，加上自己的聪颖和勤奋，终成一代木偶艺术大师。他的一生是继承和发扬我国布袋戏艺术的一生，是努力弘扬中华文化的一生。他曾很自豪地对我说："我到过欧、亚、美不少国家演出，收了遍及几个大洲的徒弟，向外国人介绍我们的布袋戏，介绍我们文化，让我的弟子学演我们的布袋戏，这就是实实在在传布中华文化。"据我所知法国的班任旅、美国的穆小珠、日本的村上良子等等学习回国后都各自组织了掌中戏剧团，很多还把自己的剧团取了个表现师承关系的名称，如"小宛然"、"如宛然"等等。我曾看过李先生教过的学生演出，还真有点中国传统味，班任旅先生学演的《巧遇姻缘》，是用法语表演的，更是非常有趣。

李天禄先生非常注意布袋戏的薪传。他运用各种办法吸引和动员不少有识之士参与布袋戏艺术的研究，并在一些学者和学校老师的协助下，在小学幼稚园推广布袋戏活动，亲自到学校幼稚园为小孩子授课做示范。在他的影响下，很多学者和学校老师成了研究宣传布袋戏的行家里手，为布袋戏的薪传做出重要贡献。不少学校还组织了孩子自己课余的布袋戏剧团。有个叫"微宛然"的剧团很是活跃，在老师的指导下，孩子们自己担任乐队乐员又自己当演员，利用课余为小朋友演出。许多学校通过开展这样活动，培养了小孩子的艺术兴趣，让小孩子增长不少知识，当中有不少人长大后进入艺术院校深造，成为布袋戏艺术的研究者和推广者。

对海峡两岸的艺术交流，特别是木偶艺术交流，李先生更是非常关心，做了不少工作。他认为大陆和台湾同根同祖本就是一家，他李家祖先就是从泉州安溪的湖头迁到台湾的。几次到泉州都曾提出到安溪看看，到湖头李氏家庙拜谒，可都因时间太紧而没能成行。他还多次提到他的师祖是晋江人，苦于没有师祖老家的详细地址，因而没能到其师祖家乡探访。由此可见他对泉州存在着深深的情缘。

特别值得一提的是，一九九〇年初李先生毅然派他的两个儿子渡海来泉州拜我为师。他认为学艺应博采多学不能单一，何况嘉礼和布袋戏是最亲近的兄弟艺术。他本身是京戏的票友，上世纪四十年代，他就在上海结识了京剧大师周信芳，成为要好朋友，迷上了京戏。他去世后，灵堂里播放的不是哀乐，而是京剧的录音。据说，他病重时，只要播放他演出的布袋戏或京戏录音，病情就好转，精神就好得多。他表演的布袋戏无论动作或道白都或多或少含有京戏的味道。因此，尽管他的两个儿子阿煌和阿宗的布袋戏演艺水准，在台湾已堪称一流，他还是让他们到泉州来学习提线木偶艺术。

一九九〇年十一月，李天禄先生还趁率团到荷兰参加国际木偶艺术节返回之机，一行二十多人来到泉州，准备参加省文化厅为我从艺五十周年举办的纪念大会。虽然因纪念会推迟没能赶上，还是特地为我送来一件厚礼：一块写着"技艺超群"四个大金字的贺匾，并特别举行隆重的赠匾仪式，赠匾时鞭炮从中山路沿着通政巷一直燃放到剧团，吸引了不少路人观看。同时在我们剧团的排练场连续演出三场，李先生亲自登台表演，他那深厚功底的唱念和高超的指上功夫给泉州各界观众留下极深印象。趁这个机会李先生还率全团人员到晋江掌中戏剧团进行艺术交流，观看该团演出的《白龙公主》。离开泉州时，他亲切地握着我的手说："我们一定要多交流多来往，希望你和剧团能尽快到台湾来。"

一九九一年李先生借拍摄《戏梦人生》电影之机再次来到泉州，因实在太忙，只抽空来到剧团，正式邀请剧团到台湾演出。一九九三年大概是五月份李先生又借到广州中山市参加为电影《戏梦人生》颁奖大会的机会再到泉州，特地先后拜会我的启蒙师傅陈天恩和晋江的同行李伯芬先生，他们讲古论今，谈各自对木偶艺术的热爱和对今后发展的期望，犹如多年未见的老朋友。并特地到我们剧团多次走访，观看两代演员的演出，很为我们后继有人而高兴，也为台湾木偶艺术薪传乏人感慨万端。在泉州期间听说老吴调任泉州艺校校长时，他一再提出希望能到艺校拜访老吴并参观教学。后来在老吴的安排下，李先生很高兴地参观了艺校各个专业的教学班，到木偶教学班听课时，应学生的邀请向学生发表了演讲。他的演讲既实际又生动，反复向学生们说，我们的嘉礼和布袋戏是中华文化一宝，应该爱护和珍惜，他说，你们有这么好的学习条件，更应该勤奋学习，努力做这块宝的合格传人，但这还不够，还要把这块宝推向全世界。说到这里，他无不自豪地说，他收了不少洋学生，学成后回到他们的国家，都在传扬这块宝，这就是在实实在在地弘扬中华文化。演讲结束后，他还非常高兴地应聘为泉州艺校的名誉教授。

李天禄先生去世后，停灵在他后来居住的台北县三芝乡，为寄托对这位有深厚艺术造诣为弘扬和传播中华文化作出不可磨灭贡献的一代艺术宗师，台湾各界举行了多次追思活动。我和老吴、尤优雅三个是九月十一日到台北的，我们参加了几场在三芝乡灵堂前的追思晚会，还在最后一场借淡水地铁站前大广场的大型追思晚会上表演了一九九三年与李先生共同到台湾几个电视台表演的节目《驯猴》和《小沙弥》、《钟馗醉酒》。这个追思晚会，台湾影视界和娱乐圈的不少知名人物都到场表演，以表示对李先生的深切怀念。台下观众把淡水地铁站的大广场挤得满满的，真是人山人海，其场面确实令人十分感动。

九月二十八日是李天禄先生的出殡日，这一天在台北市殡仪馆举行了极为隆重的追悼会。我和老吴、尤优雅分别以好友、泉州艺校校长、泉州木偶剧团演员代表的身份参加了追悼会。我们早早来到殡仪馆，从台湾各地赶来参加李先生追悼会的各界人士也都已纷纷到达，把这个偌大的殡仪大厅挤得满满的。

大厅的舞台正中大大奠字上方，悬挂着李先生的巨幅画像。小舞台前停放着这天早上才从三芝乡灵堂移过来的李先生灵柩。灵柩上覆盖着一面中国国民党党旗，两侧摆满了中国国民党中央委员会及各界送的花圈，大厅四面墙上挂满了各界送来的挽联和挽幛。

追悼会于八时三十分开始。台湾地区的许多领导人，包括李登辉、连战、萧万长、宋楚瑜、陈水扁等都亲自参加追悼会，在李先生灵前鞠躬献花表示哀悼，并亲切接见家属。

我和老吴作为从泉州来的上宾，被安排在最前排就坐，并紧接在台湾布袋戏泰斗，李天禄先生生前挚友黄海岱先生之后，向李先生敬献花圈行礼致哀。

黄海岱先生时年已九十七高龄！他在李天禄先生灵前声泪俱下唱读自己撰写的祭文，其情其义感动了在场的所有人。黄海岱先生写的祭文现抄录如下：

呜呼世界同认国宝
徒导三尊为师发扬
哀哉国赐肯定艺师
吊君精灵传经英名
年末期颐不幸早逝
四方会友齐来祭灵
子孙悲惨亲友泪啼
吊君阳世朴实交济
吊君教徒模范始终
阴阳阻隔荣名百世

  追悼会上许多演艺圈中名人对李老先生的去世，表现出的痛惜之情，实在令人感动。柯受良先生刚从外地回到台北，立即赶到殡仪馆，向李天禄先生遗像三鞠躬后，又抚棺材泪流不止，为失去这样一位良师益友而无限哀痛。近中午十二时追悼会才结束，很多人一直护送李先生灵柩到台北公墓所在地金宝山。

  一个布袋戏艺人的去世，得到那么多人的赞颂，可见生前之艺高德馨，受人何等之敬仰。

  在参加追悼李天禄先生活动的间隙，我和老吴、尤优雅三人先后到台湾的艺术学院、文化大学和宜兰县的一个文化中心，向学生和一些同行作泉州嘉礼的介绍和表演。我们还应为布袋戏的推广和宣传做出很大贡献的郭端镇老师夫妇的邀请，到他们任教的两所小学向小学生作专场演出。郭老师原来在台北的一所小学任教，后调到台东县任小学校长，仍不停地为布袋戏的传扬继续努力着，我们的演出受到师生们极为热烈的欢迎。

  参加李先生的追悼会后，我们就返回泉州了。

十三、出访美国西雅图

从台湾回来不久，就传来杨锋先生的口信，准备邀请我于一九九九年到美国西雅图参加在那里举行的"美国庆千年国际偶戏节。"

我们泉州木偶剧团几年来随着改革开放的不断深入和在不少大型国际木偶艺术活动中的成功亮相，比较好地确立了泉州木偶艺术在国际偶戏界的地位，成为我们泉州甚至我国在国际上的一块知名品牌。因而这几年，我或随团或自己应邀到亚欧好几个国家演出，除前面谈到的外，先后到过亚洲的韩国、马来西亚，欧洲的法国、瑞士、英国、德国等，成了人们所称誉的文化使者，为宣传泉州作出努力，但遗憾的是还没能到美洲的一些国家把我们优秀的泉州木偶艺术介绍给那里的观众。一九九四、一九九五年杨锋先生就曾两次向我发出前往美国演出的邀请，都因种种原因未能成行，一直心存遗憾，但愿此次能够成行！

十二月的一天，杨锋先生的女儿带着一位美国青年来到我家，向我正式发出邀请，交给我一封邀请信，后来才知道这位美国青年是杨锋先生的准女婿。我表示乐意接受邀请，不过我提出因自己年纪较大，且演出需要，希望能随带一名助手，并希望有一位领导作为领队的要求。但不管我怎么说，他们只同意我带一位助手。

隔年初，正好杨锋先生回国，来我家做客，我又向他提出增加一名领队的想法，他说漳州那边只邀请一位，考虑到我年纪大，特地增加一名助手，已算照顾了，增加一位领导当领队是不可能的也不必要，还说他的准女婿是这次"庆千年偶戏节"的具体承办人，既然决定了况且邀请函也已送到，就不好再改变了，还说，作为剧团副团长，且是全国木偶学会副会长，何必再派什么领队呀!

杨锋先生话既然说到这份上,我当然不好再提出异议了。后来经上级领导研究决定,由我和现任木偶剧团团长王景贤两人应邀参加这次"美国庆千年国际木偶节"。

杨锋先生原任中国木偶皮影艺术学会副会长、漳州木偶剧团团长,是著名掌中木偶艺术大师杨胜先生的大公子,七岁时开始随父学艺,十几岁时就有很高的表演才能,在国内外有相当的知名度。后到美国定居,仍操木偶艺术之业,经几年奋斗,已是事业有成。他的准女婿米吹先生是木偶艺术的爱好者,从小学习木偶艺术表演,也曾学过提线木偶艺术,在美国偶戏界年轻一代中,已是小有名气,担任了美国西北文化中心经理。杨锋先生近几年来一直努力着将中国的木偶皮影艺术介绍给广大美国观众,这位米吹先生给予了他很大的支持。

我们是七月二十六日到达西雅图市的,经过十几小时的空中飞行,或许是因为年纪大了,还真有点吃不消,总感到昏昏沉沉的。杨锋和米吹先生亲自到机场迎接我们,把我们送到住地后,又忙前忙后地把我们安顿好。特别是米吹先生显得非常勤快,一会儿为我端水,一会为我沏茶,一再还交代,要我先休息两天好好调节时差,两天的休息时间里,他还常常拨出时间跑来看望我,问寒问暖的,给我留下很好的印象,后来还成了我的又一个洋弟子。

米吹在观看了我的几场演出后,又听杨锋先生对泉州木偶艺术的多次介绍,对泉州提线木偶艺术产生了浓厚兴趣,多次表示要学习泉州提线木偶艺术,要拜我为师。对此我迟迟不敢答应,后经杨锋先生多次规劝说,特别是米吹先生的父亲——这届偶戏节的执行主席史蒂文·卡特先生真切的请求让我不好意思再推却。那是史蒂文·卡特先生观看了我的演出后，特地到演员休息室拜会我，他激动地拉着我的手说："感谢您为本届艺术节带来了真正激动人心的时刻，为艺术节掀起了一个高潮，您的艺术是世界一流的，希望您一定要接受我的儿子米吹当您的学生。"真是情真意切，隔天上午，就在米吹的家里举行了简单的拜师式，我又正式收了一个洋弟子。

（二）

休息两天后，我先应邀参加西雅图广场艺术节。

在一个很大的广场上，临时搭建好多表演舞台，汇集了据说是美国全国出类拔萃的艺术品类，分别在各个舞台表演。除歌舞、杂技魔术外，还有一些我也叫不出名称的特色表演。参加西雅图市"美国庆千年国际偶戏节"的一些代表也应邀参加表演，其规模相当大，吸引了来自美国各地和加拿大、拉丁美洲的不少游客。可惜，因我有演出任务在身，未能尽情观赏。

我表演的舞台在广场正中靠前的地方，舞台前一块大牌用英文写着"中国木偶艺术表演，表演者：黄奕缺"，在台右后侧用帐篷搭建一间演员休息室，里面有空调有沙发，还配备了丰盛的各式点心饮料，每天上下午和晚上各演出一场。这架势犹如我在五年科班后进入中班时，曾见过的"拼棚"，好几个戏班同在一个广场演出，你的表演吸引不来观众，台下冷冷清清，别人台下是人挤人，那是十分丢人现眼的。所以我心里不免十分紧张，心想可不能丢泉州丢中国的脸噢！我表演的节目是《驯猴》等三个小戏和《小沙弥下山》。第一场演出，观众越来越多，我心里的一块石头才放下。当晚杨锋高兴地向我说，首战告捷，接下去肯定有更好的战果，确实是这样，每场演出台下都是人挤人。

参加广场艺术节后，我们就住到华盛顿大学，隔天西雅图市"庆千年国际偶戏节"就开幕了。

开幕式更是别致。这天早早用了早餐,全体代表就乘着游轮到一个不远的海岛,这是一个供悠闲旅游的好去处,岛上树木掩映,空气清新,游乐场所都非常高雅。

开幕式选在一个有各种特色的海鲜小吃的地方举行,执行主席发表了很短的讲话,表示对前来参加"庆千年国际偶戏节"的各国艺术家的热烈欢迎后,就宣布偶戏节开幕,然后让大家在岛上尽情地到各处玩,尽情品尝各色小吃,直到下午大家玩够吃够才回到住地休息,第二天才正式开始演出。

参加这次西雅图"美国庆千年国际偶戏节"的团体很多,有世界各大洲著名的木偶艺术代表团,有美国各洲的木偶表演团体和不少木偶艺术的研究者、木偶戏经纪人以及经销商。据说,仅正式代表就达八百五十多人。为了让各个表演团体有机会相互观摩,一些在国际上知名度甚高艺术一流的表演团体,安排在两个大剧场演出,每个表演团体只演出两场,其他的则安排在华盛顿大学的各梯形教室演出。演出期间,还每天同时举行一场讲座,邀请国际上著名木偶艺术家和教授主讲。

我是安排在大剧场演出的,这剧场原是华盛顿大学的一个礼堂,我演出的剧目是除在广场艺术节表演的四个节目外,还有一个《蝴蝶戏双狮》。这是此次出访前创作的,表演时需要有一个助手帮忙表演蝴蝶,米吹自告奋勇要求操纵蝴蝶。经过几次排练,我看还可以就让他参加表演了。

两场的表演,面对的观众很多是来自各地的行家里手,可以说他们的反映大大超出想像。演出结束后走出剧场时,每每当听到"好样的,中国!"时,我往往有一股强烈的自豪感从心里升起。

这期间我还应邀以中国木偶艺术家身份举行一场专场讲

座。据说举行讲座的不是长年从事木偶艺术研究卓有成效的专家,就是大学戏曲艺术的教授。这场讲座对我来说,真有点赶鸭子上架了,我于是根据多年出国的经验和自己的特点做了精心准备,拟就了一份提纲。这份提纲分为三个部分:

一、简单介绍泉州嘉礼的历史及其丰厚的传统艺术。重点介绍近五十年的发展情况。

二、介绍泉州嘉礼的构造。重点介绍嘉礼头的雕刻。

三、介绍泉州嘉礼线的设置和操纵。

我还准备了两个没穿服装的不同嘉礼样品,一个是竹笼腹嘉礼,一个是铁丝笼腹嘉礼。另有三个嘉礼头,一个是初胚,一个是经过细磨的,一个是经过粉采的作为道具。

讲座前两天,在华盛顿大学的几个布告栏上都贴出了海报,并在举行讲座的地方公布主讲者的身份、国籍、讲座内容和主讲者的简历。开讲这天,我在给我当翻译的米吹陪同下,早早来到那个举办讲座的礼堂休息室。这可是我有生以来第一次走上这样的讲坛呀!心里不免十分紧张,我一根烟接一根烟的抽着,米吹安慰我说:"老师,您一定能讲好。观众已把座位坐满了。"我心里紧张,有一个很重要原因,就是担心听众少或半途离开。这种讲座可是没有特意组织听众的,如果听众少或半途离开,可就十分"漏气"了。

演讲开始,我紧张的心情渐渐放松,我边讲边结合讲演内容展示事前准备的嘉礼和嘉礼头。在整个演讲过程中,好几次被热烈的掌声所打断,听众也越来越多,把走道都占满了,甚至窗外也挤满了人,我也越讲越从容,话也越说越顺,最后我还表演了一段《小沙弥下山》,讲演结束,不少人围着要我签名,还有几个国家的代表提出希望我能到他们国家演出,这让我又大大风光一番。

（三）

这次庆千国际偶戏节历时一个星期。最后一天下午，在华盛顿大学外的一个大广场，举行一个大型狂欢晚会作为闭幕式。晚会上有近二十台木偶演出，有很多各地的名家制作的木偶艺术品，还有各式各样的文艺活动，如歌舞杂技表演、民俗展示等。我们尽情地玩、尽情地吃，有的代表甚至还化了装戴上假面具跟着唱啊跳啊，一直到深夜才正式宣布"美国庆千年国际偶戏节"闭幕，可是很多人仍意犹未尽，还一直狂欢至凌晨三四点。

这晚上大量时间我是在观看木偶戏演出和木偶艺术品展览。因第二天就要启程回国了，途中又得颠簸十几个小时，宣布闭幕后，我就回到住处，把行李整理好，上床休息了。可是刚迷糊了一会儿，肚子突然一阵一阵剧痛，我挣扎着爬起来喝了几口水，却痛得更加厉害，不久，就又吐又泻，把一个卫生间搞得狼藉不堪。后又双手双脚阵阵发麻，浑身烧得可怕，我爬起来再喝了几口水，躺下后就什么也不知道了。天亮很久后，准备送我去机场与王景贤团长会合的米吹，还以为我是一段来太累了睡过了头，来到我的房间，才发现狼藉一片，卫生间传出一阵阵恶臭，见我还躺在床上叫也叫不应迷迷糊糊似睡非睡，吓了一大跳，立即请来两个人帮着把我送到医院。

偶戏节期间我们的两场演出后，王景贤团长与漳州艺校书记吴光亮因公务离开西雅图到了洛杉矶总领馆和蒙市交流。我留下继续参加偶戏节的其他活动，约好起程回国时，才到机场会合。我请米吹让医生给我打针开药后，把我直接送到机场去。可是医生说，这种病情是不准上飞机的，米吹也说，即使可以上飞机，他们也不放心。确实身上烧还没退，肚子还是一阵阵地痛,吐和泻也没停下,大家都劝我安心治病,待病好后才回国,我想也只好这样了。

第二天杨锋又到医院来看我,他说王团长与吴光亮已回到中国了,从上海打来电话,他已把我的情况告诉王团长了,要我安心治病。这让我总算得到点安慰,后来王团长又直接给我来电话,我把情况详详细细向他作了汇报,并请求允许请假待病好后再回国。电话上王团长也讲了不少话,要我安心治病,就这样我安心在医院里住了近十天。住院期间亏得有老朋友杨锋和新收的洋弟子米吹先生的尽力照顾,而且专门雇请了一位会讲中国话的护士给我当陪护,我真不敢想像,要不是他们翁婿的关心照顾,独自病在异国他乡将会怎样?如果那一夜一命呜呼,真正是"死得没人知"!

出院后,我急着回国,可是杨锋一家和米吹先生父子,看我一人带着四大箱演出道具和行李,身体又虚弱,岂放心让我一人单独回国。更为严重地是我来美国的护照已超过出境期限,必须重新申请办理否则可算是非法居留,我只好静下心来,也算是休息和疗养吧,可这又给杨锋和米吹增添了不少麻烦。不巧待到护照办理完毕,又恰逢杨锋他们到西班牙等几个国家演出,就这样一拖再拖,拖了两个来月时间。

在这两个多月时间里,我真正感受到什么叫孤独。除了病在床上,天天困在杨锋给我安排的住地,唯一的一次离开住地是和杨锋到过奥特兰大市,听说那里有个比西雅图市博物馆更大的木偶艺术博物馆引起我很大兴趣,也就随他们到奥特兰市参观。这确实给我大大开了眼界,该博物馆陈列着美国各地的木偶艺术作品,较为详细地介绍了美国木偶艺术的发展与分布。陈列馆运用很先进的声、光、电的手法,很能吸引人。另外还有定时的木偶戏表演,这些木偶戏表演,据介绍多数是从全美国各州精选而来的木偶表演团体。据说参观者相当多，收入不少，不过对少年儿童是免费的。奥特兰大之行总算给我寂寞的生活带来点生气，除此之外，我每天犹如哑巴又恰似盲人，话不会讲，字不识一个，独自一人呆坐在房里，也是不是身体未恢复还是心情郁闷所致，整天昏昏沉沉没精打采。除了一天两三包烟的吞云吐雾就是到门外听鸟叫。有时看着那鸟儿自由自在地在天空中飞翔，我会突发奇想，要是能变成一只鸟儿多好啊！就可自由地飞回国了。天天这样实在太无聊了，后来有位懂点中国话的同行前来看望我，我才请他帮忙找来几块木头，借来杨锋那套雕刻刀，借雕刻木偶头消磨时光。

杨锋他们从西班牙回到美国的第三天不顾劳累，米吹就专程送我回国了。离开西雅图市的前一天，美国同行们还特地在该市的文化中心举行了一个非常热烈的"打铁会"为我送行。参加者除了西雅图市本地和华盛顿大学一些师生外，还来了不少美国各地的著名木偶艺术家。欢送会上不少人讲了很多热情洋溢的话，著名木偶艺术专家巴特教授还提出希望今后加强和泉州艺术交流的很多想法，并准备亲自到泉州好好研究泉州嘉礼艺术，同时认真向我学习表演技巧。会上那依依惜别的气氛和各位专家同行对我们泉州木偶艺术的推崇，真让我难以忘怀。

回国的一路上真亏得米吹先生，又是带我验关，又是帮忙托运行李，对我照顾得无微不至。我真不敢想像，如果仅我一人独自回国一路上会是多么难。飞机一降落上海机场心里那回到家的滋味，真是难以形容。经过两个多月的折腾，总算活着回来了！

庆幸活着回来没几天，听到不少很难听的传言，说得活灵活现，总之一句话：黄奕缺叛逃了。我要叛逃何必等到此时。一九八八年就曾有人特来泉州找我,邀我一同到美国,且带有不知从哪弄来的出国护照,声称只要我愿意,在护照上填上名字即可,一切费用国外的接待都已联系好。我舍不得啊!舍不得家,舍不得我成长的剧团呀!其时我可是才刚六十岁呀!现在这七十老翁在人生地不熟的地方能有什么作为?怪我病得不是时候,真不该真不该病呀!

十四、第三届国际木偶艺术节

二〇〇〇年十月八日至十一日在泉州举行第三届中国泉州国际木偶艺术节,参加这一届的木偶剧团多达二十八个,仅我们福建就有八个木偶剧团参加(其中属泉州市的有六个)台湾也来了五个木偶剧团,而非常难得的是其中还一个宜兰的提线木偶剧团。国外的有比利时、英国、日本、新加坡、菲律宾和马来西亚等国来的木偶剧团,剧团总数大大超过前两届。

这次木偶节期间还举行了中国——巴西联合发行《木偶和面具》特种邮票首发式暨双边邮展活动,使木偶节活动更为丰富多彩。

首场演出的剧目是晋江掌中木偶剧团创作的《五里长虹》,这是一出根据安平桥的传说创作的掌中木偶剧,从立意到表演都有不少创新,是一出不错的木偶剧,演出后,反应很好。我们泉州木偶剧团演出的是儿童剧《小黑小金历险记》和《火焰山》选场。

因年纪大了,整个活动我基本没参加,这一届木偶节我比前两届清闲多了。不过,来了不少老朋友,都相继来家探望。日本国瞳座乙女文乐团的几个演员曾在日本看过我两次演出,多次见过面,这次来到泉州,他们非得到我家拜访,希望能有机会再次与我切磋技艺,特别是台湾来了不少同行,都是老熟人,大家正好借此机会叙叙旧,共同探讨一下加强艺术交流问题。"来而无往,非礼也",我也经常到他们的住地或演出场地走一走看一看,既是礼节性的拜望又就一些艺术问题共同探讨,因此却也清闲不了。

我的两位台湾徒弟陈锡煌、李传燦兄弟带队的台北亦宛然掌中剧团和台湾几个剧团都安排在威远楼前露天广场演出,演出时间为上午九时至十一时。亦宛然演出那天,我和该团演职员一起早早来到威远楼做好演出准备工作。九时许,天上太阳大大的,台下除了我特地请来捧场的几位老朋友外一个观众也没有,我可真的急了,赶快请来特来捧场的老吴一起想办法。九时半,才请来泉州第六中学两个班级的学生作为观众。该开演了,可是木偶节的工作人员因忙不过来尚未到场。在几个老朋友的一再鼓励下,我只好硬着头皮走上台当起主持人。我简单介绍一下"亦宛然"这个剧团和演出的剧目后宣布演出开始,大概只讲了不到三分钟,把我紧张得汗流浃背,口干舌燥。

这场演出的剧码是《大闹天宫》,是该剧团的一出拿手好戏,由我的两位徒弟陈锡煌和李传燦兄弟主演,演得相当好,引得原来在广场两侧廊上闲坐谈天的人也把注意力转到舞台上,过路的行人也纷纷停下脚步围过来观看,六中的那些同学也看得有滋有味,只是个个满头大汗,真让人过意不去。假如没有泉州六中这些学生做观众,其场面不知会怎样?

这届木偶节恰逢我从艺六十周年又是我结婚五十年,听说结婚五十年可称为金婚。这消息也不知怎的从我的两位徒弟那里一下子传到好几个剧团,纷纷表示要来我家向我祝贺。大家认为无论是从艺六十年或五十年金婚都非常难得,应该好好庆祝,何况又是恰逢在一起,更应该大大热闹一番。是呀确实难得,自与嘉礼结下不解之缘,特别是结婚后的五十年,我是一门心思都用在嘉礼这艺术上，亏得妻子为我照顾着一个家，照顾着四个儿女，而我却从没能让他过上多少舒坦的日子，最多也只能让她分享我艺术创作上取得成绩的喜悦。五十年来，我们相濡以沫，同甘共苦，现在四个儿女都已成家立业，大儿子都当爷爷了，恰逢盛世更得益于改革开放，他们都从溪西老家迁到城里来，除了小儿子外，他们也都有一个不错的职业，时不时地带着一家子来到我这里，真的可以说其乐融融。我们老夫妻自己独立生活，闲下来她自己找乐，我则操起雕刻刀雕刻木偶头，如果说还有遗憾的的话，就是小儿子补员进剧团，没学到一门好手艺，不久前也被停薪留职离开剧团。到此，四个儿女中就没有一个再从事我为之奋斗一生的木偶艺术事业了。当然人生哪能项项都那么完美呀！这样一想，五六十年的经历倒也值得回顾回顾纪念纪念！

不过，因为从艺五十周年时得到那么多领导的关心，纪念活动是那样隆重热烈，而纪念从艺六十年却只讲后十年就没什么意义了。因此我坚持认为这从艺六十年就不必再有什么纪念活动了。至于纪念我们老夫妻的金婚确也难得，但我提出，只要全家集合在一起聚一聚就可以了，不要声张更不要铺张，因正值第三届木偶艺术节期间，特别不能因此产生不好影响。就这样，这一天我们全家聚在一起，我让妻子把结婚时，我送给她的一枚印章戒指找出来，帮她戴在手上。这是我用废旧麻将牌特地为她雕刻的，这枚印章戒指，伴随我们走过了五十年历程，见证了我们五十年的恩爱。再就是拍了张金婚照，也算是为五十年前补拍结婚照吧！

不过，不知从哪里走漏了消息，这天前前后后来了不少人，有台湾朋友，也有日本友人，他们同声向我祝贺，我实在十分过意不去，还真是沾了第三届国际木偶艺术节的光了。

十五、到埃及访问演出

第三届泉州国际木偶艺术节期间,阿煌和阿燦带来口信,二〇〇一年八月是李天禄先生去世三周年又适逢李天禄先生亲手创建的亦宛然掌中剧团建团七十周年,希望我届时能到台北参加纪念活动,并于二〇〇一年初即正式给我和老吴及市文化局陈惠平科长发来邀请信。我把台北来信邀请的事,向文化局报告,却非常顺利地得到批准,我们立即开始办理相关手续。

七月中旬的一天,文化局庄局长给我打来电话,要我到他办公室有重要事情与我商量。到了庄局长办公室,庄局长让我坐下后,指着一份文件说,刚接到文化部通知,要泉州木偶剧团以中国民间艺术团的名义参加八月下旬在埃及举办的伊斯梅丽雅国际民间艺术节。并说,经研究决定让我参加这个艺术团到埃及参加艺术节。我发即向他提出,先已接受台北邀请,且相关手续都已在办理,能否不去埃及。庄局长说,这次出访埃及是由文化部委派以国家名义出访的,至于去台湾参加李先生亦宛然掌中剧团七十周年庆是由自己学生邀请的,他们是会理解的。我说,那就换个人去台湾吧!局长想了一会儿说,就由林文荣代替吧!林文荣虽没正式拜师,毕竟跟我多年,艺术水准我是了解的,让他代我去也好。

八月下旬的一天下午,我们一行从厦门飞往香港,过了一夜,第二天早上从香港起飞,一路上起起落落花了不少时间,直到当晚很迟才到达开罗机场,途经黎巴嫩时还经受了一场不大不小的惊险。

我们飞机经过几个小时飞行后,停在黎巴嫩加油,也顺便让旅客下机休息了一小段时间。当我们重上飞机,飞机开始滑行准备起飞时,忽然,机上喇叭传出空中小姐的声音:因飞机临时发生故障暂不起飞，请大家在乘务员的带领下迅速离开飞机到候机室休息。全体乘客一阵骚动，我取好随身行李跟着大家走出飞机，从廊桥的窗户看去，飞机机头上方有一股白烟在向上冒，飞机左右两侧驶来好多辆消防车和带有红十字的救护车，看来飞机不是一般故障。后来听说，一年前的同一天，也是这个班次的飞机，刚起飞不久就出事了，全部乘客和机组人员无一生还，我们真是还够幸运的，一位演员心有余悸地说："幸好没飞上天，全托相公爷保佑！"我们在黎巴嫩机场，整整等了六个小时，才重新上路，算是有惊无险。也就是在黎巴嫩这样一折腾，我们的道具直到离开幕仅三个小时还到处找不到，而开幕式就有我们表演的节目，庄局长急得亲自带着几个人跑机场，跑各地艺术团的住地和演出剧场。主人也急坏了，派了好些工作人员帮着找，直到离开幕式不到一个小时才在一个仓库里找到，又是一场有惊无险。

伊斯梅丽雅国际民间艺术节每两年举行一次，这一次参加的国家多达四十二个，人数达到一千五百多人。我们艺术团由十五人组成，市文化局庄局长为团长，全称是中国民间艺术团，带的节目有我的《驯猴》等三个小戏和《闹元宵》等。这是我们泉州提线木偶艺术第一次来到非洲大陆，特别引人关注。艺术节期间曾举行一次大型的踩街活动，参加踩街的各国艺术团，沿途每到一个表演台就得上台表演一个小节目或一个片段，我们艺术团选派我表演《驯猴》的一段。每当我提着嘉礼站在台侧等待伴奏音乐时，许多围坐在周围的人，都纷纷围拢过来，演出结束又久久不愿离开，有的甚至把我紧紧围住，又是鼓掌又是喊着什么，每次表演都为我们艺术团抢了不少风头。

艺术节期间我们原订只演出五场。可是艺术节组织委员会的副主任也是埃及国家文化部长，观看了演出后，特地来到台上向我们发出到首都开罗和他的家乡亚历山大作专场的邀请。就这样多演出了两场,还在亚历山大多住了一天。

经常听到说,我们泉州早在宋代就成了与亚历山大齐名的世界大商港。这次算是亲身感受了亚历山大这历史名港了。我们泉州在很长一段时间里是衰落了,可是亚历山大的港口一直还是那样繁忙,特别是有了苏伊士运河之后,这个港口有了新的发展,看起来比我们泉州现代化多了。

我们从泉州带来一套《泉州传统戏曲丛书》,准备赠送给亚历山大图书馆。因为有了文化部长的邀请,在亚历山大的专场演出,给赠书仪式更显隆重。这套业书是由原省文化局副局长朱展华和原市文联副主席郑国权等人发起组成的泉州地方戏曲研究社经过十多年的不懈努力编纂的,共十五卷,是一部集剧目、音乐、表演等于一体的相对完整的史料性丛书,可以说是研究中国戏曲不可多得的资料,将此丛书赠送给世界最古老的图书馆——亚历山大图书馆,是更有其深刻意义的。

那天,在亚历山大图书馆大厅举行既简朴又隆重的赠书仪式。当亚历山大图书馆馆长从庄顺能团长手上接过丛书后,激动地发表了热情洋溢的讲话。他说,这是二十一世纪亚历山大图书馆从东方最先受赠的一部价值非凡的丛书,是新海上丝路的文化盛举。讲话中一再表示感谢,并希望今后能有更多的合作。

离开亚历山大又到开罗演出一场,参观了开罗市容和不少名胜古迹,并特地驱车到世界著名的金字塔参观。这个全人类的宝贵遗产与我们的万里长城一样,真是太伟大了,人的这双手真是无所不能呀!几十成百吨巨石在几千年前根本不可能有现代那样先进的设备,却凭着人们的一双手堆叠成那么高的金字塔,真是难以想象。难怪一位接待我们的埃及官员不无自豪地说:"地球上有两个最伟大最古老的建筑,一个在我们埃及,一个是贵国的长城,我们的人民是最伟大的人民。"

不过,由于中东长期的不稳定,给埃及的国家建设和人民生活造成了很多不好的影响。在艺术节期间,我们时时都会感受到战争的阴影,为保证大家的安全,我们被严格规定没有保卫人员陪同一律不准外出,只要离开住地无论是演出,还是参观,前后都会有武装人员跟着。我们的住地是一所大学,正好学生放假,空出来的学生宿舍就用来接待我们,在我们宿舍周围也专门派了武装保卫人员,对此我们虽不习惯,但主人对我们的安全采取了这样措施,我们还是很感谢的。

然而,让我们最感不习惯的是热,每晚都热得难以入眠。八月正值埃及最热的季节,我们住的宿舍里根本没有空调设备,一台老掉牙的电风扇,通上电却不会转,经过左敲右敲转起来了,声响却大得如拖拉机。每晚都热得难以入眠,那些年青人在地上喷些水,铺上草席将就着,可我这老头子就没这本事了,往往只能到下半夜两三点才迷糊一下。白天中午想休息一下,不仅热,而且苍蝇特多,拼命往身上沾,这苍蝇又特怪,一沾到身上,就挥之不去,非得用力驱赶。有人开玩笑说:"可能是看到我们这些老外,特来表示亲热的吧!"

这一次埃及之行,不仅我们的艺术受到各国艺术家和埃及观众的好评,我们各方面的表现也都是很好的,回国后,还受到文化部的肯定和表扬。

十六、在德国与罗瑟同台献艺

二〇〇一年三月上旬,我接到寄自德国的世界著名木偶艺术家亚伯特·罗瑟先生发来的邀请信,邀请我十一月到德国参加他的《古斯塔夫的世界》五十周年庆典,怎么一位还在德国的木偶艺术教授,却直接给我发来邀请信呢?这得从美国那位著名木偶艺术教授巴特先生来华讲学和广州艺术交流会的事说起。

一九九九年应中国木偶皮影艺术学会的邀请，巴特教授来到我国讲学，在巴特教授来华前，中国木偶皮影艺术学会给我发来通知，同时附有一张巴特教授在华的日程表，要我到北京和上海参与接待并陪同到漳州。我把这通知交给剧团，并请示何时出发为宜。不知怎的，直到巴特教授到达最后一站漳州的最后一天上午，剧团才来电话，要我当天下午到漳州参加宴请巴特的宴会。我想没能聆听巴特的讲座，仅仅去参加一个宴会没有多大实际意义，因此就表示不去。可是过了几天，从杨锋和学会的几个领导人那里传来什么我因对学会为巴特教授安排的行程有不同看法，而不愿意到漳州会见巴特教授的消息。这是谁造出来的谣言呢？这使我非常生气，人怎么能这样颠倒黑白呢？害得我只好通过电话，一再向他们反复解释。

后来，我到西雅图参加美国庆千年国际偶戏节，第二场演出刚结束，早已等候在后台的巴特教授一见到我就把我紧紧地抱住："见到了！见到了！你的艺术太高超了。"当晚由米吹翻译，我们一直谈到深夜，以后我们又见了几次面，作了几次交谈，对木偶艺术我们有不少共同见解，他站在理论的高度对木偶艺术的谈论，让我得益不少。他还向我介绍了一位德国木偶艺术家亚伯特·罗瑟教授的情况，希望我能与这位教授见见面，他告诉我准备把我演出时的录影带寄给亚伯特·罗瑟教授，他说："你们两人分别是东方西方木偶艺术的突出代表，如有机会能同台献艺，将是世界木偶艺术界的一件盛事。"

我从西雅图回来后不久，大概不到两个月吧，就接到香港明日剧团的王添强先生邀请，要我二〇〇〇年一月到香港作为期二到三星期的访问，藉此与德国的亚伯特·罗瑟会面，交流技艺并同台演出。据说,亚伯特·罗瑟教授听过巴特教授的介绍并详细观看了巴特送的录影带后,就马上与王添强先生联系,要求到香港访问,希望也能同时邀请我到香港,以便会面切磋技艺。可是,应亚伯特·罗瑟教授请求,广东省文化厅出面协调安排下,并组织了一个国际性的木偶艺术研讨会,邀请亚伯特·罗瑟教授、美国巴特教授、香港明日剧团以及国内部分知名木偶艺术家参加,会场设在广东省木偶剧团。

研讨会上,与会代表就木偶艺术发展的一些方向性问题进行探讨,并一起研究如何加强艺术交流共同发展等问题,同时进行演艺交流。广东、陕西等好几个省的代表演出了拿手好戏,可以说,这个研讨会开得很有成效很成功。

亚伯特·罗瑟教授和他的助手在研讨会上表演了非常精彩的节目,并和我同台演出两场,还另外应广东省文化厅的邀请,特地到文化厅会议室演出一场,我们还单独进行了几次交流切磋技艺。每次的演出和交流,亚伯特·罗瑟教授都非常兴奋,认为是他从艺以来一次非常难得的艺术交流。研讨会结束,我给他送行时,他激动地对我说:"我非常感谢巴特先生给我介绍了你,非常感谢王添强先生帮我联络到你,我才能欣赏到你高超的表演,才能欣赏到世界一流的泉州木偶艺术。非常感谢广东文化厅安排的这个木偶艺术研讨会,我们一个生在西方,一个生在东方,应该携起手,共同推动世界偶戏的发展。"

就这样先认识了巴特教授,又通过巴特教授结识了亚伯特·罗瑟教授而引来了广州国际木偶艺术研讨会,从而有了亚伯特·罗瑟教授给我发来的邀请信。

(二)

亚伯特·罗瑟教授发来的邀请信主要内容摘录如下:

"这个秋季(十一月十日及十一月十一日)是《古斯塔夫》五十周年庆典,国家剧院董事长法德兹·斯高麦邀请我到他的剧院举行庆祝活动,同时,斯高麦先生更容许我自由选择另外一位表演者参与演出。如果黄奕缺先生能驾临司徒加特市,并于当日参与演出,这实在是我的荣幸,亦会让我欢喜不已。

记得那次在广州的会,黄奕缺先生创作及演出提线木偶,那栩栩如生的表演,以及非凡的艺术技巧,实在令我大开眼界,并且令我获益良多,在工作上得到极大的启发,去年的中国之旅,实在是最令我难以忘怀的一次体验。

最后,希望你能接受我的邀请,使我们能够再次欣赏你精彩的演出,再次互相交流,我们热切期待你的到来。"

这是亚伯特·罗瑟先生以个人名义对我的邀请,不久,司徒加特市国家剧院董事长法德兹·斯高麦先生就正式向我和市文化局发来邀请函,随函附有有关事宜和日程安排的说明,希望我能单独表演两场,每场不要少于六十分钟。

我现在能拿得出手的,能在国际偶坛露一手的节目,大约是五十分钟左右,必须尽快再创作出一个相当水准的够演十分钟以上的新节目,这可是给了我不小的难题。

为此,我又开始了艰苦的节目构思。一天,小孙子课外书中一则"矛与盾"的故事启发了我。我想如果让盾与矛对打,岂不是与我以前创作表演的宰(刽)牌相似吗?

以前表演宰(刽)牌是由地台演员配合的,以增加嘉礼舞刀舞牌的力度。如果能在嘉礼结构和线规线位设计上想想办法,况且这次还允许我带一名助手上台参与表演,说不定可创作出一个水准不错的节目。我决定试一试。

我首先设想了一个简单情节,甲乙两人都是武艺高强的人,甲惯使锋利长矛,自以为天下无敌,一天他走上街头,不断显耀自己的武艺,希望有人与其比斗。乙见甲如此,很是不服。遂一手握刀一手持盾上前与甲比试,两人各使出浑身解数,都累得上气不接下气,以不分上下而终。

接着就开始嘉礼制作。根据设想出来的情节,两个嘉礼的制作都没有特殊要求,关键是线规线位的设计和设置能否让嘉礼表演出"打"的力度。这可是长年来一直没能真正解决的老问题。我还是按照老经验,在线位上找出最佳位置,同时设置几条新线,删去三条可有可无的操纵线,将勾牌根据需要一分为二。经过反复试验后,效果还不错。如持矛的嘉礼表演刺的动作,我在嘉礼的腹部设一个小圆眼,又在嘉礼两手处设置一条通过小圆眼的"来去线",操纵起来就避免了晃动增加了动作的准确性,刺出时能像射出的箭般有了力度。这样经过近两个月的努力,一出约九分钟的《矛盾对打》基本完成了。

二〇〇一年十一月八日我和剧团派出的助手,由市文化局龚万全副局长为领队,经过好几个小时的飞行到达了德国的司徒加特市。这是一个具有相当浓厚文化气息的城市,城市虽不大,却有一个很大的国家剧院,一个相当规模的图书馆和一个馆藏丰富的博物馆。

亚伯特·罗瑟教授就居住在这个美丽的城市,据介绍亚伯特·罗瑟教授出身于名门望族,从小对木偶艺术情有独钟,经常混迹于街头卖艺的艺人中,家人对他这种行为甚为反感,最后在与家人的抗争中离家出走。他在艰难困苦中学过乐器弹奏,学过雕塑,不过特别倾力于学习木偶表演,练就了一手好手艺,经过多年努力终于成为德国以至世界偶坛一位著名的木偶艺术家。他在音乐和戏曲艺术学院创办了木偶学院，成立了"古斯塔夫的世界"木偶剧团，对司徒加特市的文化事业作出了卓越贡献。为此，司徒加特市的奇列斯哈里斯国家剧院决定在罗瑟教授创办"古斯塔夫的世界"木偶剧团五十周年之际举行一次庆典活动，以予表彰。

庆祝活动邀请了不少欧美著名木偶艺术家前来参加，香港明日剧团的王添强先生也应邀前来参加并给我当翻译。不过前来参加的欧美艺术家只是参加庆典和艺术交流座谈会，唯有我和亚伯特·罗瑟教授不仅参加座谈，还得参加演出活动。

我和亚伯特·罗瑟教授同台合演二场，各自表演三十分钟，单独演出三场。演出的节目是《驯猴》、《钟馗醉酒》、《青春梦》、《银蝶戏金狮》、《小沙弥下山》和此次新创作的《对打》，合计有六十六分钟。我们的演出吸引来不少远道而来的观众，甚至法国、西班牙、罗马尼亚等好几个欧洲国家观众竟长途驱车前来观看我们的演出。

比利时国家木偶剧团原只有团长前来参加庆祝活动，我们第一场演出后，这位团长立即给剧团打电话，要全团人员赶到司徒加特市观看演出，剧团接到通知后当即驱车六百多公里赶到司徒加特。这位团长还通过比利时驻德国大使馆向我们发出邀请，希望我们顺道到比利时访问演出，只是因护照签证问题而未能成行，对此，他们甚感遗憾，一再希望能有机会与我们进行艺术交流。

司徒加特市市长在观看了我们的演出后，特地在一个高级酒楼宴请我们。

这位市长高度评价我们的演出，他说："从你们表演的高超艺术可以想像泉州市肯定是个非常美丽的城市。"龚副局长藉此向他介绍了我们泉州,引得他更为兴趣,并接着说:"希望今后能加强两市的文化交流,促成两市成为友好城市。"

庆祝活动中举行了两场艺术交流座谈会。参加座谈会的大多数是来自欧洲各国的木偶艺术家,也有些来美洲和亚洲。座谈采用主持人提出来问题请某个与会者作答,或与会者对某个问题提出疑问请大家讨论的形式,会议开得很活跃,第一场座谈会主持人一开始就提出请我介绍泉州提线木偶戏的情况,我就历史和现状作了简单介绍后,有人提出为什么泉州能产生如此美妙的艺术要我继续作答,我请我们的领队回答这个问题。龚副局长趁此用既生动又简练的语言介绍了泉州丰厚悠久的历史文化和人文情况,把泉州大大宣传了一番。第二场座谈会又有人对泉州提线木偶艺术提了不少问题,我干脆按照在美国西雅图作讲演的一部分内容向大家边讲边演示,引得全体与会者阵阵掌声,把作为这次座谈会会场的司徒加特博物馆的工作人员也都被吸引过来,过后还盛情邀我参观博物馆并要我题词作为留念。

这期间,我们还到亚伯特·罗瑟教授家里做客,参观了他的陈列室。陈列室里陈列着亚伯特·罗瑟教授创办"古斯塔夫的世界"木偶剧团以来所创作和塑造的各类木偶和表现剧团发展经历的实物,及各地授予他的荣誉状,和与各国进行交流的木偶及此次首场演出前互赠礼品时,我赠送给他的那个钟馗木偶。古斯塔夫是亚伯特·罗瑟教授从事木偶表演最早最成功的剧目《古斯塔夫的世界》中的一个主要人物,由于这个剧目深受观众欢迎,影响很大,人们往往把亚伯特·罗瑟教授的木偶剧团直接称为古斯塔夫的世界,后来他干脆把自己的剧团以此为名,因此,陈列古斯塔夫木偶更是意义特别。紧靠在古斯塔夫木偶边陈列的就是钟馗木偶,亚伯特·罗瑟介绍说:"古斯塔夫代表了我的成功，你给我的这个木偶代表了你的成功，让它们像亲兄弟一样天天在一起，表示我们西方与东方木偶的合作与友谊。"他说，以后将会把这两个木偶一起送到博物馆永久陈列。

亚伯特·罗瑟教授的家，简直就是一个真正的"古斯塔夫的世界"。除了陈列馆，还有宽敞的排练厅，有生产制作车间，有录影配音室，设备齐全又非常现代化，真令我羡慕不已。

我们是十一月二十一日离开司徒加特市的。十天的演出和交流在当地产生了强烈的反响，各媒体作了大量的报导和评论。有篇报道引用当地著名艺术家褒曼黑岗的话:"我被吸引了，真高兴我没错过观赏这演出的机会，我可以带着美好的梦回家了。"还有一篇报道说:"从一个七百万人口的以前是海上丝绸之路的货物港口——泉州来的艺术家，让他的木偶越来越年青。还有骑自行车的木偶，所以人们就问，是否这只小猴子是真的？"有的媒体还称我和亚伯特·罗瑟的同台演出是东西方木偶艺术大师的对话是"用他们的手指头把艺术奇迹带进生活"。因此我们离开时，亚伯特·罗瑟教授捧着一大把媒体报道和评论资料，非常真诚地对我说，他希望把对话永远带进生活，我们临上飞机前他又紧紧拉着我的手说:"由于你的到来，让我的古斯塔夫色彩更艳丽、让司徒加特市更加引人注目。我愿下辈了转世到美丽的泉州，与你结为亲兄弟，再一起为世界木偶艺术发展出力。"

德国此行，真是让我难以忘怀，亚伯特·罗瑟教授的这一席话，更是让我激动不已，回到泉州后我把他送给我的木偶同样也摆在我工作室中最显眼的地方，以表永记这位木偶大师的真诚友情。

十七、古稀再获两个高奖

二〇〇二年上半年，我们剧团团长王景贤自己动手把几个历经几百上千场演出磨练的节目或取其全部或取其片段，串联一起，用《水漫金山》中的四天将的出场表演作开场，其中包括《卢俊义》中的《闹元宵》和笑生、却老的表演，我表演的《驯猴》等等，取名为《古艺新姿活傀儡》。稍加排练后，在泉州影剧院公演几场，录像送北京，参加评选，荣获了政府最高奖——文华奖，我演出的《驯猴》当然也荣获了文华奖。

说来也巧，这一年我还得到另外一个奖——全国第一届老龄文艺会演戏曲类金奖。大概是六月或七月的一天，我家来了两位市老龄办公室的干部，他们介绍说，国家老龄办公室正筹办一个老龄文艺会演，考虑到参加者都是老年人，不宜在北京集中大规模活动，因而采用由各省选拔推荐，报送录像带参加全国评选，然后从获奖者中选择部分节目晋京参加颁奖晚会并领奖。他们说，经过市老龄办公室反复研究决定推荐我表演的《驯猴》参加。

说句心里话，七十多岁的老头子了，有幸赶上这机会当然是不错的。不过《驯猴》这个节目十几年来，在国内外演出已颇具影响，且上半年，刚好参加在《古艺新姿活傀儡》的表演，拟参评文华奖，再参加这样的会演合适吗？我向这两位干部提出，用《驯猴》参加会演是否可以，请他们再考虑一下。他们可能误解了我的意思，赶快解释说："不要紧，把节目录像后，由市老龄办公室认真审查，通过后再送省老龄办公室，由省里组织专人进行审查。"我想这个戏连江泽民主席看后都说好，还得经过这样多的层层审查呀！我说："既是这样，就不必麻烦了。"他们一听急起来，反复解释，一再希望能给予支持，我只好同意了。过了一段时间，我早把这事给忘了，一天上午老龄办的那两位干部又来了,很高兴地告诉我:《驯猴》在全国第一届老龄文艺会演荣获戏曲类金奖,要我带着《驯猴》到北京领奖和参加颁奖晚会的汇报演出,并说我是我省唯一的获奖代表。

颁奖晚会是九九重阳节,在人民大会堂举行,这天来了不少中央领导,晚会的气氛非常热烈,节目都是精选的,满台都是老爷爷老奶奶,有些德高望重的老艺术家也都上台一显身手。《驯猴》是第二次到人民大会堂表演了,不过到人民大会堂领奖却是我这生的首次。

但是两个奖接踵而至,本是令人兴奋的,可是我却没能兴奋起来,特别是获得文华奖后听到一些"话"外音,心里还有种酸酸的滋味。我绝不会在七十五高龄还来与年青人争抢这个奖。早在十年前我获得文化部的特别荣誉奖时,也只是理解为对我的鼓励和更高要求。我历来以观众送我的"木偶艺术大师"六个字为真正的奖,是比什么都高的奖。只是荣获第一届全国老龄文艺会演戏曲类金奖,还是引起我不少兴奋,毕竟这是老年人的事业工作了。当然,这不过是鼓励我多参加老龄人的一些有益活动,为老龄人事业多做工作而已。所以我从北京领奖回来时,老吴来我家为我祝贺,交谈时他脱口念了一句对联,表示对我的祝愿,也正好代表我的心情,现将其录下作为结束语。

古树绽新枝枝繁叶茂,
盛世人不老老当益壮。

结　尾

人生苦短!自入嘉礼门以来,不觉已有六十来年。在这嘉礼的艺术殿堂里六十多年来，与我的师父师伯、师兄师弟们及各位同事们共同经历着一九五二年新艺术观的传入，一九五四年全省会演的挫折、一九五六年全剧团"演活了"的大讨论，共同在求新求变的艺术氛围中，为泉州提线木偶艺术成为国内以至国际偶坛的佼佼者而艰苦创业，共同经历着泉州木偶艺术事业的新生与辉煌，共同分享着种种盛誉。这当中令我深感自慰的是，我用一双执着的双手，不懈地追求着嘉礼艺术的完美，从中有对偶性对于偶戏是至关重要的认识，从而促使我用不算灵巧的十指创作出一个个为观众所喜爱的艺术形象，为我们泉州嘉礼艺术殿堂增添了新的光彩。

我认为从事木偶艺术，就必须努力掌握木偶的特性，充分发挥木偶的特性，使其具有独特的艺术性，从而让广大的观众感到有其可看性，这才能使之在艺术百花园里占有重要的一席之地。偶性绝不可简单地理解为木偶特技甚至将其视为"花草步"。《小沙弥下山》、《钟馗醉酒》两个小戏深得观众喜爱哪来的特技，其实这与孙悟空的变脸，小猴子骑自行车一样都是充分运用了木偶自身的特性，也就是充分发挥了木偶的偶性，才取得那样的演出效果。

当然社会在前进，观众欣赏水平时时都在提高，今天很受欢迎的节目，说不定再过几年就成了昔日黄花。因此，我总是对表演的人物或节目，边演边总结边修改，使之偶性更突出艺术性更强，观众认为更有可看性。有人半认真半玩笑地说："黄奕缺对待自己的艺术创作，总是刚满意不了几天又不满意，总是感到有欠缺，真是个好亦缺。"

话说到这里，不知不觉间仿佛《赴宴斗鸠山》中的李玉和、《千桃岩》中的小灰象等等好多节目中的人物一起来到我面前，睁着渴求的眼光，希望我帮他们再一次改进，尽快再回到观众中；还有那《火焰山》、《太极图》、《馋猫》和《劈山救母》等各个戏中的那些角色，也一起围拢过来，历数值得再改进的地方，恳求我再次投进精力再来一次修改。可是不知怎的廉颇和黄忠也来了，一个连说："老啦！"，一个却仍手握大刀在飞舞。毕竟岁月不饶人，我只盼着天天与我那些用我的十指一刀刀雕出的成形和未成形的嘉礼头为伴，那就心满意足了。

为实现恩师夙愿尽点力

许润明

今年是泉州市提线木偶剧团建团六十五周年，全团上下正在酝酿如何庆贺这件盛事。在此时刻，同仁们也都在心中缅怀为剧团作出贡献的先后谢世的先师前辈。其中有一位是我的恩师黄奕缺。他的仙逝距今正好第十个年头！恩师黄奕缺1952年进入剧团直至2007年病逝，整整55年。在这半个多世纪中，可以说他是与剧团同步成长的。他在职期间全身心为木偶事业进行创造性的辛劳，退休后仍然对剧团后辈的成长十分用心，甚至临终前还在为木偶艺术的传承念念不忘，为他的经历能否供后人借鉴耿耿于怀。这是我在其病床前亲身所见所闻，于今仍历历在目。所以我才会把这两件事联系在一起，想到当年剧团支部原书记吴裕挺为其记录整理的回忆录，在他生

黄奕缺许润明师徒合影

前未能见到成书,而谢世之后一幌十年,当今要出版仍然有经费开支等诸多问题。因而,作为缺师的徒弟,我愿出资支持,以完成恩师临终之前的夙愿,也为木偶剧团留下一份鲜活生动的口述历史。

就在我为此书出版而奔波的时刻,多位领导和前辈建议我写一篇与恩师相处的回忆,我不敢推辞,只好借我以前发表在《中国文艺家》2017年2月期的一篇回忆恩师的文章,附录于下。

忆恩师黄奕缺,师徒相伴三十载

岁月荏苒,多少苦楚低落与激情澎湃,尽数化做酸甜苦辣藏于心间,宛如妖艳鲜花,拥有繁华却终将凋零。扪心自问,我收敛了繁华时的傲气,但在凋谢来临之前是否也偶感失落?如今已经五十四岁的我,借句老祖宗的话也该知晓天命。这几十个春暖花开、寒冬腊月的持之以恒,只习得这一身技艺,身体如今扛不住岁月的消磨与喜爱的舞台已渐行渐远,时常自省,不知有生之年能否将其倾囊授与剧团后辈,若能如愿也算不辱

恩师门楣。到如今岁数我已所求渺渺,总算有时间静下心来回想一下过往,脑海浮现的总是当年陪伴恩师黄奕缺的日子。那三十余载的相处,恩师的对我的栽培,我一直心怀感激,却不知向谁袒露心声,思绪良久以已拙笔付于此文聊表一二。

仍然记得与恩师黄亦缺的初次相遇是在1977年年末,那时恰逢剧团前辈们排演《三打白骨精》,我们几个经过泉州木偶剧团初试的学子,在团里的组织下前往观看演出。恩师黄奕缺在此剧中饰演的角色是孙悟空,一场演出下来,不时有台下观众喝彩:"这嘉礼猴子成精了"。(提线木偶在泉州称为嘉礼)木偶戏在泉州地区已风靡多年,观众时常能看到木偶表演,也称得上半个行家,自然能分出好坏,正如他们所言,这尊木偶确实活了,是恩师黄奕缺赋予它生命,让他时而调皮;时而发怒;时而无奈,又能舞刀弄棒翻跟斗,真所谓无所不能。年幼的我甚至天真的以为各位老师们都是厉害的魔术师,只有如此他们才能这般自如的让木偶做出各种高难度动作。

好戏嫌短,当我还沉浸在眼花缭乱的表演之中,《三打白骨精》已经落下帷幕,诸位前辈的表演得到了观众们热烈的掌声,我也被深深的吸引,心中不由感叹:"这便是泉州提线木偶戏,以假乱真的木偶戏,技艺高超的木偶戏。"我第一次见到恩师就是在这种场合,这次观赏同样是我坚持学艺的起始点。

而真正意义上与恩师见面并谈话是在1978年,那年的正月我们在开元水陆寺正式开班。就在同年的八九月份,恩师身体抱恙,在泉州人民医院住院,我抱着忐忑的心情前去探望,老话说一代疏两代亲,恩师从年龄上算,与我父亲是同辈,独自面对他时我心中多少还是有些畏惧,可谁曾想这次单纯的探望却奠定了我与恩师感情的基石。我们从生活上的琐碎谈到艺术上的创新,从为人处事说到成家立业,以至于忘了时间的流逝，如若不是担心恩师体弱不便多打扰，我真不舍得告辞。

而在往后几年里恩师与前辈们对我们悉心教导，给我们排演了许多折子戏，学员时期我也塑造了不少角色，如:《霸王别姬》中的楚霸王、《三打白骨精》中的猪八戒、《水漫金山》中的法海等,在此就不一一细数。而直到1983年毕业前夕，我们才与老师们一同创排了大戏《劈山救母》,可当时的我们对于木偶的制作根本就一窍不通。见此情景,恩师黄奕缺主动请缨传授我们木偶的制作方法,比如上下笼腹的制作、麻编脚关节脚的制作、手节的制作,各关节的衔接,木偶如何穿线,钩牌线位设置一系列木偶制作工艺,我们也算不辱使命,尽都学以致用。

特别值得一提的是,在《劈山救母》中我所饰演的月老的角色，当时二十岁不到的我根本不懂得怎么去塑造一个老态龙钟的人物。就在我为此犯难的时候,恩师似乎看出了我的心事,他不厌其烦的给我讲解,甚至以真人示范,让我用木偶模仿，一遍又一遍，当时的我也不知道是他人家醉心于形体表演,还是真的已经直不起腰来了,只记得恩师走着走着腰也越来越弯。也正是因为恩师及剧团老前辈们的帮助,在1992年9月《劈山救母》参加了全国木偶皮影汇演,我所饰演的月老获得了当时文化部艺术局颁发的表演奖。再提一事,2006年广州举办首届全国木偶皮影中青年技艺大奖赛的时候,当时我和恩师来往已经十分频繁，恩师听闻这个消息，鼓励我参加比赛,并把自己创作的节目《驯猴》让我作为评选节目进行参赛,最后我也算不辱使命获评"优秀表演奖",恩师得知后十分欣慰。但那时候恩师已常常告诫我为人要低调,他说"不管你演的角色是否是戏中主角,你都要用心去塑造,要根据角色的性

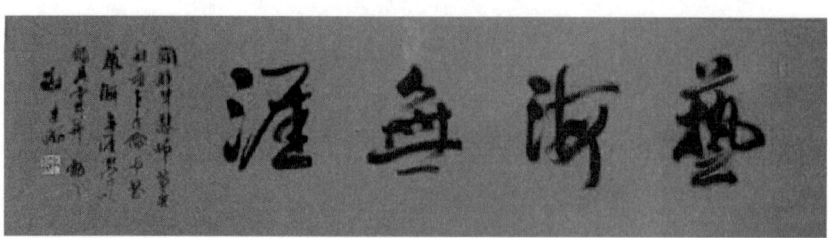

格去表演,表演的人物要符合当时的人物心情,这样才能把观众们带入剧情,更加有利的把所要表达的东西传递给观众,唯有得到观众和同行的认可才最为重要,千万不要刻意去为了所谓的名利而让自己无法专注于艺术的提高"。这话一直陪伴我整个艺术生涯,让我一刻都不敢松懈,可以说我所得到的别人的认可,几乎都归功于恩师对我的敦敦教诲。

诸如此类的事情太多太多,相处久了自然而然我们也产生了深厚的师生情,从那时算起我们延续了三十多年的师生情谊,直到恩师仙逝,这段记忆还恍如昨日。如今恩师不在了,我把对恩师报答不完的恩情全部倾注在师娘身上,时常去陪她看看电视聊聊天,而每当谈到恩师的时候,师娘总是神伤,总是感叹:"润啊,你师父要是还健在,看到你生活越来越好一定很替你高兴"。是啊,我也经常这样想着,如果恩师还在该多好啊,我还像以前那样开着车,带着他到各地去买材料,帮他接待客人,劝他对自己好一点。只恨,子欲养而亲不待!

说起与恩师黄奕缺生活的点点滴滴,不得不提恩师的生活与为人。恩师虽然名声在外,桃李满天下,但他为人极其低调、和善、热心肠,而小时候过惯苦日子的他,也养成了节俭的美德,即使生活条件再好也是粗茶淡饭一日三餐,但对朋友却是一反常态的慷慨热情。还记得以前去恩师家帮他做事的时候,一忙起来便没完没了,经常过了饭点手上还一堆事情没有头绪,只要一忙完我便跟恩师一起在家中的厨房里随便盛点稀饭和着小菜凑合一顿,对此恩师老是觉得亏待了我,觉得让我忙前忙后却总是粗茶淡饭招待我,有失礼节。后来经过我百般劝说,他终于不再耿耿于怀,慢慢的也就接受了。

　　记得那时恩师正为创作几个新节目忙得废寝忘食,每当他需要什么新材料的时候,就会习惯性的打电话让我带他到处去找。也正是这个时间段我哥在北京的事业已经站稳脚跟,正是需要人手的时候,他多次提出让我去北京帮他的忙,这让我当下就乱了分寸,一边是给我无数帮助的恩师与热爱的木偶艺术,一边是我们的家族事业,我真的不知如何去抉择。后来我找了个机会询问了恩师的看法,他当时的表情我至今依旧清楚的记得,原本满脸堆笑的他顿时黯然,失落替代了笑容出现在他经历了沧桑岁月的脸上,他说:"我知道做咱们这个行业的只能图个温饱,大富大贵是没有可能的,而你哥的生意做得这么大,你跟着他以后生活水平一定会很好,你自己心里要有个数。"见此情景当下我便做了决定,立即跟他说:"缺师,我已经拒绝我哥了,我会留在你身边帮你的忙。"恩师听后笑容又在他脸上绽放开来。当然,当时为了不让恩师伤心我是撒了个善意的谎言,为此我想了无数的理由,跟我哥一次次的解释,最终才能如愿以偿。此事过后我们师徒的感情似乎又更近了一步,师徒二人又奔波在找木偶材料的路上,虽然漫无目的,但是能跟恩师聊天,对我而言在艺术上也是有极大的提升和帮助。每当他有新创作想法时,总会第一时间跟我分享他的喜悦,而我也十分珍惜这种时刻,每每听到恩师跟孩童一样的欢笑声时,我都会静静的呆在他身旁,静静的看他眉飞色舞的跟我讲述着自己的新想法。久而久之,恩师对我视如己出,也时常向自己的亲戚说,与我名义上是师徒关系,但实际感情却已经超过父子亲情。

经过恩师不断创新与专研，终于排出了四个如今依旧脍炙人口的小节目：《钟馗醉酒》、《小沙弥下山》、《青春梦》以及《驯猴》。这四个节目影响十分广泛，每当有国内外大事需要演出，优先考虑的便是这几出小戏，不为别的，单凭这些小戏高超的技术难度就足以让观众们为之赞叹。我有幸得到恩师的真传，在恩师的悉心教导下，我也学得一二，不敢自夸，但至少得到恩师的肯定，甚至连我现在表演所用的木偶都是恩师赠送给我，并且语重心长的嘱咐我，让我千万记得要把这些好东西继续传承下去，让我们泉州提线木偶戏后继有人。

2006年11月，恩师生病住院，经手术后身体每况愈下。过了2007年元旦，他在医院靠着输液提供营养，那天我像往常一样坐在病床旁听他断断续续的说以前的事情。其实当时已经听不出恩师具体说的是什么了，全凭自己在脑中搜寻与恩师的只言片语所相符的记忆。说到最后恩师提到了他的一些朋友希望收藏他雕刻的木偶头和木偶形象，如果自己身体不争气，让我记得帮他完成，并嘱咐我一定要把他所创作的这几个小节目传播出去，一定要把他所钟爱的木偶艺术继续推广下去，让更多的人看到技艺高超的泉州提线木偶表演，了解到千年传承的泉州提线木偶戏。我心里清楚恩师是在交代后事了，为了让他安心，我强按下心头的悲痛，努力分辨他所说出的每一个字，再后来恩师似乎没了说话的力气，我便拿来纸笔让他写，可仅靠输液提供营养的他根本连拿笔的力气都没有，写出来的字没法辨认，最后我跟他说："缺师，我问你如果是你要交代的你就点头，不是你就摇头。"恩师点了点头表示同意，在这过程中我多次让恩师休息他都频频摇头。经过了不知多少次的问答恩师终于露出了微笑，我知道他想说的事已经交代妥当了。而让我记忆深刻的是当说到帮他出版回忆录的时候他眼神很明显的明亮了。

2007年1月5日上午,恩师永远离开我们!

对于恩师托付的这两件事我不曾忘怀,第一件我一直都在坚持,到现在我依然在传播恩师的几个小戏,可以说已经无愧于恩师。而第二个心愿我一直在努力为其奔波,毕竟出版书籍并非我一人之力就能完成,但至今我仍然挂在心间,我相信只要我坚持下去总会守得云开见月明。

我的恩师黄奕缺老先生就是这么一个为人处事十分低调,对艺术追求一丝不苟的大师,他的为人和对艺术的态度,正是我们后辈从艺人员所需要具备的,这种正能量也需要我们后辈一直传承下去,直到永远。

我师父是06年12月中旬,因喉咙吐不出痰!医生怕他痰堵塞喉咙,有威胁生命安全,经过家属同意,从喉咙外面划开一小口,用针筒抽痰!当时已开不下口!靠手笔述事!最后连拿笔力气也不行!我只好对他说:我要替他说的话、做的事,凡表示"是的"请点头,"不是的"则摇头。其时,我问几件生话中的事,他都摇头,只有问到这本回忆录出书的事,他才点头!这是师父临终的交代,此时此境,我永远不会淡忘,直到今天,这本回忆录终于能够出版,可以以此告慰师父在天之灵,也为当年与缺师共事于今健在的师兄弟和后辈们,从回忆录中找回那些年那些美好的回忆。

后　记
——我为黄奕缺撰录回忆录

　　我做一百个梦也不会想到竟然会担起木偶艺术大师黄奕缺回忆录撰录的重任，我万万也想不到黄奕缺离去得那么匆匆，竟没能看到此书的出版，这原本是要作为他八十大寿的礼物啊！更没想到此书的出版竟在黄奕缺去世十年之后！

　　早在一九九八年我与缺师及尤优雅应邀到台湾时，此次赴台的邀请者是缺师的高徒李传灿先生，他曾多次提起希望我能为缺师撰回忆录。其时缺师认为只是说说而已，后来李传灿先生借来泉的机会又多次提起，他说缺师是一位世界偶坛有影响的木偶艺术大师，写一本回忆录是很有必要的，而我作为缺师几十年的同事和朋友，对缺师是最熟悉了解的，承担撰录工作是再适合不过了。

　　无可否认，我对缺师是较为熟悉的，我们同事十七八年，我是剧团主要领导人，他是分管艺术的副团长，我们密切配合，在全团演职人员的配合支持下做了大量的工作，取得了十分显著的成绩，这段时间剧团创演了三四十个剧(节)目，其中不少是上乘之作，不少佳作仍在国内外常演不衰，被人们誉为真正的精品；这期间剧团完成了木偶表演台又一个新的改革，创造不少的新的木偶线规，进行舞台美术创新尝试，从而把泉州提线木偶艺术推上一个全新的高度；这期间剧团乘着改革开放的大好时机，在国际艺术市场进行了卓有成效的拓荒，在许多双边和多边的木偶艺术活动中,积极展示自己的风采,从而确立了泉州木偶艺术在世界偶坛的应有地位,为泉州提线木偶艺术走向世界打下坚实基础……总之,这期间可以说是剧团工作的一个新高峰。所有这些工作中无不留下黄奕缺的汗水和心血,剧目创演他是艺术指导又是演员;舞台改革他是倡导者设计者;木偶结构的改革线规线位的创新他是探索者;对外文化艺术活动他是中华文化的使者。可以说,这段时间是缺师一生艺术生涯中的艺术创作高峰期艺术思想的成熟期。一二十年来我与缺师是同事是朋友,我们共尝创业的艰辛,同享收获的喜悦。一九九二年后我调任福建省艺术学校泉州分校校长,我们仍来往不断,凡有出访或重要演出任务回来,他都会邀我到他家泡泡茶分享他演出成功的快乐,有时雕出一个好木偶头还非得要我去一齐欣赏。

如此,如果说我对黄奕缺不够了解,实在是说不过去。但十多年前我就尝试认真解读这位大师,帮他一生做一个较为完整总结,总没能办到,况且我深知自己有多少斤两文笔有多深,要担任这位世界级的木偶艺术大师回忆录的撰录者完全是超负荷的。因而,我迟迟不敢应承下来,直至二〇〇二年李传灿再次来到泉州又一次十分真诚地向我提起这件事。几位老朋友老领导知道后也一再劝说,他们说困难肯定是很多的,但并非不可克服,并说,这是为泉州文化事业做的一件好事。真是好意难却。我只好大着胆子应承下来。

可当我真动起手,其难度比想象的不知多了多少倍。

黄奕缺是位不善言辞,不爱张扬的人。我与他约定上午由他口述,下午我将零碎的口述记录进行整理,第二天上午我先把整理稿讲给他听,由他再补充修改。其间除他出访德国司徒加特市前后暂停四五个月外,天天按此安排,共花了近一年时间。他的口述一般都非常的简略，而且常常是"记不清"、"忘记了"。许多很重要的活动可能在别人口里会讲得头头是道，他却常常是无头无绪，就那么三言两语。天桥式立体木偶表演舞台的改革是非常成功的，也可说是他这一生一项很重要的艺术活动，在泉州提线木偶艺术发展史上也堪称里程碑，从他口里讲出来，却只有那三言两语。他说："一九六〇年从罗马尼亚回来后，经院领导同意，由我和一位木工师傅共同设计制作了一个木制天桥式舞台，后来因太笨重，也没较先进的灯光器材，使用了不久时间演了两三个节目就停下不用了。这次改用钢铁就牢固多了，是老吴的一位朋友在泉州农械厂担任党委书记的支持，请了一位工程师帮助设计，并由农械厂加工制作，这个舞台比原来的木制台好多了。"简简单单就这么几句，因此为让他口述详实，为激发他的记忆，我只好多方请他的老同志老领导帮助，或登门向他们了解，然后设计出一些问题慢慢启发，让他尽可能详细口述，或分别请他的老同事老领导到他家泡茶聊天，请他们一起讲过去的故事。在这样的磨泡中尽管还是十分零碎繁杂，缺师总算回忆得较为详实了。

　　黄奕缺又是位对任何工作都十分严谨力求完美的人，他的艺术创作往往是在满意不满意修改再修改的不断反复中。我经常跟他开玩笑，要他干脆改名叫"好亦缺"。一开始他就向我提出：一在回忆口述中涉及面很广，也必然会涉及到不少人和事，书写成文时一定要注意取舍，千万不要伤害到别人；二是泉州提线木偶艺术是综合艺术，几十年来快速发展是因得天时得地利得人和，是全体人员艰苦创业的结果，他只是其中一员，或一个代表而已。他说："有一个戏我演一个童角，为表现撒娇顿足的动作，我把麻编脚改为关节脚，演出效果很好，因此很多人就把泉州提线木偶的关节脚说成是我发明的。客观地讲在这之前的一些戏里,已曾经运用过关节脚,如《除五毒》、《卖粮储蓄》就曾使用过,只是不普遍,有的演员尚不能适应而已,我是演员自己动用做的关节脚结合线位设置,当然能符合演出需要。因此说我是关节脚的发明者,不如说是改革的推动者。"三因时间跨度有好几十年,有些事回忆起来难免有差错或有遗漏,要尽量想办法弥补。这三条应该说都是在情理之中,可是再加上他这"好亦缺",我真有点独木难支了。

经过一年多的"泡和磨"后,我按与他商定的详细提纲写成了第一个手稿,因字迹潦草和为了随时听取他的意见,我按章节念给他听,他不仅提出不少修改意见,又补充了大量新的材料,直到第三稿他提出的意见少了,我修改后,征得他的同意,我让我女儿利用业余时间打印后再交给他自己审阅,没想到他细细审阅,又提出了不少修改意见,不仅有不少增删,还对一些文字表达提出他的看法,这样我只好又修改了两稿,最后一稿已是二〇〇六年的十月了。至此,我犹如万米长跑终于到达终点一样,既十分疲惫又十分兴奋,能坚持至此,算是没有辜负朋友们的重托。

五年中,几乎所有的时间都沉浸在黄奕缺回忆的往事中,恰似陪着他重走了一次他的艺术人生路。在他回忆的往事中,虽有不少我是有所了解的,有些活动我还是组织者和领导者参与者。常常还是被讲述中表现出来对艺术的执著和忠诚所深深感动。一九七九年剧团荣选参加中华人民共和国建国三十周年献礼演出,第一台戏《庆丰收》、《千桃岩》、《水漫金山》演出后,献礼演出办公室召开座谈会,会上中国木偶剧团的一位代表发言中有这样一段话:"泉州木偶剧团是我们的老大哥,艺术根底相当深厚,即使睡上十年二十年还不会落伍。《水漫金山》一九六〇年出国前,我就有幸观看过,这次再看虽已过去一二十年,仍是风采依旧不减当年。"应该说这是对剧团一二十年后重演《水漫金山》演出水平的肯定,不过联系到这台戏一九七八年恢复演出以来和这次来京献演中的上座率及观众反映,是可以理解为对我们艺术没有提高的批评和期望。座谈会后我曾与黄奕缺就此交换过看法,也在全团演职员会上作过传达,二十多年过去了,人们可能早已忘得干干净净了。可是在回忆自己艺术经历经常是"记不清"、"忘了"的黄奕缺,却对此记得十分清楚。他说二十多年来,他一直在思考,一直把这些话作为千万不要躺在浓厚的根底上满足风采依旧不减当年的警句。不善言辞的他,还就此大发了一通议论,从深厚的根底谈到如何珍惜根底运用根底,进而联系到如何对待泉州提线木偶艺术的优秀传统。他认为优秀传统必须保护,要保护就必须继承,要发扬就必须创新,继承和创新是统一的,没有继承无从创新,没有创新,继承难以延续。我把他的这些议论稍加整理写进其回忆录稿中,他审看时大笔一挥一大段一大段全都删去,只同意留下这段话:"这岂不是在表扬的背后,批评我们躺在深厚的艺术根底上,享受着以前的艺术成果,只能是风采依旧不减当年没有前进吗?真诚感谢这位中国木偶剧团同行真诚和直率,给我们提了个醒。社会在前进,观众要求在提高,我们的艺术也得跟着前进,如果是冷饭热炒或几种冷饭掺和在一起,没有创新没有前进,或可图一时之虚名,久而久之只会把艺术毁掉,最终被历史所淘汰。"他说,说太多了有可能会被误解。其实他的这通议论,不过是他长期艺术实践的体会。诸如此类对艺术的执着和忠诚及他高尚的艺德真是不胜枚举,很是感人。难怪黄奕缺能有如此高超艺术!何况在其周围还有一个锐意进取的艺术群体。

在黄奕缺的回忆讲述中,每每讲到他所生活和从事艺活动的这个艺术群体，总是充满自豪和心存感激。在这群体里的艺术家们，为了获得观众，用了大量时间对语言艺术进行研究，把泉州提线木偶的语言艺术推向了顶级的高度，一九五二年随着前苏联木偶艺术家奥布拉兹佐夫的到来和一股全新的艺术思想的注入更是激发起他们进行全新的探索。他们从剧本创编、木偶造型、木偶结构、线规线位、舞台形式、舞台美术等等全方位进行了研究探索，完全改变了表演程式，木偶也从表演的道具成为演绎故事情节的主体，从而把泉州提线木偶艺术推到一个全新的高度，成为我国戏剧界和世界偶坛的佼佼者。在这不断探究摸索的群体里，在这浓郁的艺术氛围中，黄奕缺以他的为人，他的艺术品质，他的艺术才能很快从一个参与者推动者成长为带动者，以及成为一位领军人物，他的艺术创作思想也就很自然地成为泉州提线木偶艺术创作思想的集中代表。是这个群体的熏陶和他的勤奋成就了这位木偶的艺术大师。

在泉州木偶剧团工作时，我曾意图对黄奕缺代表的艺术创作思想，进行一番认真的研究和总结，用文字加以阐述，可是由于才疏学浅，总不能如愿，在为缺师撰回忆录的过程中，也曾多次与其探讨，他都表现得不很热心，他说他只不过是一个普通的木偶艺人，只会想尽办法演好戏让观众满意，因此，我只好把他谈及艺术创作时常说的一些话归纳整理成这样一段话：最大限度地发挥木偶自身的优势和特性，恰到好处地运用模仿和夸张手法演活木偶，要以木偶为主体演绎故事情节，充分展示其高超的艺术性，并在演出实践中倾听观众意见，反复修改，让观众满意乐意观看。我把这段话送给他看后，他说："大体大体，其实就是八个字：偶性、艺术性、可看性。"这真是高度概括，最准确艺术表达。

泉州提线木偶艺术在其发展的历史长河中，大体可分为两大阶段,即一九五二年之前的说唱加木偶表演阶段；一九五二年之后的木偶拟人化表演阶段。新中国成立后给泉州木偶艺术带来新的生机。随着社会经济的快速发展,对外艺术交流的增多,以及剧团参加全国文艺团体的巡演,泉州木偶剧团的艺人们开始了全新的艺术探索,在《卖粮滩蕃》新创剧目演出的成功和与苏联奥布拉兹佐夫木偶艺术专家交流的鼓舞与启示下,他们从提线木偶自身的表演能力开始,不断摸索努力把木偶演活,进而拓展木偶表现空间,把泉州木偶艺术推进一个全新的艺术表演阶段,即拟人化的表演阶段。在这个阶段黄奕缺从参与者成长为代表者,其艺术思路是难以用文笔表达的,只能是"大体大体"。或是更高度的概括"偶性、艺术性、可看性"八个字了。我想这应该就是拟人化表演阶段的艺术创作思路。

黄奕缺的一生没有什么大的起伏。按他的话说,是从小与嘉礼结缘,一生不入二门。在木偶艺术殿堂里摸爬滚打,他的艺术成就是难以磨灭的, 人们公认的。不过他是一位有名的"好亦缺"。他从艺六十五周年时, 几位朋友相约在他家泡茶时,他遗憾地说,自从获得文化部的特别荣誉奖后,十年来除与木偶打交道外,再也没有参与或为主创作一个理想的戏。他还曾一再说:"不要忘记那个曾被原福建省委书记项南同志肯定的《馋猫》。"他对这个演出上百场后获选参加了全国木偶戏皮影戏汇演演出,之后,又演出了几十场,虽听取了那么多观众的意见而未能再作修改一直心存不甘。他说,若能趁现在有那么多空余时间对《馋猫》再来一次修改,说不定会再次被广大观众评为上乘佳作。是啊！十来年时间按惯常,他参与组织创作的好戏何止一个两个呀！至少也会对一些有修改余地的戏进行修改。这也算是他十来年的又一个"好亦缺"吧！

应该说，缺师未能等到这本回忆录付梓成书也是他的一个"缺"。假如能在他从艺六十五周年时付梓该多好呀！可惜因我才疏学浅，一稿二稿三稿，他还是没能如意，一次一次又一次，这补充那修改，常常使我有不堪重负之感，是缺师台湾徒弟的重托，是许多老领导老朋友和老同事的鼓励和支持，我方得以坚持把这难得的很有意义的事做完。是的，能为一位世界级木偶艺术大师撰录回忆录，我是十分幸运的，能陪着这位大师重温他艺术的一生，分享他成功和快乐，我是幸运的，在此我再一次向几年来一再给予支持帮助鼓励的老同事老朋友老领导和台湾的朋友表示深深的谢意。

可是，正当这回忆录准备就绪拟于二〇〇七年在台湾出版时，主持出版事宜的缺师台湾高徒李传灿先生不幸病逝，出版事宜就此中断，一晃十年了，虽经努力书稿是寄回泉州了，可随着时间的推移，这事已慢慢在人们的记忆中变得淡薄了。幸好去年底泉州地方戏曲研究社的郑国权、何勋同志再次提起，他们认为黄奕缺的回忆录，是一位木偶艺术大师的艺术成长史，也是泉州木偶艺术的一段发展史，记录了很多泉州木偶艺术创作的好方法好经验。经他们呼吁，在黄奕缺爱徒许润明先生的资助下，现在终于付梓成书。但愿黄奕缺所追求的艺术不断发扬光大。

《木偶大师黄奕缺回忆录》撰录者　吴裕挺
二〇一七年国庆节